本书获国家社科基金西部项目（编号：12XTQ004）、重庆工商大学学术专著出版基金资助

农转城新市民
信息素养及促进模式研究

张必兰　吴诗贤◉著

中国社会科学出版社

图书在版编目（CIP）数据

农转城新市民信息素养及促进模式研究/张必兰，吴诗贤
著. —北京：中国社会科学出版社，2017.4
ISBN 978 – 7 – 5161 – 9951 – 0

Ⅰ.①农… Ⅱ.①张… ②吴… Ⅲ.①农民—城市化—
研究—中国 Ⅳ.①D422.64

中国版本图书馆 CIP 数据核字(2017)第 042068 号

出 版 人 赵剑英
责任编辑 刘晓红
责任校对 周晓东
责任印制 戴 宽

出 版 中国社会科学出版社
社 址 北京鼓楼西大街甲 158 号
邮 编 100720
网 址 http：//www. csspw. cn
发 行 部 010 – 84083685
门 市 部 010 – 84029450
经 销 新华书店及其他书店

印刷装订 北京君升印刷有限公司
版 次 2017 年 4 月第 1 版
印 次 2017 年 4 月第 1 次印刷

开 本 710×1000 1/16
印 张 18
插 页 2
字 数 266 千字
定 价 88.00 元

前　言

　　本书是国家社会科学基金项目《农转城新市民信息素养及促进模式研究》（西部项目，项目批准号为12XTQ004）的研究成果。研究以由于土地被征用等原因脱离原有农村户籍转而获得城市户籍的农转城新市民这一数量庞大，却在信息素养研究领域相对被忽视的群体为对象。研究立意基于三大背景：农转城新市民相较于农民工等其他新市民，由于农转城后户籍的变化，他们失去了回到农村的退路而更需要切实融入城市而市民化；但农转城新市民的市民化过程是一个熟悉城市生活规则、重构各种社会关系、内化新的价值取向的再社会化的过程，在这个艰辛的转化过程中，农转城新市民会出现一系列城市社会融合障碍；同时，随着社会信息化浪潮的发展，信息化、智慧化已经逐渐成为城市发展的重要趋势，城市社会对市民的信息素养要求越来越高，而由于种种原因，农转城新市民群体的信息素养严重缺乏，他们与城市社会其他群体之间形成非常大的信息鸿沟，更加深了其融入城市社会的难度。

　　为了消解信息鸿沟，学界进行了大量的信息弱势群体援助的相关研究。但这些研究，往往注重"授人以鱼"，强调政府和公共图书馆等要充分提供信息和信息服务，把信息送到信息弱势群体手上以保障信息公平。这固然很重要，但随着社会各个领域的高度信息化，人们在日常工作以及生活的各方面都需要时刻获取信息，而这靠"送"是远远不够的，即使在法律、政策、制度上保障了信息资源的配置公平、信息获取的机会公平和信息权利的公平，如果存在信息素养鸿沟，这些公平也不可能真正实现。从这个意义上说，信息公平实现的关键是信息弱势群体尽快提高信息素养，但由于种种原因，信息弱势群体单靠自身努力要提高信息素养是非常难的，还需要政府和社会努力提供促进其信息素养提升的政策和环境。因此，对信息弱势群体的信息保障，要从"授人以鱼"向"授人以渔"模式改变，把重点从"信息援助"向"信息素养援助"转变。

本书以调查数据为基础，把握农转城新市民群体的信息素养现状、信息行为特点以及城市社会融合度现状，分析农转城新市民信息素养各维度之间、信息素养与城市社会融合度之间的内在关系，从农转城新市民信息素养的成长环境因子中探寻影响其信息素养养成的主要因素，探索信息素养成长的基本规律，在此基础上分析农转城新市民群体信息素养弱势的主要成因，进而寻求有效的、可操作性较高的农转城新市民信息素养促进模式，加快他们信息素养的提升，从而化解其城市社会融合的信息障碍，促进整个社会融合与和谐发展。

全书共由四篇十三章构成。

第一篇为概述篇，由第一章和第二章构成。主要介绍了本课题的研究背景、相关研究概况、研究内容、研究方法与技术路线以及研究成果的主要创新点。

第二篇为现状篇，由第三章到第七章构成。主要介绍了农转城新市民信息素养和城市社会融合度的测评指标体系、测评方法，以及样本的信息素养和城市社会融合度现状。

第三章参考信息素养评价指标体系相关文献的研究成果，在对信息素养内涵多层次分析的基础上构建了农转城新市民信息素养多层多维度测评指标体系，在构建中，为了克服传统的内涵相关能力要素抽取模型和过程结构能力要素抽取模型各自的缺点，提出了将两种模型相结合的信息能力要素抽取模型。在分析信息素养生态系统影响因子的基础上确定了信息素养影响因素测量体系。借鉴农民工城市社会融合度评价相关文献的研究成果，建立了农转城新市民城市社会融合度测评指标体系。

第四章基于神经网络理论建立了农转城新市民信息素养与城市社会融合度的测评神经网络模型，并介绍了在 MATLAB 环境下利用调查样本的观测指标数据对样本的信息素养各层各维度指标、城市社会融合度各层各维度指标进行测评的基本方法与主要步骤。

第五章介绍了调查样本个体属性、所处信息环境以及社会环境的一些基本情况。

第六章从信息需求类型、信息获取渠道、信息交流渠道、信息利用目的等角度对农转城新市民的信息行为特点进行了统计分析。

第七章基于样本观测层数据和各层各维度测评数据，利用 IBM SPSS Statistics 19 等统计分析工具对农转城新市民群体的信息素养进行了统计分析，力图从整体上把握这一群体的信息素养现状；并简要介绍了农转城新市民群体的城市社会融合度现状。

第三篇为内在规律与问题篇，由第八章到第十一章构成。主要对农转城新市民的信息素养与城市社会融合度之间、信息素养影响因子与信息素养之间存在的各种内在关系与规律进行了剖析，并对信息素养成长规律进行了探索，在此基础上，对农转城新市民信息素养弱势的主要成因进行了分析。

第八章基于调查数据和测评数据对具有不同影响因素背景的农转城新市民群体的信息素养特点进行了统计分析，以从宏观上把握农转城新市民的信息素养与信息素养影响因子之间表现出来的相关性。

第九章基于农转城新市民信息素养和城市社会融合度评价指标体系，利用 BP 神经网络理论，分别建立起农转城新市民信息素养一级指标、观测指标与其城市社会融合度之间的神经网络非线性映射模型和信息素养影响因子与信息素养之间的神经网络非线性映射模型。并运用这些模型和敏感度分析法，分析农转城新市民的信息素养各层各维度指标与城市社会融合度之间、信息素养影响因子与信息素养之间存在的内在关系。

第十章基于技术接受与利用综合模型（UTAUT）、激励理论、需求理论等理论，通过剖析信息素养生态系统的构成因子之间的相互作用以及各种内外因子对信息素养成长的作用，构建了信息素养成长模型，力图反映信息意识、信息知识、信息能力、信息道德等信息素养各维度成长的基本规律和脉络。

第十一章以对农转城新市民信息素养和城市社会融合度的现状分

析、内在关系与成长规律的探索成果为基础，从个体因素和信息环境因素两方面对农转城新市民信息素养弱势的成因进行了分析。并对信息环境形成背后的深层次原因进行了探讨。

第四篇为对策篇，由第十二章和第十三章构成。在前述研究基础上提出了农转城新市民信息素养促进对策和促进模式。

第十二章基于农转城新市民信息素养弱势成因的分析结果，提出了农转城新市民信息素养促进对策的原则性要求和宏观对策措施。

第十三章基于前述研究成果提出了以信息共享空间（Information Commons）理念和智慧社区（Intelligence Community）理念相结合的社区 IC^2 信息服务平台为代表的公共服务载体下的"政府主导、需求导向、多元参与"农转城新市民信息素养促进模式。介绍了该模式的设计思想、框架以及若干驱动机制。重点介绍了社区 IC^2 信息服务平台的建设模式、功能和架构。

课题研究中对样本农转城新市民信息素养、信息行为特征的现状分析，可为从整体上把握这一群体乃至整个信息弱势群体的信息素养、信息行为特点提供参考；建立的基于神经网络的农转城新市民信息素养以及城市社会融合度的测评方法，丰富了信息素养测评方法大家庭；建立的信息素养影响因子对信息素养的贡献率测评方法、信息素养成长模型，有助于认识信息素养成长的基本规律。这些都可作为相关研究的参考。

本研究提出的以社区 IC^2 信息平台为主要培育载体的农转城新市民信息素养促进模式，以"市场＋公益"驱动，在以政府主导保证信息公平等社会效益的前提下，积极整合市场多元主体的资源提供、服务提供和自我"造血"机能的优势。其基本做法是：基本信息资源和基本信息服务的提供由政府通过"外包"给资源团队、服务团队、商业信息资源供应商和社区 IC^2 信息平台运营商的形式来保障；其他参与主体，特别是社区 IC^2 信息平台运营商，通过便民信息增值服务等手段，积极挖掘农转城新市民的信息需求和信息消费潜力并由此获利。该模式充分考虑了农转城新市民信息素养较低、信息行为的"就近"特征以及经济基础较弱的现实，把农转城新市民信息素养培育嵌入其日常生活环境中，可操作性较强。能在政府投入相对较少的情况下，实现对农转城新市民信息素养的促进，进而最大限度地化解农转城新市民城市社会融合中的信息素养障碍。

当然，研究中也存在一些不足之处，如农转城新市民群体数量巨大而且生活区域非常广泛，调研的数量和数据的全面性必然存在一定的局限性；信息素养养成的影响因子数量也非常多，难免会漏掉一些；另外，尚存在一些需深入研究的问题，如在促进模式的研究中，对模式整体架构、IC^2 信息平台等模式的核心部分的研究较为详细，但促进模式的实现体系是一个非常大的系统，由于时间紧，对若干配套机制研究还不够深入，这些都值得进一步深入研究。

由于时间有限，加之著者学识、水平有限，本书如有不妥、遗漏、错误之处，敬请广大读者理解和指正。

本研究工作是在国家社科基金委大力支持、重庆市社会科学规划办公室规范管理和指导、主持人所在学校多方面有力支持下才能完成的，在此表达诚挚的感谢。

感谢参与项目调研工作的 21 位同学。

感谢课题组各位老师几年来的合作，感谢多位专家对本课题的指导。

最后，要向接受本课题问卷调查的农转城新市民朋友们致以诚挚的谢意。特别向在杭州调研期间给予我们无私帮助的重庆老乡致以衷心的感谢。

张必兰　吴诗贤

2017 年 3 月

目　录

第一篇　研究背景与研究概况

第二篇　农转城新市民信息素养与城市社会融合现状

第四篇　促进对策与模式

第一篇

研究背景与研究概况

第一章　研究背景

第一节　研究立意背景

一　农转城新市民的概念界定

"在国外，由于大多数国家不存在二元结构的户籍制度，城市新市民与城市新移民的概念是基本等同的"①，在国内，通常说的城市新市民群体是指除原城市固有市民群体以外的所有新来城市工作和生活的人员，主要包括拥有农村户籍的农民工群体、拥有城市户籍但来自其他城市的新市民群体（其他城市到流入地的务工人员、大学毕业生、技术人才和高级知识分子等）、征地农转非新市民群体这几大群体。本书所指的农转城新市民，特指在城市化进程中，由于土地被征用等原因，脱离原有农村户籍转而获得城市户籍的这部分群体。② 本书研究对象是农转城新市民，多久算新，因无权威研究可供借鉴，本书参考国内外对新移民、新市民问题的相关研究，把农转城新市民的"新"界定为7年。

二　农转城新市民的生存特点对其城市社会融入提出了迫切要求

"近年来，随着农村劳动力人口转移数量的逐年加剧，由户籍管理制度造成的'不工不农'、'不城不乡'的各种矛盾日益突出，让

---

① 张必兰、吴诗贤、吴华安、冯有胜、刘军：《城市新市民信息素养问题研究述评》，《重庆工商大学学报》（自然科学版）2014年第12期。

② 吴诗贤、张必兰：《权利贫困视角下的新市民信息障碍成因分析》，《新世纪图书馆》2013年第10期。

进入城市的农民工缺乏在城镇的融入感和归属感，严重影响着城镇化、工业化和现代化的进程。"① 在此背景下，许多地区加大了城乡统筹力度，大力促进农业转移人口转变为城镇居民；此外，由于征地农转非也产生了大量的农转城新市民。这些农转城新市民不仅获得了城市居民的身份，而且大多数也从原来分散的居住方式转变为集中居住的方式，绝大多数以非农产业为劳动对象，是一个身份、职业、居住模式等方方面面都已经完成或正在进行转变的新群体。

对农转城新市民来说，至关重要的问题就是如何解决好在城市的生存和发展问题。农民转户进城意味着会失去原有的农村土地承包经营权、林地使用权和宅基地使用权等带来的基本经济收益保障，与农民工不同，他们如果不能真正融入城市的话，将处于进退不能的境地。

农转城新市民的生存权应该得到基本的保障，并且这种保障应该是可持续性的。在这一点上，我国政府通过拆迁安置、最低生活保障制度、基本医疗保障体系的覆盖等政策措施给予了保障；在满足农转城新市民立足城市最基本的生存需要的基础上，政府还需要对农转城新市民在城市的发展权提供强有力的支持，这就要求政府承担农转城新市民在城市的开拓发展方面提供连续辅助的责任。因此，除了直接的经济资助外，更需要对农转城新市民进行人力资本的投资，诸如在素养教育、技能培训等能帮助其自身发展的领域进行投资，辅助农转城新市民真正融入城市，这是当前政府需要承担的重大社会管理任务和亟须妥善解决的民生工程，同时也是社会城镇化发展保持动力的核心环节，在这方面政府做得还不充分。

三 农转城新市民的市民化转化对其信息素养提出了提升要求

农转城新市民的市民化过程，可以分为外化市民化和内化市民化两个过程。外化市民化是指围绕农转城新市民的外在身份和环境的变化，如户籍、住房、社保、医疗等，这些都可以在征地迁移过程中依

---

① 毛荣启、谭荣：《云南省半年完成全年"农转城"任务133万农民变市民》，《云南日报》2012年7月18日。

靠国家相关政策强力推进并在短时间内实现；但农转城新市民的市民化过程并不是简单地实现户籍和身份上的"农转非"、职业身份的非农化转变和居住空间转移到城市就能完成的，农转城人员真正地融入城市之中，还必须经历内化市民化的过程，即如何从内心思维方式、外在行为模式的转变和调整来真正实现从农民到城市市民的角色转变和再造。这是一个漫长而艰辛的过程，是其社会文化属性与角色内涵的转型过程和各种社会关系的重构过程，"是一个包含文化融合、心理融合、身份融合和经济融合的复杂再社会化过程，是熟悉城市文化、学习在城市的生存技能、内化新的规则和价值取向的过程。在这个艰辛的转化过程中，农转城新市民会遇到许多城市社会融合障碍，其中，由于农转城新市民信息素养较低而形成的新老市民信息不对称成为城市融入过程中的一个重大障碍。"①

影响农转城新市民融入城市社会的因素有很多，包含思想观念、新旧生存环境跨度、生活方式、社会地位、文化水平、信息素养等，这些因素是否发生根本性的改变是决定其市民化程度的关键。在这些因素中，信息素养作为一个人在信息社会的基本素养，是一个影响农转城新市民终身学习能力、职业可迁移能力等核心能力的重要因素，信息素养在农转城新市民城市社会融合过程中具有举足轻重的地位。农转城新市民的城市社会融合各维度中，经济融合是基础，心理融合是核心，只有当农转城新市民能够和城市社会其他群体一样公平地获得各种权利和机会，才能真正在经济上、心理上融入城市社会。而从信息论角度来看，农转城新市民在城市社会的融合过程中需要不断与外界进行信息交换，因此，各种权利和机会的公平又以信息公平为重要基础，而信息公平必须在农转城新市民自身信息素养、信息环境、信息政策等多重因素的合力作用下分阶段逐步实现。农转城新市民从相对单一的、半封闭的环境转移到一个开放的信息化城市环境中，医疗、教育、就业、休闲娱乐、社会交流以及日常生活等一系列需要信

---

① 吴诗贤、张必兰：《权利贫困视角下的新市民信息障碍成因分析》，《新世纪图书馆》2013 年第 10 期。

息支撑的活动，形成了对信息的较强需求，而不同信息源的信息如何通过各种渠道有效地传递到农转城新市民群体及个体中，很大程度上取决于群体及个体本身的信息素养。如果仅生活在实体空间，处于传统的生活和工作模式，市民的工作、生活、消费方式对信息技术依赖不大，市民个体的信息素养对工作和生活的影响较小；但在整个城市化纵深发展过程中，特别是以智能化、虚拟化为特征的信息化社会的来临，信息化生活、信息化工作、信息化消费的领域和规模在现代城市社会中日益扩张的时候，甚至涉及衣食住行等基本生活消费领域和政府公共服务信息获取的时候，掌握一定的信息技术、拥有较高的信息素养就变得非常必要了。① 可以说，农转城新市民信息素养的高低，是决定其信息公平权利能否实现的重要因素。

信息技术和互联网的飞速发展极大地推动了城市的信息化与智能化，成为驱动社会经济转型升级的先导力量，并深刻改变着人们的生产、生活模式。但社会信息化在给人们生活带来便利的同时，也带来了一个新的问题——信息贫困群体的产生。大量农转城新市民由于自身素养能力的有限以及所处群体的劣势等原因，成为这个信息贫困群体中的新成员，这极大程度上加剧了与老市民的信息差距，在融入城市生活过程中面临着成为"信息边缘人"的困境，甚至使一些农转城新市民社区沦为城中村、农村社区，演变成一座座"信息孤岛"，严重阻碍农转城新市民融入城市社会。

同时，农转城新市民中的信息弱势群体，由于其经济收入、信息能力处于一个比较低下的地位，在对信息产品和信息服务的接受上容易产生消极情绪，甚至其群体收入水平、信息技术水平上的弱势有可能演化为对信息化、智慧化城市的心理上的不认同甚至是抵触情绪。对信息弱势群体的伦理关怀并帮助他们提升信息素养，使其具有分享社会进步、科技发展成果的基本资格和条件，是保证城市进一步信息化、智慧化和谐持续均衡发展的重要前提。

---

① 魏晓燕：《智慧城市建设中信息消费的风险及其规避分析》，《图书馆》2015 年第 3 期。

四 研究意义

如前所述，农转城新市民迫切需要真正融入城市并市民化，同时，飞速信息化的城市社会对市民的信息素养要求越来越高，但农转城新市民由于种种原因导致信息素养严重缺乏，造成农转城新市民群体与城市社会其他群体之间的信息鸿沟问题日益严峻，加深了这一数量庞大的农转城新市民群体融入城市社会的难度。因此，探索信息素养成长的基本规律、深入分析农转城新市民信息素养弱势的主要成因，进而设计出有效的可行性较高的农转城新市民信息素养促进模式，加快其信息素养的养成，对化解农转城新市民信息障碍和新老市民信息不对称问题，促进农转城新市民城市社会的融合具有现实意义，对实现信息公平社会理想、保障社会协调发展也具有重要意义。

同时，研究的理论与实践意义还表现为：

（1）有助于把握农转城新市民信息素养、信息行为特点以及城市社会融合度的现状，为城市的公共信息资源建设、信息环境共享社会建设提供参考。

（2）通过城市社会融合与信息素养的内在关系结构模型的构建，可为新市民社会融合的相关研究提供一个新的视角参考。

（3）从农转城新市民信息素养生态环境中，探寻影响其信息素养养成的主要因素、探索信息素养成长的一般规律，为新市民信息素养的发展培训提供理论参考，也可为其他群体信息素养的相关研究提供参考。

第二节　相关研究动态

本书主要涉及信息素养和城市社会融合两大方面。

一 国内外信息素养相关研究[①]

通过在 CNKI（中国知网）"指数"模块中，分别以"信息素养"

---

① 张必兰、吴诗贤、吴华安、冯有胜、刘军：《城市新市民信息素养问题研究述评》，《重庆工商大学学报》（自然科学版）2014 年第 12 期。

和"信息素质"作为检索关键词进行查询得到图 1-1 至图 1-4。从中可以观察到学界对信息素养（信息素质）学术关注度的走势。图 1-1、图 1-3 显示从 2000 年左右开始，学者们对信息素养的学术关注度稳步上升，图 1-2 和图 1-4 说明对信息素养的关注主要集中于图书馆情报学、教育学等领域。

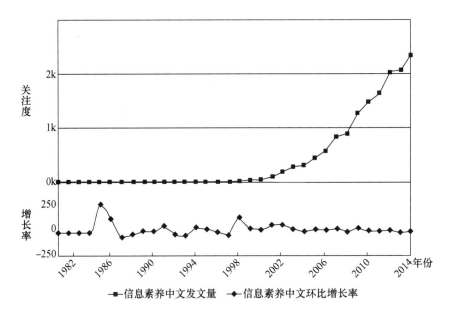

图 1-1 "信息素养"学术关注度趋势曲线

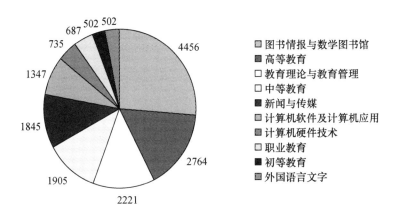

图 1-2 "信息素养"研究在不同学科中的分布

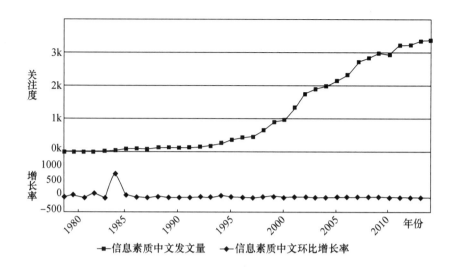

图 1-3 "信息素质"学术关注度趋势曲线

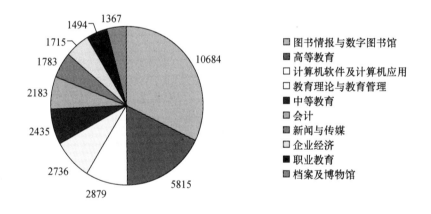

图 1-4 "信息素质"研究在不同学科中的分布

通过对相关文献的进一步分析，发现国内外学者对信息素养（信息素质）的研究方向或者学术关注点主要集中在信息素养的内涵、信息素养标准与评价、信息素养教育以及信息弱势群体信息援助等方面展开相关的理论与实证研究。

（一）信息素养内涵研究

信息素养概念和内涵的发展总体上经历了从 20 世纪 70 年代初萌

芽、80 年代大讨论到 90 年代相对成熟、进入 21 世纪后随着客观信息环境的巨大变化又不断被丰富拓展的过程。

最早的信息素养概念的提出人是美国信息产业协会主席保罗·车可斯基（Paul Zurkowski），他首次将信息素养概念定义为："利用大量的信息工具及主要信息源使问题得到解答的技术和技能"，后来进一步阐述为："人们在解答问题时利用信息的技术和技能"。① 随着各国计算机技术、通信技术以及经济文化发展程度的不同，各国在对信息素养概念的本地化过程中，对其内涵和外延的理解也不尽相同；进入 2000 年后，随着社会信息化的发展，特别是网络的迅速发展，信息环境发生了巨大变化，信息素养的内涵也发生着动态的变化。

图书情报学、教育学等领域的学者在不同的发展时期，基于信息素养构建的不同层面，对信息素养的概念进行了拓展诠释，成果颇丰。但关于信息素养的内涵一直没有一个统一的定义。除了前述保罗·车可斯基提出的定义外，我们对信息素养的一些关键定义进行如下梳理：

（1）1987 年，信息学专家帕特丽夏·布伦特（Patrieia Breivik）将信息素养概括为熟悉信息供给系统、判断信息价值、选择信息获取途径、掌握信息获取方法及存储信息手段的基本技能。

（2）1989 年，美国图书馆协会（American Library Association，ALA）将信息素质定义为：

·懂得何时需要信息；

·知道解决某一问题需要何种信息；

·能够找到所需要的信息；

·能对所需信息作出评价；

·善于组织所需信息；

·能够有效地使用信息解决问题。

（3）1992 年，克瑞斯提娜·多尔（Christina S. Doyle）在《信息素养全美论坛的终结报告》将信息素养定义为从各种不同的信息来源

---

① 孙平、曾晓牧：《认识信息素养》，《大学图书馆学报》2004 年第 4 期。

获取、评估及使用信息的能力。

（4）2003 年，由联合国教科文组织（UNESCO）资助召开的国际信息素养专家会议发表了《布拉格宣言：走向信息素养社会》（*The Prague Declaration*：*Towards an Information Literate Society*），明确宣布信息素养是现代社会的一项基本人权，并将信息素养定义为确定、查找、评估、组织以及通过创造、运用和交流信息来有效解决实际问题的能力。

（5）2005 年 11 月，联合国教科文组织（UNESCO）、国际图书馆协会联合会（IFLA）及美国全国信息素质论坛在埃及亚历山大图书馆召开国际高级信息素质和终身学习研讨会，期间发表了《信息社会灯塔：关于信息素质和终身学习的亚历山大宣言》，其中指出：信息素养是信息社会的一项基本人权，就像灯塔一样照亮人们的心灵和前进的方向，促进社会的进步和包容；信息素养是终身学习的核心，它使人们能够有效地获取、评估和运用信息来实现其个人各种现实问题的解决和长远的成长目标。[①]

近年来，信息素养的内涵和外延日益拓展，并随着信息技术在各个领域的广泛应用而呈交叉融合之势，媒介素养、数字素养、计算机素养等与信息素养概念进一步融合。基于此，以信息素养概念为核心，UNESCO 把相关概念融合为"媒体与信息素养"（Media and Information Literacy，MIL），对其概念作了界定："MIL 被定义为一组能力，这些能力允许公民使用一系列工具，以批判的、道德的和有效的方式获取、检索、理解、评估和使用、创造、分享所有格式的信息和媒体内容，以参与和从事个性化、专业化和社会化的活动。"[②] MIL 从要素、二级指标、能力、表现标准和熟练程度五个方面来描述和评价一个人的媒体与信息素养。其中，要素方面包括获取、评价和创建三个维度：获取要素对应着 4 种能力和 36 项相关的表现标准；评价要素

---

① Beacons of the Information Society The Alexandria Proclamation on Information Literacy and Lifelong Learning，http：// www. ifla . org/III/wsis/BeaconInfSoc. html，2011 – 08 – 11.

② 程萌萌、夏文菁、王嘉舟等：《全球媒体和信息素养评估框架（UNESCO）解读及其启示》，《远程教育杂志》2015 年第 1 期。

被细化后得到 4 种能力和 42 项相关的表现标准；创建要素被细化得到 4 种能力和 35 项相关的表现标准。

国内学者在引进和本地化"信息素养"概念中也加入了自己的理解和拓展，比较有代表性的说法有如下几种：

（1）1989 年，熊扬华把信息素养定义为"人们在实践中加工、传递和吸收利用信息的一种潜能"，① 并提出了信息素养的四个内容层面：信息意识、信息智力、信息意志、信息知识储备，提出了信息素养的雏形模型。

（2）1999 年 7 月，王吉庆在《信息素养论》一书中较为详细地阐述了信息素养的概念，认为"信息素养是人们在信息社会的修养与能力。它包含信息意识与情感、信息伦理道德、信息常识以及信息能力多个方面，是一种综合性的、社会共同的评价。"②

（3）2004 年，孙平和曾晓牧在《认识信息素养》一文中，通过对信息素养的内容实质、发展及走向进行梳理，指出："信息素养的本质是全球信息化需要人们具备的一种基本能力。"③

（4）2014 年，杨鹤林指出，ACRL 在 2000 年发布的信息素养能力标准已不足以适应现代技术和人文环境的发展，特别是基于新媒体基础上的 Web 2.0 环境，因此，雅各布森于 2011 年提出的元素养概念更具时代意义，他认为"元素养是一个通过对相关素养理念和新技术进行整合吸纳，指导人们在网络协同环境下，通过社交媒体及在线社群进行信息获取、生产、分享的综合框架，能提升人们在数字化时代的批判性思维和合作能力。"④

在以上信息素养的定义中，学界比较认同的基本定义是 1989 年美国图书馆协会的信息素质定义，即懂得何时需要信息，知道解决某一问题需要何种信息，能够找到所需要的信息，能对所需信息做出评

---

① 熊扬华：《浅议企业经营者市场信息素养》，《江西社会科学》1989 年第 1 期。
② 王吉庆：《信息素养论》，上海教育出版社 1999 年版。
③ 孙平、曾晓牧：《认识信息素养》，《大学图书馆学报》2004 年第 4 期。
④ 杨鹤林：《元素养：美国高等教育信息素养新标准前瞻》，《大学图书馆学报》2014 年第 3 期。

价，善于组织所需信息，能够有效地使用信息解决问题。在此基础上，根据各国具体实际，进行了适当的内涵拓展和衍生，但其基本核心内涵是不变的，包含四个维度方面的内容，即信息意识、信息知识、信息能力、信息伦理道德。国内一些学者也多采用其作为蓝本，并在此基础上基于国情加以改造，以利于更为有效地实施。

近年来，在国内外学者对信息素养内涵进行诠释和拓展的过程中，延伸了许多新的信息素养概念，如信息素养2.0、跨媒体素养、信息安全素养等。

（二）信息素养评价标准相关研究现状①

信息素养评价是在依据信息素养标准的基础上，采用科学的测评方法，依据一定的测评指标体系，对个人和组织进行信息素养综合能力的评估过程。信息素养评价是对评估对象在信息素养培养、教育这一过程中的自觉性和反思性的反映，其测评结果是信息素养教育及信息设施建设的决策依据。

信息素养评价研究大体分为两个类型的研究：一是评价标准的研究，二是评价的实践活动研究。信息素养评价标准是信息素养评价的依据，是对信息素养能力和水平高低进行评价时所规定的指标及其要达到的要求，它一般采用具体的指标体系来体现。

1. 国外信息素养评价标准研究

国外较早开展了信息素质评价标准的制定和实施。以美国、英国、澳大利亚为代表，已经形成了一些比较成熟的通用信息素质评价标准。近年来，以美英为代表的发达国家对信息素养标准的研究已经逐渐从标准的制定向标准的落实、评价方向发展。也有了很多成功信息素养评价的实践案例。

美国是信息素养研究最早的国家，也是信息素养评价研究最早的国家。1998年，美国学校图书馆协会（AASL）与美国教育传播和技术协会（AECT）颁发了基础教育信息素养能力标准，即针对中小学

---

① 本节摘取自项目阶段性研究成果，参见张必兰、吴诗贤、刘军《农转城新市民信息素养评价标准综述》，《新世纪图书馆》2015年第10期。

教育的《学生学习之九项信息素养标准》，分为信息素养、独立学习和社会责任三个大类。2000 年美国大学与研究图书馆协会发布的高等教育信息素养能力标准——《高等教育信息素养能力标准》更被认为在信息素养的评价史上具有里程碑意义，是被使用和借鉴率最高的信息素养评价标准，其他的信息素养标准多借鉴此标准，并根据各自的国情加以改进而成。美国不但有全国性指导标准，各州根据自己的实际，也会制定州级标准，并通过州立法付诸实施。一般而言，这些州级信息素养标准是以全国性指导标准为框架的，如《科罗拉多州信息素养标准》、《美国加州州立大学信息素养评价指标体系》。

　　梳理国内外文献，我们整理汇总国外一些典型的信息素养标准如表 1 - 1 所示。

表 1 - 1　　　　　　　　　　国外典型信息素养标准

序号	发表时间	国家/组织	名称	指标数	适用人群	关键词
1	1998 年	美国学校图书馆协会（AASL）与教育传播和技术协会（AECT）	学生学习之九项信息素养标准	3 项标准、13 项二级指标（信息素养）	基础教育	信息素养、独立学习、社会责任、概念框架
2	1999 年	英国国家与大学图书馆学会（SCONUL）	高等教育信息技能	7 个一级指标、17 个二级指标	高等教育	信息素养七柱模型，缺少信息道德、影响广泛
3	2000 年	美国大学与研究型图书馆协会（AC-RL）	高等教育信息素养能力标准	5 大标准、22 项执行指标、87 项具体表现指标	高等教育	执行指标、表现指标、借鉴标准、里程碑；2012 年重新评估，2013 年开展更新工作

续表

序号	发表时间	国家/组织	名称	指标数	适用人群	关键词
4	2001年	澳大利亚图书馆馆员协会（CAUL）	高等教育信息素养标准	7个一级指标、25个成果指标、102个范例指标	高等教育	ACRL、成果指标、范例指标、标准框架
5	2004年	澳大利亚图书馆馆员协会（CAUL）、新西兰信息素养学会（ANZIIL）	澳大利亚与新西兰信息素养框架：原则、标准与实践	6个一级指标、19个成果指标、67个范例指标	高等教育	CAUL的修订版
6	2004年	美国ACRL的科学与工程技术组（STS）2006年修订版	科技信息素养标准（草案）	5个标准、24个表现指标和104个成果指标	高等教育	学科信息素养能力标准
7	2008年	美国ACRL的人类学与社会学	人类学与社会学领域信息素养标准	4个一级指标	高等教育	学科信息素养
8	2011年	英国国家与大学图书馆学会（SCONUL）	英国高等教育信息素质能力标准	7个一级指标	高等教育	英国《高等教育信息技能》意见书最新版、信息素养七要素标准、可迁移技能、信息素养大环境
9	2014年	美国大学与研究型图书馆协会（AC-RL）	高等教育信息素养框架	主体内容由6个部分组成，每部分都包含3个方面的内容	高等教育	阈值概念、知识实践、意向

对国外信息素养标准进行比较可以发现，它们有以下几个异同点：

（1）标准主要基于个体信息行为的过程和结果进行描述和评价，有详细的被官方所认定的评价方案和操作细则，标准可操作性较好。

（2）由权威机构组织信息素养标准的研究和发布，且图书馆色彩浓厚。

从表1－1中可以看出，美国、英国、澳大利亚、新西兰的信息素养标准的研制和项目发起、研究者多为权威学会或专业机构，图书馆协会处于主导地位。如英国高校与国家图书馆协会、澳大利亚图书馆馆员协会（CAUL）、新西兰信息素养学会、美国图书馆协会下的信息素养教育委员会、美国大学与研究型图书馆协会，特别是1990年成立的美国"国家信息素养论坛"，更是将行业协会的组织上升到国家层次。这些组织是美国信息素养标准的制定者，也是系列评价标准的研究项目的发起和推动者。

（3）标准大多借鉴美国ACRL《高等教育信息素养能力标准》，并根据国情各有侧重。美国2000年发布的《高等教育信息素养能力标准》，以美国图书馆协会（ALA）对信息素质的界定为基础，提出了5大标准、22项执行指标、87项具体表现指标，为信息素养教育和评价提供了框架，故得到各国借鉴，译本不下15种。这一《高等教育信息素养能力标准》实质上成为21世纪初美国乃至国际范围内高校信息素养教育的指导性文件，很多国家和地区围绕这一标准，制定了符合本国教育实践的信息素养教育评价指标体系。

随着信息环境的变化，ACRL于2014年4月和6月先后发布了《高等教育信息素养框架》（*Framework for Information Literacy for Higher Education*）第一版、第二版，并于2014年11月发布了《高等教育信息素养框架》第三版。其主体内容由Authority Is Constructed and Contextual（权威是人为创造的概念，并且存在于特定环境）、Information Creation as a Process（信息创造是一个系统的过程）、Information Has Value（信息是有价值的）、Research as Inquiry（研究是反复探询的过程）、Scholarship Is a Conversation（学术研究过程是一种交互式的对话）、Searching Is Strategic（检索是讲究策略的）六个部分组成，每部分都包含阈值概念（Threshold Concepts）、知识实践（Knowledge Practices）和意向（Dispositions）3 个方面的内容。Threshold Concepts 描述了本部分涉及的知识范围或内容，Knowledge Practices 展示了如何掌握"阈值概念"所阐述的内容，Dispositions 解决了学习者情感领域的问题，即学习者应有的态度和心理准备。《框架》的制定主要围绕学术活动，而不是信息素养。《框架》将信息素养与学术过程有机地融合在一起，将信息素养作为学术过程的一部分，但《框架》对塑造学生学术之外的信息行为因素关注不够。

不同于美国《高等教育信息素养能力标准》和《澳大利亚与新西兰信息素养框架：原则、标准与实践》，英国 SCONUL 版没有信息道德指标考察，但在 2011 年的修订版中却率先提出了信息素养应作为一种重要的可迁移能力（transferable skills），标准重点定在培养产生新知识能力为目标。可迁移技能是指"从业生涯中除专业能力之外的基本能力，可迁移应用于不同的工作环境，包括批判思维、团队合作、独立工作等方面，是个人最能够持续运用和依靠的技能"。[1] 将可迁移能力和信息素养培养有效结合，将信息素养从信息检索的误区中解脱出来，更多地从信息有效收集、信息创新方向来进行信息素养教育和培育。

（4）标准通用性、系统性较强。通用性：美、英等发达国家都有全国通用性的信息素养标准，这些标准多起着指导性作用，地区可以根据指导标准结合实际制定自己的地区性标准。

系统性：标准针对教育的不同层次，制定了不同阶段的标准，既有基于基础教育的信息素养评价标准，也有高等教育信息素养评价标准，还有基于某一特定学科或专业的信息素养评价标准，形成一套系统性较强的评价体系。

（5）标准研究逐步转向学科性标准。近年来，基于对信息素养认

---

① 杨鹤林：《英国高校信息素养标准的改进与启示——信息素养七要素新标准解读》，《图书情报工作》2013 年第 2 期。

识的变化、教育的反思以及社会发展的实际变化，各国都对以往的信息素养标准进行了重新评估，如英国在 2004 年对 1999 年 SCONUL 信息素养标准进行内容的改善和更名，将旧版中"信息技能"改为"信息素养"，2011 年再次对模型和指标进行了改善，弱化了图书馆检索技能，强调其"可迁移能力"。

由于信息素养标准相对比较成熟，以美国为代表的一些国家近年来将标准研制重心逐步转向学科信息素养标准，如美国 2004 年制定《科技信息素养标准》（草案）、2007 年制定《英美文学专业研究能力指南》、2008 年制定《人类学与社会学领信息素质标准》，等等。专业化、分层次将会是信息素养标准的研制方向。

2. 国内信息素养评价标准研究①

国内信息素养标准的研究起步较晚，且多由个体学者自主展开相关研究，较少由大型机构组织开展。研究大多基于研究者个人对信息素养标准及其指标理解，对具体指标的选取稍显随意，多停留在理论层面，较少经过实践检验。在现有的研究成果中，国内基于学科特别是医学学科的信息素养标准研究稍显突出。

国内对信息素养评价标准的研究，主要关注两个方面，一是国外信息素养标准介绍、引进，二是国内信息素养标准的构建。国内对信息素养评价实践方面，多集中在评价指标或体系的制定、评价模型的构建、评价方法的选择、评价结果的比较以及改进措施等。

国内成型的、权威的信息素养标准较少，比较有影响的如表 1－2 所示。

---

① 张必兰、吴诗贤、刘军：《农转城新市民信息素养评价标准综述》，《新世纪图书馆》2015 年第 10 期。

表1–2　　　　　　　　　国内较有影响的信息素养标准

序号	发表时间	组织	名称	指标数	适用人群	关键词
1	2005年	北京图书馆学会	北京地区高等教育信息素质能力指标体系	7个一级指标、19个二级指标、61个三级指标	地区性高等教育	地区性信息素质能力指标体系 借鉴美国ACRL标准 信息意识、信息知识、信息能力、信息道德
2	2005年	中国科学技术信息研究所	高校学生信息素质综合水平评价指标体系	3个一级指标、15个二级指标	高等教育	信息意识、信息能力、信息观念和信息伦理 15项二级指标是对评价基本要素的细化，它们是制定调查问卷的基本依据
3	2008年	高校图工委信息素质教育工作组	《高校大学生信息素质指标体系（讨论稿）》	6项一级指标，17项二级指标	高等教育	信息意识、信息知识、信息能力；缺少信息创新内容

　　虽然国内较少成型的、权威的信息素养标准，但也有不少的相关研究为国内信息素养标准的研制提供了理论和实践的经验和依据，如：

　　（1）2000年，陈文勇等在《高等院校学生信息素养能力标准研究》一文中提出了"高等院校学生信息素养能力标准"，有9大标准共40项指标，包括信息需求、批判性的评估信息、信息源的识别与查找、了解公共信息政策以及信息伦理等问题。[①]

　　（2）2001年，孙建军等在批判性借鉴美国ACRL《高等教育信息素养能力标准》的基础上，结合我国实际，加入信息意识等指标，并

———————
① 陈文勇、杨晓光：《高等院校学生信息素养能力标准研究》，《情报科学》2000年第7期。

建议从 8 个方面制定信息素养标准。①

（3）2004 年，杨林等提出了信息素养评价标准应根据评价对象的不同划分不同的层次标准。他认为，不同层次的人群对信息的获取方法、组织利用不尽相同，因而个体对信息素养的需求也不同，评价标准如以全体社会成员为对象，则会缺乏针对性，也不容易面面俱到。因此，他认为应该根据人群类别分层次制定信息素养标准，并提出了专业技术人员的信息素养四个层次：基本型信息素养、研究型信息素养、专来型信息素养、教育型信息素养。②

（4）2006 年，刘孝文在硕士学位论文中构建了一个有 5 项一级指标、14 项二级指标、33 项三级指标的信息素养评估指标，并确定了各指标的权重系数。该指标体系较为详细地对信息素养标准、指标体系及指标权重进行了论述，具有较好的实践指导意义。③

（5）2004 年，张宁针对高校医学生的实际，建立了《高校医学本科生信息能力评估指标体系的基本框架》，框架指标体系包含 5 个一级指标、16 个二级指标。评价体系采用四级分等的办法，将各级指标划分为 A、B、C、D 四个等级。④

（6）2008 年，王莹提出了《军队院校本科生信息素养标准》，该标准包含 5 个维度、17 个绩效指标和 45 个描述指标，指标体系针对军队院校的特点，首次将信息安全作为独立的评价维度。⑤

（7）2011 年，何晓阳在分析、借鉴了国内外多个信息素养通用标准和学科素养的基础上，构建了《医学本科生信息素养评价指标体系》，体系基本框架基于信息行为过程而设计，将过程从信息需求的确定向前推到信息意识的觉醒。他认为标准应该从信息意识、信息需

---

① 孙建军、郑建明、成颖：《信息素质标准研究》，《图书情报知识》2001 年第 2 期。

② 杨林、李秉严：《分层次制定高等教育信息素质评价标准的研究》，《四川图书馆学报》2004 年第 3 期。

③ 刘孝文：《信息素养评估指标体系研究》，硕士学位论文，河北大学，2006 年。

④ 张宁：《医学本科生信息能力评估指标体系的建立与实施方法》，硕士学位论文，四川大学，2004 年。

⑤ 王莹：《军队院校本科生信息素养标准研究》，博士学位论文，第四军医大学，2008 年。

求、信息知识等八个方面来制定,该指标体系包含 7 个一级指标、17 个二级指标、57 个三级指标。[①]

3. 国内外信息素养标准研究的比较

通过以上国内外信息素养标准研究的对比分析,发现:

(1)由于研究历史不一,标准研究成果有巨大差别。国外研究历史较长,其信息素养评价标准的成熟度也相当高,系统性较好:有全国性的指导性标准,也有指导具体实践的地区性标准,还有基于学科的行业标准,评价体系比较齐全;国内的信息素养标准研究由于起步较晚,目前只是有了初步的研究方向,评价标准多为理论框架,迄今为止没有权威性的、官方认可的信息素养标准,更没有国家层次的信息素养标准。

(2)信息素养标准研究发起主体不一样。国外信息素养标准的编制和项目实践、研究多为学术机构或专业机构,如美国的"国家信息素养论坛"、英国国家与大学图书馆学会、新西兰信息素养学会等;而国内信息素养标准研究大多由研究者个人自动发起,较少由专业机构组织,现有的标准中仅有北京图书馆协会、中国科技情报研究所、高校图工委编制了信息素养标准。

(3)研究发展方向不一样。国外方面:由于已经具备成熟的信息素养标准及其评价体系,除继续根据信息技术、人文环境的发展而逐步修订、完善信息素养标准外,比较重视信息素养标准的实践研究。近年来,根据信息实践需求,研究方向逐步转向学科信息素养标准的制定和实践,也针对不同学科出台系列的信息素养评价标准。

国内方面:国内信息素养标准研究大多停留在基于理论层面的信息素养标准框架的提出和编制。由于研究主体多为个人,其对信息素养标准和指标体系的理解程度不一,对具体指标的选取也多根据个人理解,较少经过实践检验,可操作性差。

(4)多局限于学校情景。国内外的信息素养标准,包括美国《学

① 何晓阳:《医学本科生信息素养评价指标体系的构建》,硕士学位论文,西南大学,2011 年。

生学习之九项信息素养标准》、美国 ACRL 标准、英国 SCONUL 版标准、澳大利亚与新西兰版信息素养标准，国内的《北京地区高等教育信息素质能力指标体系》、《高校学生信息素质综合水平评价指标体系》，其评价对象都是中小学生、大学生等，局限于学校情景之内，较少有针对社会特定群体进行信息素养标准的研究。

（三）信息素养教育相关研究

信息素养培养是当今世界各国图情界、教育界关注的重大理论与实践课题。

1. 面向在校学生的信息素养教育研究①

从 1983 年美国信息学家霍顿提议教育部门开设信息素养课程至今，信息素养教育已经逐渐延展到多个学科领域，特别是在强调终身学习、终身教育的今天，信息素养作为信息社会的一项基本素养越来越被重视并投入了更多的建设经费和关注目光。

国外的信息教育研究，以美国最为突出。研究美国的信息素养（素质）教育，发现有几个关键节点：

（1）1983 年，霍顿（Horton）提议教育部门开设信息素质课程。

（2）1990 年，美国成立"国家信息素质教育论坛"（The National Forumon Informati on Literacy，NFIL）。

（3）1998 年，美国学校图书馆协会（AASL）与教育教育传播和技术协会（AECT）出版了《学生学习的信息素质标准》，对中小学学生的信息素质能力标准进行明确的规定。

（4）2000 年 1 月，美国大学和研究图书馆协会（ACRL）通过了《高等教育中信息素质能力标准》，包括 5 项标准和 22 项操作说明，作为教师或图书馆员评估学生信息素质能力的一个指南。

另外，日本、英国等发达国家也非常重视信息素养教育。1998 年，英国议会通过了《1998 教育改革法案》，将"信息技术和信息检索"课列为中小学的公共基础课；日本在 20 世纪 80 年代就在教育审

---

① 张必兰、吴诗贤、刘军：《农转城新市民信息素养评价标准综述》，《新世纪图书馆》2015 年第 10 期。

议会中明确提出"适应信息化社会"的建设思想，并出台和制定了多项政策和措施以促进信息素养的全民化教育，如"百校联网工程"、"九年行动计划"等。

在丰硕的信息素养教育研究成果中，有两类成果最值得关注。一是美国信息素养教育的两个重要标准：学生学习的信息素养标准和高等教育信息素质标准。两个标准就如何开展信息素养培养，确定了一系列的目标和标准，确定了培养的概念框架和目标，现在被许多国家参考和借鉴。二是创建了多种信息素养教育模式。其中以在线信息素质教育模式、Big6 信息素养培养模式、馆员与教师协同教学模式和PBL 信息素养培养模式的研究和实践最为深入，一些高校已经开展了内容丰富多彩的在线信息素养教育平台设置、与专业课教学相结合嵌入式信息素养课程等实践。Big6 信息素养培养模式为成功破解信息教育问题提供了 6 个技能方向：确定任务、检索信息的策略、信息的检索和获取、信息的利用、集成和评价。

国内的信息素质教育研究和实践主要是围绕国外先进成果的本地化实践展开。20 世纪 90 年代中期开始将信息素质教育活动的理论思考逐步转为信息素质教育实践的研究，研究重点主要集中在信息素质教育研究的内容、措施和途径方面。

近年来，信息共享空间和学科服务等新概念的引入，为信息素养教育提供了新的研究视角，围绕信息共享空间的信息素养教育与服务方面的相关研究成为热点，如上海交通大学图书馆将信息共享空间概念和创新社区概念相结合并运用到信息素养教育和学科化信息服务中，进行读者需求导向下的多层次、多维度信息素养教育①，此外，也有学者提出将媒介教育与信息素养教育相结合的思路。总的来看，学者们针对信息素养相关问题的研究势头不减，取得了可喜的成果。

上述研究，主要是针对学生特别是大学生对象，除此之外，美国

---

① 高协等：《面向创新的信息素养教育规划与实践——以上海交通大学图书馆为例》，《图书情报工作》2013 年第 2 期。

针对新移民的信息素养教育对我国基于城乡间的移民流动、融入研究也有较大的参考意义。

2. 美国针对新移民的信息素养教育相关研究①②

在国外，由于不存在城乡二元机构的户籍制度，城市新市民的概念基本与城市新移民的概念相同。群体成员构成来自各个阶层，与社会其他群体的信息素养差异不大，在新城市的融合问题其实更多的是身份认同、文化距离等问题，群体性信息素养能力弱势造成社会融合的障碍的因素不大，因此，国外对新市民信息服务也多集中在信息资源和信息获取渠道的介绍和展示上。

课题组在农转城新市民信息素养教育的研究过程中，比较关注美国特别是美国图书馆对新移民的信息教育和服务。众所周知，美国是个移民国家，美国文化的发展历史就是移民间各种异质文化不断渗透交融的历史。因此，研究美国的新移民信息素养教育对我国城乡间的移民流动融合研究具有较大的参考意义。

美国图书馆特别是公共图书馆在城市新移民的信息培养和教育中发挥非常关键的作用，在移民的信息服务和信息教育中，图书馆也根据移民不同阶段、不同群体有针对性地提供不同的资源和培训服务。

（1）针对移民阶段的不同而提供不同的信息服务。跨国流动或跨城市之间的移民活动，一般都要经过定居、适应、同化的过程。不同阶段的移民，对信息的需求是不同的。新移民在一个陌生环境中，最初的信息需求是基于生存压力的定居需求来考虑的，需要的信息通常围绕职业、生活成本、语言指导以及当地的法律等相关信息。因此，图书馆最初往往与教师、社工和慈善组织一起为移民提供语言培训，并且制作一些不同语种的移民指南供移民参考使用，这些册子中有对美国方方面面的介绍，包括在美国如何找寻工作以及旅游小贴士，学习英语的方法，联邦政府和州政府，如何成为美国公民以及在日常生

① 张必兰、李家清、刘军：《追根溯源：美国图书馆嵌入移民信息服务历程探寻》，《新世纪图书馆》2014 年第 5 期。

② 张必兰、吴诗贤、吴华安、冯有胜、刘军：《城市新市民信息素养问题研究述评》，《重庆工商大学学报》（自然科学版）2014 年第 12 期。

活中的其他建议等。

（2）根据移民对象不同制定不同的培训模式。移民分为在校生和非在校生群体，在校生的信息素养教育和评价就交付于基于学校情景下的系统信息素养培育体系中。而对非学生的社会移民，培训班等集中性的培训模式已经不适合其不固定的时间安排。因此，怎样吸引其主动走进图书馆接受信息是美国图书馆界很早就思考研讨的问题。他们采取的措施是引进很多移民者母语国家的文献来吸引其走进图书馆，等他们走进图书馆以后，再配置一些适合移民阅读的基本英语读本以及一些讲座来培养其信息获取习惯。

（3）与社区开展合作拓展信息交流和信息融合。美国图书馆特别是公共图书馆尤其注重与社区合作，联合开展一些活动以加强移民与美国本地居民的融合。如一些朗诵会、趣味活动、培训课以及就业指导。在这些活动中，不仅加强了新旧居民的融合，也在他们相互渗透的过程中，获得了信息的渠道，并在相互交流过程中，学会了信息的发布、筛选、鉴别以及分享，这其实也是信息素养的培育过程。

（四）面向信息弱势群体的信息素养与信息援助相关研究

信息技术和互联网的普及与发展为社会大众带来信息"福利"的同时，也将社会群体之间的信息差异呈现出来，信息人群分化为信息强势群体与信息弱势群体。信息弱势群体由于信息获取与利用上的弱势逐渐成为信息社会边缘化的人群，带来一系列社会问题。在当前构建和谐社会的大目标下，这引起了许多学者的关注和重视，分别从不同侧面和视角对信息弱势群体问题展开了研究，归纳起来，这些研究大致可分为以下几个方面。

1. 信息弱势群体的概念与成因研究

虽然学者们对信息弱势群体的概念界定无统一的描述，但大部分学者认为信息弱势群体是信息社会的"产物"，是扩大化的弱势群体，是"由于信息时代的到来，由于种种原因没有能力有效地捕捉信息、分析信息、最终利用信息而使自身未能获得良好生存与发展的群体。"①"信息＋弱势群体"的解读方式能够较好地阐述出信息弱势群体的内涵与外延。

学者们从不同维度上分析、归纳了信息弱势群体产生的根源。如有学者将信息弱势群体的成因概括为技术因素、内容因素与个人因素。实际上，技术因素、内容因素实际上也反映了信息弱势群体产生的社会因素，包括信息资源匮乏、信息基础设施缺乏和不完善等。个人因素主要包括综合素质、价值观念、社交模式、经济因素、生理因素等；有学者将信息弱势群体产生的原因抽象概括为生理性原因、经济性原因和文化性原因几个方面，从此角度出发，信息弱势群体可分为生理性信息弱势群体（如老年人、残疾人等）、经济性信息弱势群体（如下岗工人、部分农民工等）、文化性信息弱势群体。从不同角度上对信息弱势群体产生根源的分析本质上是比较一致的，反映了信息弱势群体的一般特征，如经济收入少、社会地位低、信息素养不高、文化水平低等。

2. 面向信息弱势群体的信息援助研究

在信息弱势群体相关研究中，绝大多数研究聚焦于信息弱势群体信息援助研究，从援助原则、模式与保障机制等方面进行了大量研究。归纳起来，大多从国家的职责和公共图书馆的性质出发，强调国家和公共图书馆应当成为信息援助的主要机构，论述大多从应提供服务给弱势群体展开，提出服务的种种可能性、必要性以及各种具体服务措施。这些看法和措施可归纳为宏观和微观两大方面。

宏观层面：从政府投入方面，政府要加大对图书馆等公共文化设施免费服务的投入力度；从制度层面保障弱势群体的信息公平权利，从法律制定层面确保信息援助的有效性以及信息获取的无障碍机制；构建资源共享的网络体系等。

微观层面：丰富服务内容，提高服务质量，如实施优惠措施吸引

① 邱芙蓉：《山东省公共图书馆弱势群体信息服务现状及对策研究》，硕士学位论文，山东大学，2012 年。

弱势群体，设立流动图书馆、送书下乡；契合弱势群体的信息需求，改变服务模式和方法，"利用全国文化资源信息共享工程等带来的发展机遇，为弱势群体提供丰富的文化信息服务；为弱势群体提供个性化、全方位的信息咨询服务"①，提供基于个体现状的差异化的教育和培训服务，提高弱势群体的综合素质；建设契合弱势群体需求的信息资源，提供个性化的增值信息，如构建专题数据库、购买实用的书刊和编撰基于主题的指南等。这些方案的构建多基于公共图书馆的性质、定位和特点来设计详细的信息援助模式，由于突出了公共图书馆的主导地位以及公共图书馆工作人员的一线作用，易于落实和实施。但也存在方案系统性差、长效机制缺乏、措施理论性较强、实践性较差、忽略了其他公共资源及社会组织的作用等缺点。

3. 面向信息弱势群体的信息素养测评指标体系、现状与促进策略研究

对信息弱势群体的信息素养现状研究，主要集中于农村居民群体和农民工群体这两大信息弱势群体。

农民信息素质是农村信息化建设的一个重要方面，目前在农村信息化研究领域备受关注。梳理、研究现有文献，可以发现国内农民信息素养研究多集中在信息素养现状调查描述和基于政策层面的对策建议方面，实证研究不多，有较少文献涉及农民信息素养评估研究，也尝试构建初步的指标体系。在现有的农民信息素养评估研究中，测评方式多根据现有国内外成熟的评价标准，选取部分和全部维度指标，进行指标设计。如余姣萍等在《我国中部地区农民信息素质调查分析及对策研究——基于湖北省部分地区调查数据的分析》中从信息素养的三个维度——信息意识、信息能力、信息手段对农民的信息素养进行测评。在其构建的指标体系中，每个维度指标又包含不同的表现指标：信息意识包含信息重要性意识、信息获取性意识、接受新信息意识，信息能力包含信息获取能力、信息加工能力、信息使用能力，信

息手段包含信息获取工具和信息获取渠道①；李群、殷岚在《山区农民的信息素养量化研究——以昆明市官渡区为例》文章中借鉴陈吉利的《信息素养的一级指标与二级指标及其权重》的指标设计思路，设计了山区农民信息素养测量指标，可以说是针对农民群体较早的信息评价指标体系②；苑春荟等为了对农民信息素质进行量化测量，设计了"农民信息素质量表"。量表是在基于信息素养过程模型的基础上修改编制而成，包括信息需求意识、信息价值评价、信息获取能力、信息理解能力和信息共享能力五个维度，共43个描述指标，每个问题采用李克特5点评分方法进行测评。③

以上文献，在详细研究信息素养评价的基础上，尝试对农民信息素养评价指标的设计研究，更有学者试图将定性的信息素养指标通过李克特5点评分法直接转化为量化指标。这些研究成果，对以后的农民及农转城新市民的信息素养标准和评估研究有一定的借鉴意义。

对农民工群体信息素养现状相关研究文献主要集中在农民工特别是新生代农民工信息素养现状、信息需求、信息行为和信息素养培育等几个方面。如刘勇、王学勤以浙江省新生代农民工为例，从信息意识、信息知识、信息能力、信息道德四个方面对新生代农民工信息素养现状进行调查分析，探讨新生代农民工信息素养提升策略。④ 张晓慧分析了移动学习环境下的信息素养以及新生代农民工的信息素养诉求，并探讨了培养其信息素养的策略。⑤

4. 信息弱势群体信息素养促进的相关模式

为了消除数字鸿沟，除了信息援助外，国内外也进行了一些信息

---

① 余姣萍等：《我国中部地区农民信息素质调查分析及对策研究——基于湖北省部分地区调查数据的分析》，《图书情报知识》2007年第5期。

② 李群、殷岚：《山区农民的信息素养量化研究——以昆明市官渡区为例》，《思茅师范高等专科学校学报》2011年第4期。

③ 苑春荟等：《农民信息素质量表编制及其信效度检验》，《情报科学》2014年第2期。

④ 刘勇、王学勤：《新生代农民工信息素养现状及提升策略研究——以浙江省为例》，《图书馆工作与研究》2014年第7期。

⑤ 张晓慧：《移动学习环境下新生代农民工信息素养培养策略研究》，《河北大学成人教育学院学报》2013年第2期。

素养促进模式的探索和实践。

第一，美国模式。

在信息素养概念诞生地美国，设立在学校、社区等地的免费信息服务中心在促进弱势群体信息素养方面获得了巨大成功。

20 世纪末到 21 世纪初，美国有关机构进行了系统调查指出，由于地域、种族、经济状况、性别和身体状况等差异，人群之间产生了通过互联网或其他信息技术和服务获取信息的差异和利用信息网络以及其他信息技术的能力、知识和技能的差异。[①] 这种差异本质上就是信息素养差异，导致低收入、少数民族、低教育程度、老年群体等处于信息劣势，产生数字鸿沟。美国高层对信息素养的低下导致数字鸿沟的问题高度关注，采取了一系列积极措施解决此问题。各种措施综合起来在很大程度上缓解了美国数字鸿沟问题。

美国模式的主要特征包括：

（1）以政府力量为主导，加强对信息资源的宏观配置，政府的推动和政策的导向是最重要的推动力。在立法方面，1996 年通过修改《通信法案》，特别强调了让生活在乡村的美国人要和生活在城市的人一样享受到先进的电信企业的"普遍服务"；在政策措施上，采取税收激励政策等措施为每一个美国家庭和社团创造数字机遇。

（2）大力发展社区信息服务中心。美国政府认为社区上网中心对促进信息弱势群体信息素养成长、消除数字鸿沟具有不可忽视的作用。从 1999 年开始，在美国连接协会的协助下，美国教育部主导实施了"社区科技中心计划"，六年间提供了大量的资金帮助设立信息弱势群体聚居社区信息中心，仅在 2004—2005 年，美国就专项拨款了 1400 万美元用于社区上网中心的建设。这些社区上网中心大部分布在小城镇和乡村，不仅使弱势群体能够低价甚至免费上网，而且还能得到一些信息知识和信息技术能力的培养，从而达到了缩小"数

[①] 李宏洋：《浅论中国地方政府弥平数字鸿沟的政策选择》，硕士学位论文，复旦大学，2009 年。

字鸿沟"的目的。①

（3）重视信息意识和技能的培养。财政部门除了投资于基础设施之外，也重点加大了培训投入，通过基本信息技术知识和信息技能的培训，提高弱势群体的信息应用能力。

第二，智慧社区模式。

智慧社区模式是一种基于先进的信息通信、云计算、物联网等信息技术的集成运用，凸显的是基于海量信息智能处理所营造的信息化和智能化的社区生活环境。在这种信息环境下，信息发布、传递、控制以及更新都更为迅速、便捷和智能，是一种基于社区管理的新理念，也是一种实现信息公平的新尝试。

作为在许多政府大力推进的智慧城市建设大环境下的一项具有中国特色的系统工程，近年来，大量的社区信息中心、社区智慧屋乃至智慧社区得以发展。先进的智慧社区，是基于宽带多媒体通信网络和各种智能设施，提供智能化社区管理、智能化社区物业、智能化社区服务、网络化社区服务和综合化信息服务五个方面的社区综合服务系统。这中间比较典型的包括上海市经信委等指导、上海东方数字社区发展有限公司具体运作的"东方社区信息苑"、东方网和四维传媒共同投资建立的上海东方网联智慧信息技术有限公司经营的"社区型智慧屋"、厦门市保障房安居工程公司开发的"和美云"智慧社区体验屋等。智慧社区体验屋内融合了网络文化、社区民生、电子商务、互联网、信息消费等多功能，为辖区居民们提供了便民、共享、和谐的居家体验。这些实践都具有一定的美国模式影子，这些出现历史或长或短的、以市场化运作为主的社区信息中心模式，对促进社区居民生活信息化、消除数字鸿沟起到了巨大的作用。

但这种模式不能直接照搬到农转城新市民信息弱势群体的信息素养成长促进的实践中。因为智慧社区的建设需要大量资金，上述实践基本上都出现了"数字马太效应"，即"智慧社区信息中心更多地流

---

① 石怀成、黄鹏、杨志维：《国外推行电子政务公共服务的重点做法》，《信息化建设》2007年第9期。

向富裕、发达地区，使信息技术、信息设备更多地流向有文化、有经济能力的阶层"。① 经济发展比较好的地区，其信息化建设一般来说开展得也比较好，居民的信息意识、信息能力也较高，投入者为了获取更好的经济或社会效益，更有意愿在这样的地区进行信息基础设施的建设和投入。在这样的社区中，居民与投入者形成了一个良性循环或者说达到一个"双赢"模式：社区环境越智能，产品越丰富便捷，居民有效使用的需求就越大，投入者的回报就越多；反过来，他们就会在信息设施、产品需求、居民培训上投入更多的人力物力来促使居民更好地运用智慧社区相关产品，从而使这些地区的信息化水平、居民的信息素养水平更高。由于落后地区的居民难以接触到现代信息网络、信息技术以及终端先进产品，在智慧型社区的构建背景下，就会进一步拉大落后地区居民与发达地区居民之间的信息差距，造成两者之间的数字鸿沟日益扩大。信息弱势群体信息环境的"马太效应"问题，如果缺乏必要的政府调控性纠正机制而完全靠市场化机制，这种负面现象只会愈演愈烈，这显然有违公平社会的建设目标。

智慧城市的建设，应更多地关注和帮助信息弱势群体，否则智慧城市只能是一部分人的智慧城市，非大家的智慧城市。智慧产品的投入和推广不能仅以经济效益为衡量指标，成为其提供信息基础设施建设和提供信息服务的指向标。

弱势群体信息素养的成长，建立在社会公平这样一个大前提下，即大众公平地参与社会生活。为实现这一目的，经济效益就不应成为推进社区信息公平的枷锁，政府有责任和义务通过一系列法规政策建设，保证信息弱势群体有机会低成本地提升其信息能力，从而消除人际信息壁垒，进而提高民族素质。

第三，国内社区图书馆模式。

在国家大力推动全国文化信息资源共享工程的良好大环境背景下，借鉴美国模式，近年来，社区图书馆在全国各地实现快速的扩张

---

① 方杲、汪健：《公平的正义：公共图书馆促进信息公平的伦理基石》，《图书馆》2015 年第 3 期。

和布局，在一些经济较发达的地区，如上海、广州、深圳、辽宁等，更是实现了社区书屋的全覆盖。

社区书屋从建设试点到轰轰烈烈、大规模的推广、验收，基本实现社区全覆盖，可以说在接入方面开了个好头。但接入后的实际效率、受众的感受、对社区居民、农村居民实现信息公平的贡献度等问题却逐渐引起广大管理者与研究者的深思。[①]

目前，我国社区图书馆的建设呈现一个十分奇特的现象，管理层、媒体的态度比较积极和乐观，但实际基层的受众者却比较淡然甚至漠然，总体感觉不尽如人意。具体体现在：

（1）社区居民使用意愿未能有效激发。一个图书馆的长久生命力在于它是否有吸引读者"走进来"的能力，即读者是否有需求。这里的"走进来"既包含走进实体的图书馆，也包括走进虚拟图书馆。大学图书馆由于存在教学科研、人才培养的需求，它的服务和建设具有强劲的推动力，也比较能契合读者的需求，激发他们的使用意愿；公共图书馆由于面向的服务群体较广、数量巨大且经常举办一些公益的专题讲座和培训，也有相当的用户群体；而社区图书馆，大部分在短时期内集中式建设，配置的图书和提供服务不能很好地契合社区居民的需求，很多图书馆图书往往成了摆设，无法有效吸引他们的走进。这不但与社区图书馆资源配置有关，也跟社区图书馆的服务理念、服务设施、服务内容和服务制度等方面有着非常大的关系。社区图书馆存在服务者和被服务者双方积极性都没有被激发的状态，国家虽然投入了大量资金，效果离预期相差极大。

（2）社区图书馆的可持续性建设和发展难。社区图书馆"难"在哪？难建、难养、难管，"三难"卡住社区图书馆。

难建：一家完整的社区图书馆至少要能容纳几十个座位，加上其他配套场地，总面积应该在 300 平方米以上[②]，社区用地本就紧张，

---

① 张必兰、吴诗贤：《基于"有效使用"视角的农家书屋使用现状探析》，《重庆工商大学学报》（自然科学版）2013 年第 12 期。

② 金昌波：《社区教育如何不再遥远？》，《海南日报》2015 年 3 月 24 日。

建设满足要求的馆舍，难度可想而知。

难养：社区图书馆是公益性事业，运行全靠政府投入和少量的民间捐赠，而这两者目前均是属于临时性的投入，没有稳定的经费投入来源渠道。这使社区图书馆建成后，设备维修、图书更新等后续资金不到位，后续发展无力，馆藏资源的更新和设备维修就成了难题。

难管：社区图书馆的发展前景，很大程度上取决于社区图书馆工作人员的素质。社区信息服务工作是"麻雀虽小，五脏俱全"：首先要求社区图书馆工作人员有强烈的事业心和责任感、为社区发展服务的观念和耐心，其次在业务上要求有广博的科学文化知识和专业服务能力，要熟练掌握图书分类、编目等传统图书管理技能，还要有较好的数字信息技术。但目前体制下，社区图书馆工作人员基本都是社区工作人员兼职充当，他们没有受过专业培训，信息素养有限，只能从事简单的借还书登记和有限的信息咨询工作，无法满足社区居民的需要。

这些问题的存在使社区图书馆的可持续发展问题摆在了面前。近年来，许多研究者均认为，社区图书馆较为合适的发展方向是采用总分馆模式，以在资金、人员培训、馆藏建设等多方面得到作为总馆的公共图书馆（一般是指区县级图书馆）的帮助。但这种模式实际上还是把社区图书馆的功能限定在图书馆模式下，相对于大学图书馆学术知识、公共图书馆科普知识传播为主，社区居民实际上更希望社区图书馆能成为社区信息中心，成为多功能信息交流中心，能得到实用强、时效性高的信息服务。而这对社区图书馆的基础设施建设、信息资源建设和信息服务都提出了更高的要求，同时也对资金和社区图书馆工作人员的信息素养提出了更高的要求。采用完全公益性模式，很难在资金和人员上提供可持续性支持。

二 新市民城市社会融合相关研究[①]

在国外，相关研究多从社会经济因素、文化距离因素和社会支持

---

① 吴诗贤、张必兰：《权利贫困视角下的新市民信息障碍成因分析》，《新世纪图书馆》2013 年第 10 期。

因素等结构性因素的视角研究影响新市民社会适应性问题[①]。城市新市民问题是近年来国内学术界研究的一大热点，社会学、经济学、管理学等多种学科领域学者分别从新市民生存空间变迁的生存状态、个体人力资源资本和社会资本的重组与转型、身份认同危机和身份重塑、风险保障机制、城市新市民的子女受教育、城市新市民的服务管理等维度对城市新市民社会融合问题展开了较为深入的研究[②③④⑤]，研究成果呈现多学科视角互动交叉、多层次的格局，这些研究成果对于认识城市新市民问题的本质特征和内在联系提供了多角度的认识视野。

三 相关研究概评

通过梳理上述相关研究成果可以发现，图书情报学、教育学等领域的国内外学者和有关研究机构对信息素养展开了多方面的理论与实证研究，取得了大量的研究成果。这些研究成果为我们深入把握信息素养的内涵、展开信息素养测评体系研制和探索有效信息素养培育模式提供了宝贵的参考；社会学等领域的专家学者对新市民城市社会融合的相关研究，也为实现城市社会融合问题的深化研究和城市社会融合问题的解决对策提供了理论基础和实践参考。

但同时，相关研究也存在一些不足之处，具体表现包括：

（1）信息素养相关研究针对的主体范围较窄。从研究对象来看，信息素养评价标准及信息素养教育研究主要聚焦于大学生群体，信息援助相关研究主要聚焦于农民和农民工等信息弱势群体，而数量庞大

---

① Ward C. , Kennedy A. , "Acculturation strategies, psychological adjustment, and sociocultural competence during cross – cultural transitions", *International Journal of Intercultural Relations*, 1994, 18（3）：329 – 343.

② 郑松泰：《"信息主导"背景下农民工的生存状态和身份认同》，《社会学研究》2010 年第 2 期。

③ 董延芳、刘传江：《农民工市民化中的被边缘化与自边缘化：以湖北省为例》，《武汉大学学报》（哲学社会科学版）2012 年第 1 期。

④ 悦中山：《农民工的社会融合研究：现状、影响因素与后果》，博士学位论文，西安交通大学，2011 年。

⑤ 张文宏：《城市新移民社会融合的结构、现状与影响因素分析》，《社会学研究》2008 年第 5 期。

的农转城新市民群体在这些研究中大都被忽视了。

（2）针对信息弱势群体信息援助的相关研究往往注重"授人以鱼"而忽视了"授人以渔"。在信息弱势群体信息援助相关研究中，学者们从理论和实证上提出了种种方案和政策建议确保把信息送到信息弱势群体手上以保障信息公平。这固然很重要，但随着社会各个领域的高度信息化，人们在日常工作、生活的方方面面都需要时刻获取信息，而这靠"送"是远远不够的，需要信息弱势群体尽快提高信息素养以改变信息弱势状态，需要把对信息弱势群体的"信息素养援助"与"信息援助"并重，既要"授人以鱼"也要"授人以渔"。

（3）从研究的横向学科视野来看，针对新市民信息素养的研究，缺乏多学科交叉融合。目前，信息素养相关研究大部分集中于图书情报学和教育学领域，而信息素养是与人所处的社会网络环境密切相关的，因此，除了图书情报学、教育学等学科外，信息素养研究天然与社会科学等密切相关；而以城市新市民为对象的研究大多集中于社会学领域，基本上是聚焦于"农民工"逐步融为城市"新市民"，且很少涉及信息保障和信息素养对"新市民"融入城市社会过程中的作用。更缺乏基于信息化社会大环境下从图书情报学、教育学、社会学等多学科相结合的角度展开新市民信息素养与社会融合内在联系的研究。

（4）从研究的纵向视野来看，多层面的关联性研究和深层次的理论挖掘相对较少，在信息素养理论研究方面，对信息素养形成的底层机理和一般规律方面的探索还较少。

（5）在信息弱势群体的信息素养提升方面，缺少可复制、可操作性强的典型模式。而一些能促进信息弱势群体信息素养提升的现有模式，由于种种原因，很难直接照搬到农转城新市民信息素养弱势群体的信息素养促进上。如市场化经营的"智慧屋"模式，实践中基本上都出现了"数字马太效应"，即"智慧社区信息中心更多地流向富裕、发达地区，使信息技术、信息设备更多地流向有文化、有经济能力的阶层",① 如果缺乏必要的政府调控性纠正机制而完全靠市场化机制,信息弱势群体信息环境的"马太效应"问题只会愈演愈烈,这显然有违公平社会的建设目标。而国内社区图书馆、社区书屋从建设试点到轰轰烈烈、大规模的推广、验收,基本实现社区全覆盖,可以说在接入方面开了个好头。但接入后的总体感觉不尽如人意。主要体现在:采用完全公益性模式,很难在资金和人员上提供可持续性支持,社区居民使用意愿未能有效激发、社区图书馆的可持续性建设和发展困难较大。因此,探索将政府公益责任与市场机制有效结合的信息素养弱势群体信息素养促进模式,应是重要方向之一。

---

① 方昊、汪健:《公平的正义:公共图书馆促进信息公平的伦理基石》,《图书馆》2015 年第 3 期。

第二章　研究内容与方法

第一节　研究内容与主要创新点

一　研究内容

研究以农转城新市民群体信息素养的提升为目标，在对该群体信息素养现状统计分析和信息素养成长规律探索的基础上，寻找促进其信息素养提高的有效对策和模式，从而最大限度地消解该群体城市社会融合的信息素养障碍。围绕该目标形成了以下几个方面的主要研究内容。

（1）研究建立农转城新市民信息素养测评指标体系、农转城新市民城市社会融合度测评指标体系以及相应的测评方法。

（2）对农转城新市民信息素养、信息环境以及城市社会融合度的现状进行统计分析。

（3）探索农转城新市民信息素养各维度之间、信息素养与其城市社会融合度之间以及信息素养养成的影响因素与信息素养养成之间的内在联系。

（4）剖析信息素养生态系统的构成因子之间的相互作用以及各种内外因子对信息素养成长的作用，探索信息素养成长规律。

（5）在前述研究成果的基础上，分析农转城新市民信息素养弱势的成因，积极探索可操作性较强的、有效的农转城新市民信息素养促进模式。

二 研究成果的主要创新点

本项目研究以在城市化进程中由于土地被征用等原因脱离原有农村户籍转而获得城市户籍的农转城新市民,特别是西部地区农转城新市民这一数量庞大而在信息素养研究领域相对被忽视的群体为研究对象,从促进其城市社会融合的视角,研究农转城新市民信息素养的现状和提升模式。这一研究模式,拓展了信息素养的研究领域,与社会学、经济学等学科交叉融合,研究不是单纯的图情学的理论研究,而是与城乡统筹这个大背景融合。

研究成果的主要建树和创新点体现在:

(1)目前,我国对新市民社会融合的相关研究虽然较多,但以农转城新市民这一新群体为对象,从信息素养对其社会融合的作用的视角出发的研究很少,研究领域和研究视角有一定创新。

(2)在农转城新市民信息素养多层、多维度测评指标体系构建中,将内涵相关能力要素抽取模型和过程结构能力要素抽取模型相结合来进行信息能力要素抽取,可一定程度上克服其各自的缺点。

(3)将神经网络理论运用于信息素养研究领域,构建了基于神经网络的农转城新市民信息素养以及城市社会融合度的测评方法,是对信息素养测评方法的一种丰富。该方法以信息素养专家对部分调查样本的人工评价结果作为训练样本,利用神经网络强大的非线性映射能力、记忆能力,把专家测评知识和智能以权值矩阵的形式记忆,能较好地描述各层指标变量之间的复杂非线性关系,较好地克服传统的经验确定法、层次分析法和回归分析法等指标权重赋值方法的缺点。

(4)研究成果中对样本农转城新市民信息素养、信息行为特点以及城市社会融合度的现状分析,对从整体上把握这一群体乃至整个信息弱势群体的信息素养提供了参考。

(5)把基于神经网络的敏感性分析方法运用到农转城新市民信息素养各维度之间的内在联系、信息素养与其城市社会融合度之间的内在联系以及信息素养养成的影响因素对信息素养养成的贡献率分析研究中,归纳总结了影响农转城新市民信息素养提高的主要因素、影响农转城新市民城市社会融合的主要信息素养障碍。

（6）基于意义建构理论、技术接受与利用综合模型以及激励理论等理论，剖析信息素养生态系统的构成因子之间的相互作用以及各种内外因子对信息素养成长的作用，建立了信息素养循环成长模型，反映了信息意识、信息知识、信息能力、信息道德等信息素养各维度的成长脉络，有助于认识信息素养成长的基本规律。

（7）提出了以信息共享空间理念和智慧社区理念相结合的社区 IC^2 信息服务平台为主要载体下的"政府主导、需求导向、多元参与"农转城新市民信息素养促进模式，该模式的核心特点可以归纳为：充分考虑农转城新市民信息素养较低、信息行为的"就近"特征以及经济基础较弱的现实，以"市场＋公益"驱动，在政府主导保证信息公平等社会效益的前提下，积极引导社会市场力量参与农转城新市民信息服务与信息素养培育中，通过构建与其真实的生活环境紧密结合的信息环境，实现多层次、多维度的信息素养培育。该模式把农转城新市民信息素养培育嵌入日常社区便民信息服务活动中，可操作性较强。

第二节　研究方法与技术路线

一　研究方法

本课题借鉴信息素养以及城市新市民相关的国内外研究成果，运用情报科学、社会学、信息行为学、统计学的基本原理，采取定量与定性、调查与理论分析相结合的原则展开研究。

具体来说，根据研究的实际和需要，课题组主要采用了以下研究方法：

1. 文献分析法

根据研究思路和研究内容，充分利用课题组依托学校的文献资源和各种校外的网络资源，最大限度地收集整理国内外有关信息素养、新市民城市社会融合相关研究领域的文献，以在较全面地把握课题相关研究领域发展脉络的基础上，系统地研究农转城新市民信息素养的基本问题。

2. 调查研究法

本研究在收集农转城新市民信息素养和社会融合状况数据时运用了问卷调查法。以西部的重庆市为主，并在四川省、贵州省和东部的杭州市等地区运用受访者推动抽样法（RDS）进行了实地调查，以此作为统计分析和测量的数据基础，用于综合分析农转城新市民信息素养现状、信息行为的特点及形成该特点的个体信息素养因素及外部信息环境因素。

采用多种统计工具，综合使用相关分析、描述性统计法等方法对调查数据进行统计和分析，以此认识和揭示农转城新市民信息素养现状、信息素养与影响因素之间的相关关系。

3. 专家咨询法

课题组就居民信息素养的促进障碍、现有措施的实际效果，请教了多年从事公共图书馆专业培训的老师以及从事社区居民培训的专家；就信息素养对个体社会行为的影响及如何正向促进问题多次与图书情报学、教育学等领域专家通过面谈、电话等方式进行交流；在项目申报前、研究中，得到图情学、社会学、经济学专家的指导，从而避免成为局限于图书情报学内的单纯理论研究，而是与研究对象的社会环境、实际最终呈现效果相结合。就农转城新市民而言，其如何早日融入城市社会，是关系整个城市化改革进程的关键问题。农转城新市民信息素养的研究也应在这个大背景下，研究信息素养的提升对社会融合的有效促进，才能使研究成果更具现实意义。

4. 理论建模分析法

基于神经网络理论，并利用 MATLAB 工具，对通过调查获取的有关农转城新市民信息素养和社会融合的各种数据及资料进行建模分析，建立了农转城新市民信息素养和城市社会融合之间、农转城新市民信息素养养成因素和信息素养之间的非线性映射关系模型，以此探索农转城新市民社会融合与其信息素养的内在关系、分析影响农转城新市民信息素养的关键影响因素；基于技术接受与利用综合模型（UTAUT）、激励理论、信息生态系统理论以及需求理论等建立信息素养成长模型，在此基础上构建信息素养促进模式。

5. 系统分析法

本研究的内容涉及信息素养、社会融合等多个领域，是一个在图书情报学、社会学、教育学等多学科融合下展开的综合研究，需要在系统分析方法的指导下，才能实现多视角、多内容的科学契合。

二　研究技术路线

整个研究过程遵循理论研究→调查→理论研究→对策与促进模式研究的基本路线展开。技术路线如图 2-1 所示。

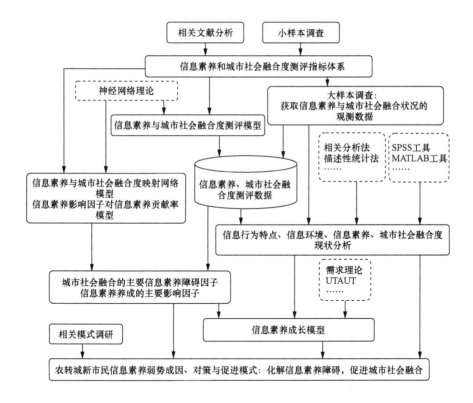

图 2-1　研究技术路线

第一，充分收集相关文献资源，并在整体上把握相关研究领域的发展脉络、农转城新市民信息素养和城市社会融合的基本问题的同时，重点对信息素养评价指标、信息弱势群体信息素养相关培育模式进行归纳总结，在此基础上，结合小样本调查和信息素养成长系统要素分析，进行农转城新市民信息素养和城市社会融合度测评指标体系构建，并依据体系中的观测指标设计相应的调查问卷。

第二，在多个省份地区运用受访者推动抽样法（RDS）等方法展开调查，以调查数据作为统计分析的原始基础数据；利用 MATLAB 工具构建信息素养与社会融合度测评神经网络模型，并利用调查得到的观测指标数据，对调查对象的信息素养各维度指标、城市社会融合度各维度指标进行测评。

第三，基于神经网络理论和敏感度分析法，研究构建信息素养与社会融合度映射网络模型、信息素养对其城市社会融合度贡献率以及信息素养养成的影响因素对信息素养养成的贡献率的相应算法；对调查数据和测评数据，利用多种统计工具统计分析农转城新市民信息素养现状、信息行为的特点及农转城新市民对信息素养生态系统中外部信息环境因素的感知现状、城市社会融合度现状，并利用前述贡献率分析方法分析农转城新市民城市社会融合的主要信息素养障碍、信息素养养成的主要影响因素障碍。

基于技术接受与利用综合模型（UTAUT）、激励理论、信息素养生态系统分析以及需求理论等建立信息素养成长模型，分析了农转城新市民信息素养弱势主要成因。

第四，结合前面研究中得到的农转城新市民信息素养较低现实、农转城新市民信息行为的"就近"特点，展开农转城新市民信息素养促进对策与促进模式的研究。

第二篇

农转城新市民信息素养与城市社会融合现状

第三章 测评指标体系构建

本章参考信息素养评价指标体系相关文献的研究成果，在对信息素养内涵多层次分析的基础上构建了农转城新市民信息素养多层次多维度测评指标体系。在分析信息素养生态系统影响因子的基础上确定了信息素养影响因素测量体系。借鉴农民工城市社会融合度评价相关文献的研究成果，建立了农转城新市民城市社会融合度测评指标体系。

第一节 信息素养测评指标体系

一 农转城新市民信息素养的概念

考察现有的信息素养及其测评指标体系的相关研究成果，由于存在时间、国家、研究者、信息素养主体等多个维度的差异，因此，信息素养内涵表述、信息素养具体测评指标以及评价准则上有多样化的呈现。但通过深入分析，可以发现，这种多样化表象下所包含的核心内涵较为一致，从总体上看信息素养的内涵和测评指标体系大多基于信息意识、信息知识、信息能力、信息伦理道德四个维度。本研究也正基于这四大维度，结合农转城新市民的基本特点，认为农转城新市民信息素养是其从"农民"身份向"市民"身份转化过程中，具有的基于信息资源熟悉城市文化、学习城市生存技能、快速完成各种社会关系重构与角色内涵转型的认知结构特征和认知能力所蕴含的基本素养。简单地说，农转城新市民的信息素养就是其利用信息资源解决城市社会融合过程中的问题的认知结构基础和认知能力基础。它同样遵循信息素养的核心内涵要求，以信息素养的四个基本要素为基础，即包含主要蕴含在认知结构基础中的信息意识、信息知识、信息道德和主要蕴含在认知能力基础中的信息能力。这四个要素组成一个有机的整体：信息意识是一切信息行为的先导，信息知识是信息行为的基础，信息能力为核心，信息道德保障信息行为的规范。这四个方面相辅相成、紧密相连，构成信息素养概念的完整内涵，如图 3-1 所示。

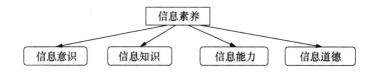

图 3-1　信息素养内涵结构

二　信息素养测评指标体系构建原则

测评指标体系的构建遵循科学性、完备性、可操作性三大原则。

（1）科学性原则。同一指标系统中的不同层指标要相容；同一指标系统中不能出现指标重复；将定性测评与定量测评相结合。

（2）完备性原则。深入分析国内外相关研究成果，尽可能不遗漏重要的相关概念内涵要素；各指标本身要有较好的抽象概括能力，最大限度地确保测评指标体系对信息素养内涵解释的完整性，使构建的测评指标体系具有较好的稳定性和泛化能力。

（3）可操作性原则。测评指标体系涉及的信息要易于获取，特别是用于指导测评问卷题目设置的最末级观测指标，要易于找到有代表性的表现来进行观测。

农转城新市民的信息素养与其他主体（如高校学生群体）的信息素养在核心内涵要求和基本结构体系上并无本质上的不同，只不过由于信息活动场景的不同，在反映信息素养水平的具体信息活动要求上有较大的差异。因此，在上述原则思想的指导下，农转城新市民信息素养测评指标体系的构建，按照从一般信息活动过程和信息素养内涵分析出发来抽取信息素养要素的思路进行，以尽量保证测评指标体系对信息素养内涵描述的完备性。测评指标体系对农转城新市民的针对性，主要通过依据测评指标体系的观测层指标设计问卷题目时充分与农转城新市民的特点、信息活动场景相结合来体现。

三 信息素养测评指标体系的建立

（一）信息意识内涵与测度

1. 信息意识的内涵

作为信息素养的核心内涵组成之一，信息意识影响着信息行为主体（即强调信息属性的自然人，以下简称信息人）的信息行为意愿的产生，支配着信息活动，并对信息使用效果产生重要影响。自 20 世纪 80 年代初提出信息意识这个概念以来，其内涵随着意识研究的深入而不断演变，但到现在还没有一个得到学界公认的统一的定义。为了给信息素养研究与测评提供可操作的指标，有必要明确界定信息意识的概念，并确定其组成要素特别是各核心要素的观测指标构成。

已有的研究主要从哲学心理学、信息意识外部表现两种视角出发来界定信息意识的概念和构成要素：

（1）基于哲学、心理学视角出发界定信息意识。部分学者从哲学的意识形态概念出发，认为信息意识是指信息人对信息在社会活动中的价值和作用的认识。一些学者在此基础上展开研究，认为还应该包括对信息需求、信息现象的感知、认识和评价（沈洁，2005；常正霞，2011；王蕾，2011）；基于心理学中意识概念，解敏等在综合前人研究成果的基础上，提出"信息意识是一种扩展意识，是信息主体在与信息有关的认知活动中产生的感受，并在感受积累的基础上形成的对信息活动的觉知能力"。[1]

（2）通过外部特征，界定信息意识概念。一些学者主要通过信息意识活动的外部特征来界定信息意识。他们认为，信息意识对信息的外部特征表现为持续的注意力、敏锐的感受力以及一定的判断力和对信息行为的掌控力（张素芳，1999；皮介郑，2003；杜公民，1997；

---

[1] 解敏、衷克定：《信息意识概念的新构想与实证》，《现代远程教育研究》2012 年第 5 期。

解敏，2012）。对信息意识进行观测，通常的方法是研究其行为表现，也是一种易操作的方法。但这种方法的不足之处是容易忽视行为背后的动因，同时信息判断力等要素更反映的是一种信息能力，模糊化了信息意识和信息能力的界限，对信息素养要素分解带来一定程度的混乱。

在考察了《现代汉语词典》、《辞海》等对意识概念描述的基础上，综合各类研究成果，本研究采取的信息意识的定义是：信息意识是指信息人在从事社会生产实践活动特别是信息活动过程中，对主客观世界信息自觉的、能动的反应，是人脑对信息的感知、思维等各种心理活动的总和。[①]

2. 信息意识的评测指标

根据前述对信息意识内涵的定义，信息意识和其他意识一样，既来源于实践又指导实践，来源于实践，反映了信息意识的产生根源，指导实践，反映了信息意识的能动性。因此，表征信息意识的核心要素应包括两个方面：信息觉知意识、信息能动意识，前一个要素由信息人对信息的存在感知、价值感知和需求感知程度反映，后一个要素由信息人积极主动地学习使用信息知识与技术意愿、积极参与信息活动的意愿反映（包括信息的获取、吸收、管理、交流共享、安全、应用和创新的自觉程度），是信息意识的高级阶段，是信息行为的前导。据此可建立信息意识的评测指标体系。

信息意识测评指标体系由一个一级指标（信息意识）、两个二级指标（信息觉知意识、信息能动意识）和九个三级指标（信息觉知意识：信息敏感意识、信息价值意识、信息饥饿意识；信息能动意识：信息获取意识、信息批判意识、信息安全意识、信息共享意识、信息应用意识、信息创新意识）构成，如图 3 - 2 所示。

---

① 曾德良、张玉辉：《论现代信息意识》，《高校图书馆工作》2008 年第 6 期。

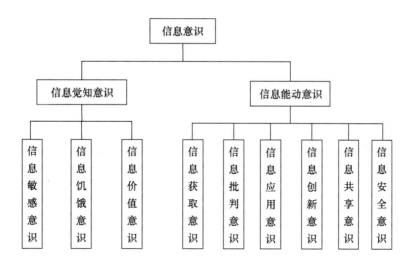

图 3 - 2 信息意识测评指标体系

（1）信息敏感意识。信息敏感意识是指对信息具有敏锐的感受力。一个信息意识强烈的人一定具有良好的信息感知意识，如果处处感受不到信息的存在，缺少了信息刺激，绝不可能产生其他的信息意识。信息的感知意识是信息的价值意识、需求意识等意识的基础和前提。

（2）信息价值意识。信息价值意识是对信息的作用、功能及其在社会中的价值的认可程度。信息价值意识是产生信息获取、信息吸收和信息运用等信息活动的原动力之一，没有对信息价值和重要性的高度认知，显然不可能主动地实施一系列信息活动。

（3）信息饥饿意识。信息饥饿意识是指信息人在日常生活或生产实践活动中为解决各种实际问题而自觉产生的对信息的不满足感和必要感。一切信息活动始于没有被满足的信息饥饿感，信息饥饿感是引发信息需求发现、信息占有、处理和运用的原动力，是信息意识的核心要素之一。一个人如果在社会生产、生活实践活动中完全感受不到信息的缺失，也不可能产生信息获取的动机。

（4）信息获取意识。信息获取意识是指对信息获取的意向和愿望的自觉程度。信息获取意识是信息人对于信息存在的需求反映。一般而言，信息需求和饥饿意识越强，则信息获取意识越强，信息需求和信息饥饿意识越弱，则信息获取意识越弱。

（5）信息批判意识。信息批判意识是指对信息批判的重要性和必要性的一种认知水平、认知程度。其突出表现是对主动或被动获得的信息具有质疑精神、不盲从，对获得的信息有判断信息的真实性、可靠性的习惯。信息的本质是人的感知能力和思维活动的产物，信息制造者在特定的感知或思维活动下制造的信息其真实可靠性天然值得怀疑。许多新媒体的普及给大众信息的获取和传播带来很多便利，也为信息消费提供了便利，但大众面临数量巨大、种类繁多的信息时常常无所适从，因为新媒体提供便利传播途径的同时，也为那些冗余、不良信息的传播提供了方便之门。因此，在面对信息时，接受者要有强烈的批判意识，冷静评估、查证，不盲从、不轻信。

（6）信息安全意识。信息安全意识是对信息安全的价值性和重要性的一种认知水平、认知程度以及由此形成的对信息安全活动的意向。[1] 其表现在对可能影响信息本身及信息介质安全的外在条件一种戒备和防范。具体来说，具备信息安全意识的人知晓影响信息安全的因素，有一定的敏感度和观察力，能够认识信息安全对工作和生活的影响。信息安全的范围非常广泛，无论是国家、组织还是个人，总有一些机密或隐私不适宜泄露，否则可能给国家、相关组织或个人带来巨大的损失，因此，树立高度的信息安全意识，通过一些必要的手段保证关键信息资产的安全性是非常重要的。

为了确保信息安全，除了必要的技术手段外，信息安全意识尤为重要。很多时候，只要有了意识，相应的防范措施并不复杂，几乎人人都能完成，关键是要有信息安全意识。北京谷安天下科技有限公司发布的《2011 年度中国企业员工信息安全意识调查报告》显示：36.6% 的受访者会在办公桌面放密级资料；52.9% 的受访者表示自己所在企业的打印机附近有合同、通知等重要资料不及时回收，可以让

---

① 罗力：《国民信息安全素养评价指标体系构建研究》，《重庆大学学报》（社会科学版）2012 年第 3 期。

人任意看；选择"数字＋字母＋符号＋大小写"这种相对最为完全的口令/密码设置规则的受访者所占比例仅为 25.4%。[①]

（7）信息共享意识。信息共享意识是对信息共享价值的认知程度以及由此形成的对信息进行共享交流的意向和自觉程度。信息共享意识是分享与影响力理念在信息领域的表现，是对信息价值实现途径的一种认知反映。一个有良好信息共享意识的人，能够充分认识到信息共享既是实现信息价值的重要途径，也是增强自身影响力的重要方式。

（8）信息应用意识。信息应用意识是对信息运用的自觉程度，突出表现为具有积极应用信息的意愿。获取的信息必须经过认真的吸收和充分的利用，才能在社会实践中发挥其价值，如果没有强烈的信息应用意识，即使拥有大量信息，也是毫无意义的。

（9）信息创新意识。信息创新意识是指对信息创新的价值性和重要性的一种认知水平、认知程度以及由此形成的对信息创新的意向。信息创新是促成信息增值、产生社会与经济价值的关键。

九个三级指标即为观测指标，对应的主要表现作为调查问卷中信息意识方面题目设计的依据。

（二）信息知识内涵与测度

信息知识是"有关信息的本质、特性、信息运动的规律、信息系统的构成及其原则、信息技术和信息方法等方面的知识。"[②]

由于信息理论、信息技术、信息方法等的发展日新月异，在测评体系的信息知识维度中，对信息知识的测评指标不可能面面俱到，因此主要采用分功能、分类别的形式构建。

信息知识测评指标体系由一个一级指标（信息知识）、三个二级指标（信息设施知识、信息理论知识、信息法律知识）和四个三级指标（信息设施知识：信息平台知识、信息工具知识；信息理论知识：

---

① 北京谷安天下科技有限公司：《2011 年度中国企业员工信息安全意识调查报告》，http：//sectv. gooann. com/mfzy. aspx，2015－02－10。

② 吴晓波：《略论信息素质培养》，《中国远程教育》2002 年第 1 期。

信息概念知识、信息原理与方法知识）构成。信息设施知识指信息与信息活动所依赖的平台和具体工具的一些基本原理和使用常识。信息理论知识指关于信息本身和信息活动中的一些基本概念、基本规律、手段和方法的知识。信息法律知识指在信息的生产、采集、加工、存储、传播、交流与利用等信息活动中需要遵循的法律、规定、条例等，如信息安全法、知识产权法等。

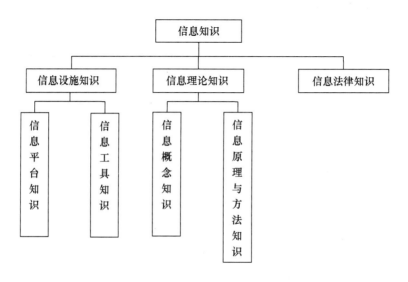

图 3 - 3　信息知识测评指标体系

（1）信息平台知识。是指以互联网为代表的网络、图书馆为代表的信息资源服务机构等信息基础设施的一些基本概念、基本原理、使用常识。

（2）信息工具知识。是指一些直接信息处理工具，如个人计算机、手机及相应的常用信息处理工具性软件等的基本概念、基本原理、使用常识。

（3）信息概念知识。是指概括性强、抽象度高的关于信息本身与信息活动的概念性知识。

（4）信息原理与方法知识。是指关于信息和信息处理等活动中的一些基本规律、手段和方法的知识。如信息加密原理、信息编码原理、计算机病毒工作原理、信息检索方法、信息分类方法等。

四个三级指标和三个二级指标中的信息法律知识构成观测指标，对应的主要表现作为调查问卷中信息知识方面题目设计的依据。

（三）信息能力内涵与测度

1. 信息能力的概念

人类从出现之日起，就无时无刻不在进行着信息的获取、处理和运用，信息能力可以说是人类最基本的生存能力之一，没有信息能力，人类社会和人类文明也不会出现，更不可能得到发展。信息能力这个概念被提出到现在已有四十多年，许多学者从不同角度出发提出了不同的定义，但至今仍然没有一个统一的定义，其内涵和外延都还在随着人们对其认识程度的不同以及信息环境的变化而不断变化。

国外对信息能力的概念研究比较有代表性的定义有：1974 年，美国信息产业协会（IIA）主席 Paul Zurkouski 最早提出信息能力概念，他认为，所有经过训练的在工作中善于运用信息资源的人称为具有信息能力的人，他们知道利用多种信息工具及主要信息资源使问题得到信息解答的技术和技能。1989 年在信息能力总统委员会的报告中指出：一个人要具有信息能力，就必须能认识到何时需要信息和具有查寻、评估和有效利用所需信息的能力，而那些真正具有信息能力的人是知道如何学习的。[①]

20 世纪 90 年代中期以后，我国一些学者也开始对信息能力的概念展开研究。梳理研究成果可以发现：国内学者的定义研究较少关注信息能力本身的内在机理和发生过程，而是多集中在分析其基于信息活动的外化能力表现，即比较关注从结构主义出发，研究信息能力的构成类型。研究者基于某次具体、孤立的信息活动，将其活动过程分为信息搜集、处理、利用、吸收以及创新等阶段，信息人在这些阶段表现出来的能力的总和即为信息能力。如柯平在《信息素养与信息检索概论》一书中，这样阐述信息能力，"信息能力是以各种形式发现、评价、利用和交流信息的能力。信息能力是信息素养的核心，但并不

---

① 孙凌云：《国内外关于信息能力的研究概况》，《情报杂志》2003 年第 6 期。

是信息素养的全部，信息能力是一个多元化的概念，它包括对信息技术的操作能力和运用信息技术解决问题的能力，对软件的应用、评价、开发能力，对信息及信息资源搜集、开发、评价、利用、表达和创造的能力"。[①]

从已有的对信息能力的定义来看，虽然其表述各种各样，大多数研究者都认可信息能力的基本内涵：即将信息人的信息活动分解为从信息需求与获取到信息处理、信息利用、交流乃至信息创新等不同阶段，而信息能力就是信息人在各个阶段表现出来的能力的集合。

2. 信息能力测评指标体系

第一，信息能力构成要素抽取方式分析。

梳理国内外有关信息能力的研究成果，可以发现：抽取信息能力构成要素的方式主要有列举方式（包括信息能力内涵相关列举方式、信息能力目标列举方式）和信息行为过程结构方式。

信息能力内涵相关列举方式，以描述信息能力要素的个人或组织对信息能力概念的理解为基础，再采用相关列举的方式列举出信息能力构成要素以解释、表达信息能力的内涵。比较典型的有：Doyle、ALA&AECT、澳大利亚 CAUL 的信息能力构成要素模型等。Doyle 模型列举了 10 个能力要素，ALA&AECT 模型列举了 9 个方面的能力要素，CAUL 也列举了 10 个方面的能力要素。[②] 这种抽取信息能力构成要素的方式存在以下主要问题：不同组织、个人对信息能力内涵理解的差异容易带来对信息能力构成要素的随意收缩和扩展，以相关性为基础的列举，边界较难把握，很难用有限的列举比较完整、准确地表达信息能力的核心内涵。

信息能力目标列举方式以一个具有信息能力的人要达成其某种核心目标应具备哪些方面的信息能力展开。一个典型的例子就是美国 ACRL 发布的《高等教育信息素养能力标准》。目标列举描述方式比

---

① 柯平：《信息素养与信息检索概论》，南开大学出版社 2005 年版。

② 莫力科：《大学生信息能力建设模式与实证研究》，博士学位论文，浙江大学，2005 年。

较适合于特定群体的信息能力构成要素抽取，比如前述的高等教育受教群体，可以根据高等教育的目标要求，梳理实现这个目标对信息能力上有哪些要求，据此展开信息能力构成要素的描述。目标列举描述方式的优点是：高度概括，具有层次性，以目标为导向，符合教学目标理论；缺点是：表述一般比较抽象和概括，每一层次中包含的具体内容往往不够清晰。

信息行为过程结构方式通过一个从信息需求到信息利用的相对完整的信息活动过程来展开对信息能力构成要素的抽取，这个过程"由多个紧密相扣的环节组成，各个环节对信息人在认识、能力、知识和技能等方面的要求，就构成了信息能力的完整内涵"。①

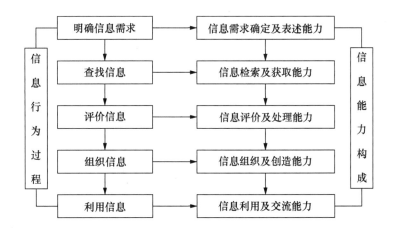

图 3－4　基于信息活动过程结构的信息能力要素抽取

过程结构方式的典型代表是 Big6 模型、SCONUL 模型。过程结构方式具有比较明显的优点是：以完成整个信息行为过程、解决信息问题要求所必需的技能展开，整个信息行为的实施过程中，要求其内容结构和秩序结构都具有高度的稳定性。从完整的信息行为过程导出的信息能力内涵表述比较能够抓住信息能力的核心要求，逻辑秩序结构

① 姜晓曦：《学术信息素养在信息类型与获取方式方面的变化分析》，《情报杂志》2011 年第 9 期。

良好。

通过信息活动过程结构分析方式也存在一些弊端：这种方式一般以较为完整的串联结构信息行为过程作为基础，但通常来说，信息行为过程结构模型的构建无法囊括和包含进所有的信息活动，只能选取其中典型的特征项进行研究。而信息行为、信息活动的内容和结构恰恰是随着信息技术的发展，信息活动对大众生活和工作的渗透程度不同而不同的；在信息行为过程结构描述中，有些信息能力在信息活动过程的多个阶段中均有要求，有时会造成一级要素和二级要素甚至三级要素描述重复；另外，信息活动除了有串行的过程，还有并行的过程，有些过程的前后关系并不确定，也较难以区分，如信息创造，也可以是包含于信息利用中，是一种高级信息利用形式。

第二，信息能力构成要素抽取。

如前所述，内涵相关列举描述方式和过程描述方式各有优缺点，将两者结合起来找出信息能力要素构成，应能更为完整地阐释信息能力的内涵。由于信息能力最终要通过信息行为体现出来，通过仔细分析信息行为过程，应能找出大部分信息能力的核心要素。

因此，本研究以过程结构方式为主、内涵相关列举方式为辅，两者相结合，从层次结构、过程结构和要素结构几个角度分析信息活动，具体做法如下：

采用层次分解法，将信息活动分成四层。顶层为信息活动过程，然后站在信息人的角度，将一个典型的信息活动过程的第二层分为三个串联过程结构：信息输入、信息处理、信息输出。在第三层中，信息输入活动又由提出信息需求的信息需求定义和完成这个信息需求的信息获取两个串联的过程组成。信息处理活动由对获得的所需信息进行筛选、内化和组织加工三个活动构成，但这三个活动不一定是串行的，这三个活动往往是交叉并行、互相影响的。对信息人来说，经过处理后的信息的去向主要有交流、应用和作为创新的基础，它们之间不存在串行关系。在第四层中，信息需求定义分解为信息需求发现和信息需求表达两个串行的活动。信息获取过程由确定信息源和确定获取方法、渠道、工具以及实施查询三个串行过程构成，信息组织加工由确定组织方法、工具以及实施组织两个过程组成，把信息交流分解为确定交流对象和确定交流方法、渠道、工具以及实施交流三个串行过程。

通过逐层分解，将完整的信息活动分解为粒度大小不等的子活动，粒度的大小决定了信息活动内涵的大小。粒度越大，信息活动范围就越大，对应的信息能力要求的内涵就越丰富，就越概括和抽象。而对信息人进行信息能力测评与分析的主要目的之一是找出信息能力薄弱环节实施相应的能力培训，如果信息能力粒度过大，针对性就越差；粒度越小，信息活动对应的信息能力要求就越具体，有利于微观层面的分析，但不利于宏观层面的分析。综合考虑，首先，以图3-5中第三层信息活动对应的信息能力要求为核心，将信息人的信息能力在第三层指标上初步划分为8个维度，包括信息输入活动下的信息需求定义能力、信息获取能力；信息处理活动下的信息筛选能力、信息内化能力、信息组织处理能力；信息输出活动下的信息交流能力、信息创新能力、信息应用能力。其次，再经过内涵要素相关性分析，认为信息筛选活动和信息内化活动对信息能力的要求有极大相关性，将信息筛选能力、信息内化能力合并为信息吸收能力；信息应用和信息创新是对信息不同级别的应用，合并为信息运用能力。这样，信息能力共由6个二级指标构成，分别是信息需求定义能力、信息获取能力、信息吸收能力、信息组织处理能力、信息交流能力以及信息运用能力。对应的信息能力的定义为：信息人对信息的需求表达、获取、了解吸收、组织加工、交流、运用的能力。除此之外，随着社会信息化程度的加深，信息安全问题日益重要，信息安全能力本来也应该是信息能力的重要方面，但对于农转城新市民群体来说，较少在工作和生活涉及安全技术强、机密高的状况，而对于简单的信息安全工作，意识是重中之重。维护个人信息安全最重要的是意识，只要有了安全意识，一些简单且大多数人都会的安全手段就可以很大程度上保护自己的信息安全，因此，安全能力暂不纳入信息能力测评体系，而只在信息意识中进行测评。

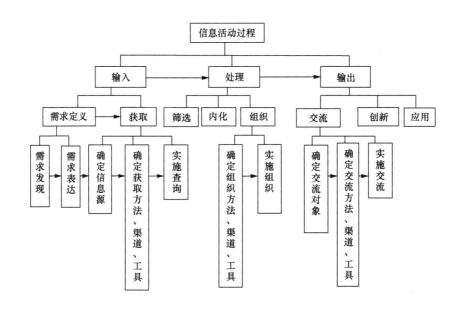

图 3 - 5　内涵相关与过程结构相结合的信息能力要素抽取

在上述信息能力指标中，信息需求定义能力、信息获取能力、信息吸收能力、信息组织处理能力、信息交流能力以及信息运用能力与信息活动分解模型中的活动对应，其观测评价指标就采用各对应的子活动（对应的末级指标）对信息能力的要求，共有 14 个。这其中，信息获取方法、渠道、工具的确定与实施信息获取，往往在表现上融在一起，因此，可以通过运用多种信息获取手段能力对应的表现来考察；同理，信息交流方法、渠道、工具的确定与实施交流能力可以通过运用多种信息交流手段能力对应的表现来考察。由于在调研中发现信息的组织序化能力和工具使用能力表现出较强的独立性，因此，分别用组织序化能力对应的表现和运用多种信息处理工具能力对应的表现来考察。这样，整个信息能力在观测层上就确定了 12 个指标，即信息需求定义能力的观测指标为信息需求发现能力、信息需求描述能力；信息获取能力的观测指标为信息源识别能力、运用多种信息获取手段能力；信息交流能力的观测指标为信息交流对象选择能力、运用多种信息交流手段能力；信息吸收能力的观测指标由筛选和内化活动对应的基础能力构成，即信息判断力、信息内化力；信息组织处理能力的观测评价指标为信息组织序化能力、运用多种信息处理工具能力；信息运用能力的观测评价指标包括信息创新能力、利用信息解决问题的信息应用能力。

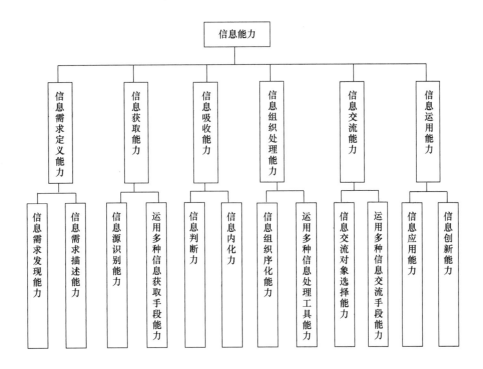

图 3 - 6 信息能力测评指标体系

十二个三级指标即为观测指标，对应的主要表现作为调查问卷中信息能力方面题目设计的依据。

第三，信息能力六大维度相互关系。

虽然通过信息活动过程分析和信息能力内涵要素分析把信息能力分成了 6 个维度，多角度、多层面地诠释了信息能力的组成要素。但总体来说，信息能力依然是由各个部分组成的一个整体，它们是按一个完整的信息行为过程或信息问题的解决过程为主来展开的，因此它们之间又是相互作用、相互协调的，共同实现信息人信息能力作用的施展。

人类的一切认识活动和信息活动的出发点都源于信息需求。信息人不同层次、不同强度的信息需求是一种调节主体自身信息活动状态的驱动力，作为目的和动力要素，信息需求既决定着信息活动的目标和方向，又直接影响着信息活动的效率和水平。也就是说，信息需求的发现和明确表述启动着信息人信息能力活动过程，如果不能够从日常生活、生产中发现或归纳信息需要，不能够明确表述信息需求，后面的其他信息活动就无法展开。

在农转城新市民信息能力的各个要素中，具备获取信息的能力尤为重要，也是其他各个要素的基础。信息获取能力的首要表现是掌握和识别丰富的信息源，信息源是"人们在一切生产、生活活动中所产生的成果和各种原始记录，以及对这些成果和原始记录加工整理得到的成品"① 和提供这些成品的载体、机构的总和。信息源既包括电视台、广播电台、报纸等传统媒体，也包括互联网等新媒体；既包括印刷文献纸本文献，也包括电子型的数字期刊、报纸以及文献数据库，还包括实物、声像、缩微胶片等信息源；既包括数据提供商、情报机构等信息处理、存储、生产机构，也包含图书馆、杂志社、档案馆等同时肩负信息生产和传递的机构。正确认识信息源的类型，信息源传播的途径、渠道和方法，才能尽可能全面地获取所需的信息，这将直接决定信息需求能否得到满足，也将直接或间接地影响其他信息能力。

信息获取的目的是为了解决生活生产中遇到的问题，在信息爆炸的时代，对获取的信息进行时效性、针对性、真实性、权威性、科学性等方面的有效判断、筛选和吸收是信息组织处理、信息交流与信息运用能力发挥功用的前提与基础。信息人在通过其信息能力实现信息获取和吸收的过程中，既满足了本身的信息需求，又能在信息交流过程中实现信息的内化，吸取契合自己需求的部分信息，加上自身的吸

---

① 李炳英：《信息源的发展及其对信息学应用研究的影响效应》，《图书馆理论与实践》2012 年第 10 期。

收、分析和加工创新，在内化的同时，为信息的创新提供了可能；信息组织能力既相对独立，又与信息能力的其他方面紧密关联，"组织信息的过程是一个使信息序化、优质化而增值的过程"①，通过有效组织，能有力地促进信息交流、传播，有助于支持运用能力的发挥，是进一步深度加工、创新激发的灵感，从而促进作为高级信息运用能力的信息创新能力的发挥。

有效的交流是获取和吸收信息的重要前提，也是组织和创新的信息价值和效益体现的必备条件。信息交流能力有效促进信息的获取、运用以及吸收，是连接它们的重要纽带，信息交流能力的强弱，直接关系到信息能力中的获取、运用、吸收能力的有效发挥。

运用信息是获取、吸收、交流、组织信息的最后归属或目的。信息价值体现需要经过人们对信息的有效运用得以实现，信息运用能力是关系整个信息能力的重要因素，它的高低，直接决定个体信息能力的最终表现。其中，信息创新能力是一种高级的信息运用能力，是信息人综合各方面的信息，用创新思维方法产生有价值的新观点、新知识、新思想、新方法、新结果的能力。信息创新的前提在于能够高效地获得所需要的信息，能够对获得的信息做出准确判断、评价与组织，并对其进行多角度、多侧面、多方向的深层次加工，再通过信息重组、信息移植等创新思维方法的利用，才能揭示隐含信息或激发产生新的信息。

总而言之，信息能力六个维度之间既是相互独立的，又是相互联系的不可分割的协同发展与共存的整体：发现和描述信息需求是前提，获取与吸收是基础，组织处理和交流是保障手段，运用是最终的目标。

（四）信息道德内涵与测度

信息道德是指在信息活动过程中，即在信息的需求表达、获取、吸收、加工处理、运用和创新的整个信息活动发生的过程中，用于调整信息生产者、信息消费者和信息服务者信息行为的伦理规范

---

① 赵静、王玉平：《群体信息能力测试分析模型》，《图书情报工作》2008 年第 6 期。

的总和。信息道德在潜移默化中规范信息生产者、信息消费者和信息
服务者在信息活动中的行为，很大程度上决定着信息素养的发展
方向。

信息道德测评指标体系由一个一级指标（信息道德）、两个二级
指标（信息劳动价值认同、信息活动自觉）构成。

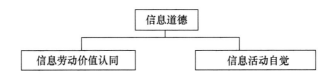

图 3－7　信息道德测评指标体系

（1）信息劳动价值认同。信息劳动价值认同是指在信息活动中尊
重他人的信息劳动成果。该指标主要从道德意识层面反映信息道德。

（2）信息活动自觉。信息活动自觉是指在信息活动中采取有意识
的、有道德的行动。该指标主要从道德行为层面反映信息道德，如规
范使用网络语言、不行使网络暴力等。

两个二级指标构成观测指标，对应的主要表现作为调查问卷中信
息道德方面题目设计的依据。

（五）信息素养测评指标体系的完整框架

1. 信息素养内涵及主驱动关系架构

通过前面的分析，建立信息素养内涵及主驱动关系架构，如图
3－8 所示。

在整个体系中，信息道德与信息意识是前提，需要具有一定的信
息意识，遵守信息伦理道德才能有效参与到信息实践活动中去；信息
能力是核心，因为一切信息意识、信息道德、信息知识都要在信息活
动中表现出来，而信息能力是信息活动得以完成的基础和前提。信息
觉知意识激发信息能动意识，信息能动意识起到激发信息能力的先导
作用，贯穿在整个信息活动和信息问题的解决过程之中；信息道德、
信息知识对信息能力的发挥起着支撑作用，信息能力往往又对信息知

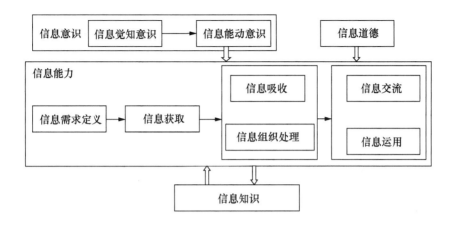

图 3 - 8 信息素养内涵及主驱动关系架构

识的积累起反作用，表示两者之间既相互支持又相互制约的关系。相应的信息人在信息实践活动中应具备的能力与素质构成了信息人在信息化社会中应具备的信息素养。

2. 农转城新市民信息素养测评指标体系

在完整地阐释了信息素养的内涵及基本架构的基础上，借鉴国内外相关信息素养标准体系，设计和构建了农转城新市民信息素养测评指标体系。一级指标共包括四个维度，每个维度下有若干项评价指标，每个评价指标选取了若干观测指标，形成由宏观到具体的三个层次，是由抽象笼统到具体阐述和细化，由此形成一套完整的信息素养测评体系。

测评指标体系完整描述如下：

（1）信息意识维度。

一级指标 1 信息意识

二级指标 1.1 信息觉知意识

观测指标 1.1.1 信息敏感意识：对信息是否具有敏锐的感受力。

表现举例：对身边的信息源敏感，在社会实践活动中处处能感受到信息的存在，善于从日常生活中发现有价值的信息和信息源。

观测指标 1.1.2 信息价值意识：是否充分认识到信息的重要性。

表现举例：愿意为占有信息付出经济成本、时间成本。

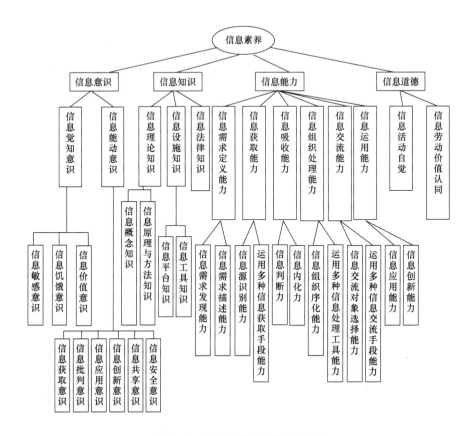

图 3－9　信息素养测评指标体系

观测指标 1.1.3 信息饥饿意识：在日常生活或生产实践活动中为解决各种实际问题，是否时常产生对信息的不满足感和必要感。

表现举例：在日常生活或生产活动中（比如，做生意、找工作、购买某种商品、子女教育以及与朋友聊天等）常常觉得自己掌握的信息比较缺乏。

二级指标 1.2 信息能动意识

观测指标 1.2.1 信息获取意识：对信息占有的意向和愿望的自觉程度。

表现举例：经常通过各种媒体（如网络、报纸、杂志、电视等）阅读或观看新闻。

观测指标 1.2.2 信息批判意识：对获得的信息是否具有质疑

精神。

表现举例：获得信息后不盲从，对任何信息的真实性、可靠性先打个问号。

观测指标1.2.3信息安全意识：是否具有自觉保护单位、国家机密和个人隐私的意识。

表现举例：在许多情况下，会被要求提供身份证、户口簿等私人信息资料的复印件，这时，会根据对使用机构或个人的信任程度，必要时采取一些简单措施（比如在复印件上注明该复印件特定用途）就可以起到较大的作用；对于一些账户密码（如上网密码、个人银行账户密码等），经常定期或不定期修改。

观测指标1.2.4信息共享意识：是否充分认识到信息在共享中才能发挥其最大价值和作用。

表现举例：当知道一条感觉很有趣或有价值的信息时，通常会和朋友/家人一起分享或网上发布。

观测指标1.2.5信息应用意识：是否具有积极应用信息的自觉。

表现举例：在解决实际问题时，总是积极分析、利用各种信息来辅助决策。

观测指标1.2.6信息创新意识：是否具有对原有信息进行多角度、多侧面、多方向的深层次加工、揭示隐含信息或激发产生新的信息的自觉。

表现举例：对按照某个需要收集到的信息，经常思考是否有其他作用。

（2）信息知识维度。

一级指标2 信息知识

二级指标2.1 信息设施知识

观测指标2.1.1信息平台知识：是否熟悉信息与信息活动所依赖的平台的一些基本概念、基本原理、使用常识。

表现举例：熟悉互联网为代表的网络、图书馆为代表的信息资源服务机构等信息基础设施的一些基本概念、基本功能、使用常识；熟悉电视台、广播电台、报纸等传统媒体，数字杂志、移动电视等新媒体，图书馆、信息咨询机构等专业信息服务机构以及社区服务中心等组织机构的功能特点和所拥有信息的种类、特点；能区分通过不同信息源获取信息的成本与效率；区别不同信息源的特点，能区分不同信息载体（如纸质、电子等）资源的不同。

观测指标2.1.2　信息工具知识：是否熟悉直接信息处理工具的基本概念、基本原理、使用常识。

表现举例：熟悉计算机、手机、扫描仪等的操作流程和规范；了解或熟悉多种信息获取与交流工具；熟悉文字处理软件的操作等。

二级指标2.2　信息理论知识

观测指标2.2.1　信息概念知识：是否熟悉与信息相关的一些基本概念。

表现举例：熟悉信息、信息社会、信息爆炸、信息污染等概念。

观测指标2.2.2　信息原理与方法知识：是否熟悉信息和信息处理中的一些基本规律、手段和方法。

表现举例：熟悉计算机病毒工作原理、熟悉新浪等门户网站或搜索引擎、熟悉一些常见信息调查方法、熟悉保护个人账户信息安全的策略方法等。

二级指标2.3　信息法律知识

二级指标信息法律知识直接作为观测指标：是否熟悉信息和信息活动的相关法律法规。

表现举例：熟悉信息安全法、知识产权（著作权/商标权/专利权）法、互联网信息管理办法等与信息相关的国家法律法规。

（3）信息能力维度。

一级指标3　信息能力

二级指标3.1　信息需求定义能力

观测指标3.1.1　信息需求发现能力：是否善于从日常生活、生产中发现信息需要、了解解决问题所需要信息及信息的性质和范围。

表现举例：针对自己的身体状况，发现对医疗保健信息的需要；对自己做的饭菜，能够根据家人的反映发现烹饪技术改进的需要。

观测指标3.1.2　信息需求描述能力：是否熟练掌握多种表达信息

需求的手段，能准确地用合适的手段归纳和表述信息需求。

表现举例：在日常生活、工作中，能将想要说的准确无误地用语言、文字等形式表达出来。

二级指标 3.2 信息获取能力

观测指标 3.2.1 信息源识别能力：是否能根据所需信息的用途、功能和形式等特点，快速、准确地确定合适的信息载体和信息源。

表现举例：能根据想要查询信息内容选择合适的信息源。

观测指标 3.2.2 运用多种信息获取手段能力：是否能熟练地使用多种获取信息的方法和工具。

表现举例：能使用多种搜索引擎工具。

二级指标 3.3 信息吸收能力

观测指标 3.3.1 信息判断力：是否能对所得到信息的真实性、权威性、可靠性、时效性、适用性等做出判断。

表现举例：能根据已有知识或经验以及信息来源的具体情况对所得到的信息（如招工信息、商品打折信息等）的真实性做出明确的判断。

观测指标 3.3.2 信息内化力：是否能理解所得到的信息。

表现举例：能准确概括电视、报纸报道的新闻事件。

二级指标 3.4 信息组织处理能力

观测指标 3.4.1 信息组织序化能力：是否掌握多种分析、加工、序化、重组信息的方法与思维能力。

表现举例：能通过对信息外在特征和内容特征的表征进行分类、排序等组织实现信息的有序整理，如分门别类地整理家庭开支数据等。

观测指标 3.4.2 运用多种信息处理工具能力：是否能运用现代信息组织加工工具处理信息。

表现举例：能利用文档编辑软件、数据统计软件来简单加工文档、归类数据。

二级指标 3.5 信息交流能力

观测指标 3.5.1 信息交流对象选择能力：是否能根据信息内容、

特点选择合适的交流对象。

表现举例：能够选择合适的对象交流工作中的问题、心得。

观测指标 3.5.2 运用多种信息交流手段能力：是否能熟练使用多种信息交流方法、渠道和工具交流信息。

表现举例：能熟练地使用多种信息传播方法，特别是网络传播手段与工具，如 E – mail、BBS、QQ 以及网站发布等方式。

二级指标 3.6 信息运用能力

观测指标 3.6.1 信息应用能力：是否能将获取的信息应用到生活和工作中解决实际问题，使信息价值得以实现。

表现举例：经常利用所获得的信息帮助自己或朋友解决实际问题（如找到满意的工作、解决工作中的具体难题、快速学会新设备的使用等）；会在网上进行购物。

观测指标 3.6.2 信息创新能力：是否能在信息获取、评价、吸收、运用的基础上，利用科学方法（分析法、综合法、移植法、转换法等）和工具，准确地概述、综合、揭示隐含信息或激发产生新的信息。

表现举例：能根据获得的信息从不同角度提出他人能够接受的新观点、新想法或新概念；能根据获得的信息发现背后隐藏的商机。

（4）信息道德维度。

一级指标 4 信息道德

二级指标（观测指标）4.1 信息劳动价值认同：是否有尊重他人的信息劳动成果的道德观念、道德情感等。

表现举例：高度认同优秀信息文化产品、发明创造对国家、社会发展的作用；鄙视使用盗版软件。

二级指标（观测指标）4.2 信息活动自觉：在信息活动中是否能自觉地采取有道德的行为。

表现举例：有信息道德的人突出表现在信息行为中表现出注意在搜集信息时不触犯他人的隐私权，不制造、不传播、不接受黄色、反动、虚假的信息，不篡改信息，网络条件下遵循网络的管理规则等。

第二节　信息素养影响因素测量体系

环境造就人，个体的信息素养，是其所处的外部环境这个外因与其个体的内因动态交互作用的产物，也就是说，信息素养本质上是信息人个体与信息客体相互作用水平的体现，信息素养的成长，是在信息人个体和个体所处的环境共同构成的一个生态系统中完成的。

一　信息素养生态系统的概念与结构要素

信息素养生态系统是指在特定空间和时间范围内，信息人与信息环境所具有的对信息人信息素养的形成有直接或间接影响的因素相互联系、相互作用而形成的一个统一整体。

基于上述信息素养生态系统的基本概念，借鉴马世骏等提出的社会—经济—自然复合生态系统（Social – Economic – Natural Complexion System，SENCE）模型①和周承聪提出的社会—信息—信息服务复合生态系统模型②，本研究建立了一个信息素养生态系统的结构模型（见图 3 – 10），以便于从整体上把握信息素养的影响因素体系。

该模型中，信息人所具有的认知结构和认知能力是信息素养生态的内因子，它提供信息人进行信息活动的内能量；第二圈是与信息人的信息活动有直接影响的信息环境，它提供信息人进行信息活动的环境和直接外能量；第三圈是外部的社会与自然环境，它提供信息人进行信息活动的最终环境和最终能量源泉。

关于信息素养生态系统构成因子之间的相互作用及对信息素养成长的影响机理将在后面的信息素养成长规律探讨章节中介绍。这里首先对信息素养生态系统构成要素进行简要说明。

---

① 马世骏、王如松：《社会—经济—自然复合生态系统》，《生态学报》1984 年第 1 期。

② 周承聪：《信息服务生态系统运行与优化机制研究》，博士学位论文，华中师范大学，2011 年。

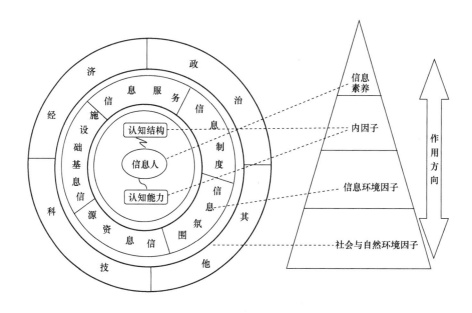

图 3 – 10　信息素养生态系统结构模型

1. 信息人

信息人是信息素养生态系统中的信息素养成长主体，也即强调信息属性的自然人。

2. 信息素养影响内因子

信息人所具有的一切对其信息素养的成长及信息实践活动有直接或间接影响的因子称为信息人的禀赋因子。信息素养成长禀赋因子非常多，包括学历、年龄等。禀赋因子的共同作用形成信息人一定的认知结构和认知能力，构成影响信息素养的核心内因子。

3. 信息环境因子

信息环境是指信息人可能接触的信息资源以及特定信息活动的直接影响因素共同构成的一种信息化生存与发展环境。它的内涵非常广泛，同生态学上任何环境的概念一样，它也是相对于某个中心的概念，这个中心就是信息人，同时，信息人也不能脱离信息环境而独立存在。信息环境中一切对信息人信息素养的成长及其信息实践活动有直接影响的因子则称为信息素养成长的信息环境因子（外因子）。构成信息素养成长的信息环境因子多种多样，根据各个因素的功能，影响信息人成长和信息活动的信息环境因子主要由信息资源、信息基础设施、信息服务、信息制度、信息氛围等组成。从前述信息环境的定义可以看出，信息环境既具有客观性，也具有主观性：信息环境的一些基本要素（如实实在在存在的信息资源）是客观存在的，因而具有客观性；信息人通常根据信息环境的具体情况采取合适的信息行为，显然，这里的信息环境是指信息人感知的信息环境，也就是说，指导信息人信息行为的信息环境实际上是信息人认知的信息环境，从这个角度上看信息环境又具有主观性。

信息资源是指以特定形式（如文字、图像等）储存在某种载体（如书籍、磁盘等）上并可供利用的信息，也就是说，信息资源是由信息形式、信息载体、信息内容共同构成的有用的实体，不可利用的信息不是信息资源。信息资源的类型划分没有固定的标准，可以从不同的维度对信息资源进行分类：按信息资源的载体形式，信息资源可划分为印刷型信息资源、缩微型信息资源、声像型信息资源和电子型信息资源；按信息资源的出版形式可划分为图书、连续出版物、特种文献（包括会议文献、专利文献、政府出版物、学位论文、科技报告、档案和企业产品目录等）；按信息资源的产生秩序与对其整理加工的层次，信息资源可划分为零次信息资源、一次信息资源、二次信息资源等；按信息资源的公开程度分为白色文献、黑色文献和灰色文献。信息素养成长环境的优劣在很大程度上取决于信息资源的建设程度，信息资源是信息素养成长环境的基础性因子之一。

信息基础设施有广义和狭义之分。从狭义上讲，信息基础设施主要指电信网、广播电视网、互联网、公共数据中心及其支持环境以及多种电子终端设备等组成的信息通信网络；从广义上讲，"信息基础设施不但指物质技术上的实体信息网络系统及其产品，也包括由海量数据构成的各种数据库及其信息应用系统，同时它更包括了人的行为以及环境和规则等诸多支持和制约性要素。"① 包括作为社会重要的信息资源基地和信息服务机构的图书馆、档案馆、大型信息中心等都属于广义的信息基础设施。信息基础设施是信息人进行信息获取、信息传递等信息实践活动的环境，对其他信息环境因子和信息人都有较大的影响。

信息服务也有广义和狭义之分。广义来说，信息服务"泛指以产品或劳务形式向用户提供和传播信息的各种信息劳动，即信息服务产业范围内的所有活动包括信息产品的生产开发、报道分配、传播流通以及信息技术服务和信息提供服务等"。② 从信息劳动的性质看，这些信息劳动包括从信息的生产、信息的组织加工、信息的存储管理到信息的提供。狭义的信息服务是指"信息服务机构针对用户信息需要，在信息资源特征和用户特征分析的基础上，运用合适的方法和技术手段及时将开发好的信息产品准确传递给特定用户的信息服务行为"。③ 这些信息服务活动主要包括：（1）信息查询服务：根据用户需求，代替用户查找整体基于某个主题的文献资源或数据整理服务。（2）文献引证、检测服务：提供基于权威数据收录、论文复制比对的信息服务。（3）信息整合、发布服务：信息机构对所拥有的文献信息进行再次加工处理，进行发布，满足用户需求。如国研网的调研报告，中国经济信息网的行业报告等。（4）信息咨询和技术培训服务：提供用户一般常见使用问题的咨询，提供基于文献资源类型或人群的针对性技能培训服务。向信息用户提供各类信息服务的单位或组织称之为信息服务机构，信息服务机构大致可分为专业信息服务机构、非专业信息服务机构。专业信息服务机构主要包括：提供信息储存、集成、加工处理、信息利用和交流的信息机构，包括图书馆、信息公司（含数据库提供商）、文献信息中心等；在一定信息资源的基础上，主要利用服务者的专业技能和知识提供信息服务的机构，如各种中介机构、提

---

① 陈文理：《信息基础设施发展程度的模型构建与评价》，《岭南学刊》2012 年第 3 期。

② 艾新革：《信息服务理论基础浅析》，《图书馆界》2011 年第 5 期。

③ 岳剑波：《信息管理基础》，清华大学出版社 1999 年版。

供竞争情报分析的研究所等；提供大众信息传播的信息服务机构，如电视机构、报业机构、杂志社、门户网站管理机构如新浪、搜狐等；为信息传播提供基础设施、传播渠道保障的通信公司、电视机构（有线电视同时也能提供上网服务）、电信部门等。非专业信息服务机构的范围非常广泛，对农转城新市民群体来讲，社区/小区服务管理机构都是能够并且应该提供信息服务的机构。

　　信息制度是被制定出来约束信息活动主体信息行为的规则，包括信息政策、信息法律等。① 信息政策是指国家用于开发信息资源、发展信息产业、协调信息利用行为的措施和战略；信息法律指在调整信息活动中产生的社会关系的法律规范的总称，包括知识产权法（专利法、著作权法等）、信息安全法等。信息政策与信息法律在信息素养生态系统中起着重要的指导和引导作用，决定信息环境的发展方向，从宏观上协调信息环境、调节信息环境的运行机制。

　　信息氛围是指信息人周围积极利用信息基础设施和信息资源进行信息化工作、信息化生活的程度。一般来说，特定的社会群体会有自己的主观文化与特定的人际契约规范，借助规范的力量，会使个体心理形成一种群体压力，由于此压力而发生的个体态度、信念、情感以及行为上的改变朝群体占优势的方向变化的过程，称为社会影响（social influence）。必然地，个体的信息观念、信息行为会在潜移默化之中受到周围群体（特别是最密切的生活、工作小圈子群体）的观念、行为模式的影响。如果周围人群信息氛围不高，即使环境中有良好的信息资源、信息基础设施，信息人往往也不会采用信息化生活模式。因此，信息素养成长环境的优劣在很大程度上取决于信息氛围的优劣，信息氛围是信息素养成长环境的关键因子之一。

　　4. 社会与自然环境因子

　　信息人都是社会中的一员，处于一定的社会大环境影响之中，自然人正是在社会环境的影响下成为一个社会人的。社会大环境对信息

---

　　①　唐义：《公共数字文化信息生态系统主体及其因子分析》，《图书与情报》2014 年第1 期。

人提供生活生产支持和制约条件，信息人的信息观念、信息行为等必然会间接地受到社会大环境的影响。影响信息人的社会环境因素可以分为宏观和微观两个方面。居住模式、社交群、职业等与信息人生活生产密切相关的社会环境因素可归为微观因素；宏观因素包括其所处的社会大环境中的各项相关要素，如经济水平、文化和法律等社会环境因素。

二 农转城新市民信息素养影响因素测量体系

通过分析信息素养生态系统的构成要素，课题组把信息素养的影响因素概括为三类：一是信息人个体因素，二是信息环境因素，三是社会环境因素。结合农转城新市民的具体情况，并考虑到测量的可行性，建立了如表 3 - 1 所示的信息素养影响因素测量体系。

表 3 - 1　　　　农转城新市民信息素养影响因素测量体系

一级维度	二级维度	观测量
个体因素	先天因素	性别、年龄
	后天因素	学历、农转城的年限、家庭人均年收入、信息工具水平、信息消费承受度、信息技术培训经历
信息环境因素	社交圈信息氛围	社交圈信息技能、社交圈信息意识、社交圈信息道德水平、社交圈生活信息化水平
	生活圈信息环境	信息基础设施水平、信息服务水平、信息资源水平
社会环境因素	微观社会环境因素	职业环境、社交群规模、居住模式
	宏观社会环境因素	住地省份、住地城市规模

个体因素包括个人先天固有属性和后天形成的个体属性。先天固有属性非常多，包括性别、年龄、籍贯、民族、血型等，从易测量性和对信息素养可能影响的初步分析，提取了性别、年龄两个属性；后天形成属性中提取了学历、农转城年限、家庭人均年收入、信息工具水平、信息消费承受度、信息技术培训经历等属性。

在本研究中，为了从不同粒度分析信息环境的影响因素，按照信息人不同的接触圈子划分，提取了与信息人密切接触的生活小圈子人群的信息氛围，称为社交圈信息氛围，以及与信息人日常生活紧密联系的所在社区及城市的信息环境因素，称为生活圈信息环境。

社交圈信息氛围主要考虑社交圈信息技能、社交圈信息意识、社交圈信息道德水平、社交圈生活信息化水平等几个方面。以社交圈亲友中能熟练使用电脑、智能手机等信息设备的比例考察社交圈信息技能，以社交圈亲友对信息的认知考察社交圈信息意识水平，以社交圈不良信息活动程度考察社交圈信息道德水平。

生活圈信息环境因素主要考虑社区（小区）及所在城市的信息基础设施水平、信息服务水平和信息资源水平几个方面。信息基础设施水平以是否具有相应的信息设施［有线电视线路接入、互联网络接入、图书资料室或书屋、综合信息服务中心或类似机构、公共服务综合信息平台（网站）、信息公告栏、智能化信息服务亭等］来考察；信息服务水平以社区/小区等开展的就业信息推送等信息活动的满意度来考察；信息资源水平的评价从大的方面来分可以划分为内容性指标（效用性、可信性）和使用便利性指标两大类，本研究以信息资源内容上的实用性、查阅上的便利性评价来考察。

如前所述，信息环境是信息人可能接触的信息资源以及特定信息交流活动的影响因素共同构成的环境，它必须以信息人为中心。因此，在测量题目设计的时候，除了必要的客观数据外，课题组把重点放在被调查对象的感知信息环境上。

社会环境分为宏观社会环境和微观社会环境。本研究提取了能大体上反映个人所属的微观社会环境的职业环境、社交群规模和居住环境（模式）几个因素；宏观社会环境因素非常多，包括社会政治环境、经济环境、法制环境、科技文化环境、交通环境等因素，本研究提取了住地省份、住地城市规模［分为大城市、中型城市、小型城市（街镇）］等能综合反映当地社会经济文化环境的指标作为宏观社会环境因素。

第三节　农转城新市民城市社会
融合度测评指标体系

　　目前，虽然学界关于农转城新市民城市社会融合的研究成果还较少，但关于农民工的城市社会融合问题一直是近年来国内学术界研究的一大热点。许多社会学者分别从多方面展开了较为深入的研究，"研究成果也呈现多层次的格局，这些研究成果对于认识农民工问题的本质特征和内在联系提供了多角度的认识视野，为实现城市社会融合问题的深化研究和城市社会融合问题的解决对策提供了宝贵的理论基础"。[①] 相关研究指出，"社会融合（市民化）不仅仅是身份上的转变，还涉及思维方式、生活方式和身份认同等各个方面的转变，农民工对城市的适应，是以'城里人'为参照群体不断调整自己的行为方式的社会过程，是再社会化的过程，国内研究者对他们社会融合的研究一般从经济、社会和文化三个层面来概括，认为社会融合包括文化融合、心理融合、身份融合和经济融合诸多层面。"[②]

　　在具有城市户籍及附着在其上的权利保障的同时，农转城新市民也没有了退回农村的后路，相较于农民工，他们更迫切需要适应并融入城市社会。但是，"农转城"并不意味着农民一夜之间就自然地可以变为"市民"，"农转城"的过程，必然也是一个艰难的过程，是新市民熟悉城市文化、学习在城市的生存技能、内化新的规则和价值取向的过程。[③] 由于农转城新市民的居住模式既有混居也有聚居，因此，农转城新市民的城市融合的过程包含两个维度：既包含混居农转

---

　　① 吴诗贤、张必兰：《权利贫困视角下的新市民信息障碍成因分析》，《新世纪图书馆》2013 年第 10 期。

　　② 陆淑珍、魏万青：《城市外来人口社会融合的结构方程模型——基于珠三角地区的调查》，《人口与经济》2011 年第 5 期。

　　③ 吴诗贤、张必兰：《农转城新市民信息素养与城市社会融合度的神经网络映射模型》，《图书情报工作》2013 年第 23 期。

城新市民和城市老市民之间的相互接纳和认同的过程，也包含聚居农转城新市民整体市民化的过程。

目前，学界尚无关于农转城新市民城市社会融合度评价指标体系的研究，课题组借鉴农民工城市融合度评价指标体系相关研究成果[1][2]，结合农转城新市民的特点，建立了一套简明的农转城新市民城市社会融合度评价指标体系（见表 3 - 2）。该体系包括经济融合、文化融合、心理融合、社会关系融合四大维度，其中，良好的经济融合是农转城新市民立足城市生活的基础，良好的文化融合和社会关系融合保障农转城新市民能深度参与城市生活，良好的心理融合是真正融入城市社会的表征。

表 3 - 2　　　　农转城新市民城市社会融合度评价指标体系[3]

维度	观测指标
经济融合	家庭人均年收入、人均住房面积、各种保险保障情况、职业的稳定程度、就业竞争力
文化融合	迁入地语言掌握程度、城市生活习惯适应程度、接受迁入地老市民价值取向程度
心理融合	市民身份认同度、权利满意度、生活环境满意度、职业满意度、住房满意度、教育环境满意度
社会关系融合	当地城市的朋友数量、与同事关系、社区活动参与度、与老市民接触程度

---

① 张文宏：《城市新移民社会融合的结构、现状与影响因素分析》，《社会学研究》2008 年第 5 期。

② 黄匡时、嘎日达：《"农民工城市融合度"评价指标体系研究——对欧盟社会融合指标和移民整合指数的借鉴》，《西部论坛》2010 年第 5 期。

③ 吴诗贤、张必兰：《农转城新市民信息素养与城市社会融合度的神经网络映射模型》，《图书情报工作》2013 年第 23 期。

第四章　测评神经网络研究

　　调查问卷的题目是根据农转城新市民信息素养和城市社会融合度的观测指标设计的，获得的调查数据，只能直接反映各自观测指标的情况，为了获得上层指标值，还需要利用适当的工具和方法进行逐层向上测评。

第一节　测评方法的选择

　　在社会科学、经济管理学、自然科学以及工程科学等大量领域，很多时候需要进行多元数据分析、多因多果分析、间接状态观测分析，传统的统计方法在这类问题面前显得有些无能为力。近年来，结构方程模型（SEM）和神经网络模型因能较好地弥补传统统计分析方法的不足，分别在人文社会科学及自然工程类科学领域得到迅速应用，已然成为相关数据分析、状态观测的重要工具。

　　作为统计分析方法的一个重要工具，结构方程模型整合了路径分析、多项联立方程以及验证型因子分析等方法。简言之，结构方程模型属于一种因果关系模型。它首先假设一些变量之间的因果关系，建立反映变量之间潜在结构的联立方程组，并利用有关样本数据求解，依据结果检验假设是否成立来分析不可直接观测变量（潜变量）与可直接观测变量（显式变量）之间的结构关系，用以在由大量可观测变量和不可观测变量构成的多变量因果关系分析中通过可直接观测变量衡量不可直接观测变量。

　　与传统的统计分析方法比较而言，它具有无严格假定限制条件、无须样本数据之外的任何先验信息且一定程度上允许变量存在测量误差等优势，因而在大量领域得到广泛应用，如绩效评价、顾客满意度评价等。但结构方程模型仍然有着较大的局限性，实际问题所处理的变量之间往往是非线性关系，而结构方程模型采用线性函数描述变量之间的映射，造成难以合并交互影响、对因果关系链的描述不够准确、不能处理定性数据和缺失数据等问题。

在信息素养分层模型中，各构成要素之间的联系是典型的非线性关系，由于结构方程研究方法的缺陷，自然产生采用非线性方法进行研究的思路。而作为模拟人脑思维活动的人工神经网络，具有强大的非线性映射能力和自学习能力，在利用其解决问题的时候只需要对输入变量与输出变量之间的结构进行约束而不必对变量之间的关系、测量方法作严格的限定。这种方法，对需要同时考虑诸多因素和条件以及存在不精确或模糊的非线性关系映射时非常实用。

在前面的研究中，本课题组把信息素养评价体系分成了不同层次、不同粒度的评价指标（见图 3-9）。建立了评价指标体系后，为了对信息素养进行量化分析与研究，需要建立信息素养评价的各项指标与信息素养之间（以及各下级指标与上级指标之间）的映射关系。传统的做法是赋予各指标权重，通过加权求和的方式计算出信息素养的值，权重的确定方式主要有经验确定法、层次分析法和回归分析法。但不管哪种方法，都存在两个问题：一是把信息素养评价指标体系各层指标之间的结构绝对化；二是这些方法建立的上层指标与下层指标之间的映射都是线性映射，不能很好地描述各层指标变量之间的复杂非线性映射关系。

而实际上，把信息素养进行不同层次、不同粒度的划分，是为了能从不同角度、不同层面评价、分析信息素养，以便找出信息素养的薄弱环节、更有针对性地提出信息素养促进措施。但不论怎么划分，都不可能是完备的、尽善尽美的，指标之间也不可能完全独立，实际上，这些信息素养指标之间存在千丝万缕的联系，甚至各指标内涵之间有可能存在一定交叉。

根据信息素养的概念定义，可以把信息素养分成信息意识、信息知识、信息能力、信息道德四个维度。但这几个维度的内涵不可能完全独立，比如，在评价某个人的信息能力时，除了主要根据信息能力对应的观测指标值之外，还要参考其他维度（如信息意识）的观测指标值，因为各评价指标除了主要由它的观测指标体现之外，其他的观测指标往往一定程度上体现信息能力的内涵。信息素养专家能够对某一评价对象的各观测指标值进行综合，得出较为准确的信息素养评价值，但这个综合的过程往往不是对各指标按明确的权重进行简单加权求和的过程，而是根据自己对此的理解、知识和经验经过模糊智能决策得出的，实现了各观测指标、各评价指标之间的非线性映射。而这个知识和经验往往难以用数值分析、偏微分方程等数学工具建立精确的数学模型。这个时候，如果利用神经网络，则其非线性映射能力则可以表现出巨大的优势。

在研究过程中，我们曾做过一个实验，观察到一个有趣的现象：我们课题组的 3 位成员，每个人都根据自己对信息素养内涵的理解，给信息素养各上级指标和下级指标之间的权重赋值，然后随机抽取 1 份调查问卷，根据各观测指标的观测值，逐层向上加权求和计算出三个人对此人的信息素养评价分（5 分制），四舍五入（保留小数点后 1 位）后的结果分别是 2.3、2.8、3.7，方差达到了 0.336；另外，每个人都根据自己对信息素养内涵的理解，针对同一份问卷，直接利用各观测指标的观测值给出信息素养评价分，得分分别是 2.7、3.2、3.6，方差只有 0.136。线性加权求和法客观上起到了强化差异的作用，因为人在给不同下级指标赋权值的时候，往往会更看重它们对上级指标的不同贡献部分，相对忽视了共同作用部分，强化了不同人员评价的差异化；而直接由评价人员根据观测指标值评分法，实际上是利用了大脑的非线性智能综合功能。虽然不同的人对信息素养内涵的理解不同，但作为一个课题组成员，经过共同研究，对信息素养内涵的理解达成了很多共识，理解的差异性不是很大，因此，我们认为对同一份调查问卷的信息素养评价得分应接近一些才更合理。

本研究根据少部分调查样本数据，由若干专家根据观测指标值人工评分得出某综合性评价指标的测评值（如信息素养测评值、城市融合度测评值等），以调查得到的观测指标值为输入、以测评值为输出构成样本集，利用神经网络学习和存贮样本的输入—输出模式映射关系，再利用此映射关系计算其他大量调查对象的有关测评指标的测评值，这种应用本质上属于模式识别问题。

目前，各种各样的人工神经网络模型已经在计算机视觉、图像处理、模式识别、信号处理、智能监控、机器人等许多领域得到大量运用，在社会科学、情报学等领域的应用也逐步展开。不同人工神经网络模型各有各的特点，优缺点及应用领域也有所区别，其中 BP 神经网络在模式识别方面具有较好的性能。因此，经过比较，决定采用神经网络中的 BP 神经网络作为主要的建模研究工具。

第二节　人工神经网络模型简介

一　人工神经网络的生物学基础

人工神经网络模型是以大脑神经系统的研究成果为基础发展起来的一种非线性数学模型。人工神经网络模型的基础在于神经元，数学建模的神经元模型与生物学上的神经细胞（脑组织的基本单元，是人脑信息处理系统的最小单元）相对应，生物学神经细胞是人工神经网络理论产生及发展的基础。生物学研究发现，人类大脑中有数量极其巨大的被称为神经细胞的物质，各个神经细胞通过神经突触（突起）与大量的其他神经细胞相互连接，每一个神经细胞为一个节点形成一个巨大的相互作用网络，神经细胞通过控制神经细胞上信息作用的神经突起进行信息传送，这被认为是大脑活动的关键因素。

在人的大脑内部，虽然神经细胞的具体结构形式多种多样，但它们都由细胞体、树突、轴突三大部分组成，它们的基本功能是完成神经元之间信息的收发、整合处理与传导。如图 4 – 1 所示。[1]

---

[1]　尹乾：《基于神经网络的软件可靠性模型研究》，博士学位论文，北京师范大学，2006 年。

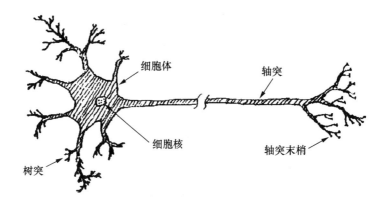

图 4 - 1　神经元生物学结构

细胞体是神经元的代谢地和神经活动能量供给中心，它的结构和一般细胞类似，内含有一个细胞核、核糖体、原生质网状结构等。

树突和轴突合起来称为细胞突起。树突是细胞体延伸出来的细长分支，其功能是从其他神经细胞接受刺激并将兴奋传入细胞体，每个神经元的树突数量不一；轴突是细胞体延伸出来的最长管状纤维，它的功能是把兴奋从胞体传送出去，每个神经元只有一个轴突。

神经细胞之间的信息产生、收发与处理是典型的电化学活动。根据神经生理学的研究发现，神经细胞至少有抑制、兴奋、爆发和静息四种不同的生物状态，同时至少有信息综合、连接强度的渐次变化、多种生化连接方式、延时激发四种不同的行为功能。

数量巨大的生物神经细胞以某种拓扑结构相互连接则构成了生物学神经网络，神经细胞的多种电化学行为以及神经细胞之间不同连接方式、连接强度则让神经网络在宏观上表现出功能强大的信息处理能力。这其中，神经网络的连接结构与连接强度起着关键的作用，神经网络学研究结果表明，作为人类智能基础的记忆，是通过储存在脑细胞之间互相连接的结构和强度来实现的，而不是储存在单个脑细胞之中。

二　人工神经元模型

人工神经网络（Artlficial Neural Networks，ANN），也简称神经网

络，是指以数学和物理的方法以及信息处理的角度模拟人脑神经系统的结构和功能，由人工方式构造的网络系统。神经细胞及其突起是神经网络的基本器件，模拟生物神经网络自然首先从模拟生物神经细胞开始，并称之为人工神经元。这种模拟主要包括三个方面：神经元本身的信息处理方式、神经元与神经元之间的拓扑结构以及神经元与神经元之间相互连接的强度。人工神经网络的功能与性能很大程度上由这三个方面的模拟水平决定。

人脑神经元的复杂性，使得对其进行建模时一般需要作出一些假设。

假设一：与生物神经细胞可有多个树突（接受信息单元）但只有单个轴突（输出信息单元）对应，把单个人工神经元看作一个多输入单输出系统。

假设二：与生物神经细胞既能处于抑制状态也能处于兴奋状态对应，把人工神经元的输入分为两种：兴奋性输入和抑制性输入。

假设三：与生物神经细胞既能处于爆发状态也能处于静息状态对应，认为人工神经元的输出具有阈值特性。

假设四：与生物神经细胞延时特性功能对应，认为每个人工神经元的输入与输出之间有固定的延时。

另外，为了使人工神经元模型简化，一般还作以下假设。

假设五：忽略对输入的综合作用时间以及对输入的不应期，即假设人工神经元的信息整合处理不需要时间。

假设六：弱化实际神经元之间连接强度的渐次变化功能，把人工神经元之间连接强度均设置为常数。

在这些假设的基础上，构建的人工神经元模型如图 4 - 2 所示。当然，一些复杂、高级人工神经网络研究在建模的时候，为了更接近于实际神经元，作的假设会少一些。

在建模时假设生物神经元为多激励输入单输出信息处理单元，因此，模拟它的人工神经元对应就有多个输入激励信号，在图 4 - 2 (a) 中，X_i 为输入，n 个输入同时进入神经元 j，O_j 为神经元的单输出。

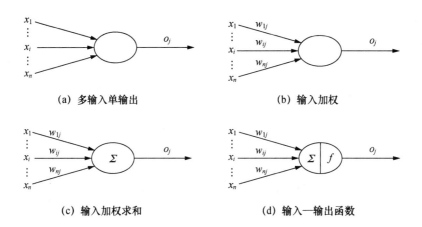

(a) 多输入单输出　　　　　　　　　(b) 输入加权

(c) 输入加权求和　　　　　　　　(d) 输入—输出函数

图 4 - 2　人工神经元模型

　　生物神经元之间突起的连接分为兴奋或抑制状态且其之间连接强度不同，处于不同连接状态的输入对神经元的输出自然会产生不同的作用。相应地，如图 4 - 2（b）所示，人工神经网络模型中神经元的每一个输入都设置一个代表输入重要程度的加权系数 W_{ij}，其值的正负表示生物神经细胞中突起是兴奋还是抑制状态，也就代表了该输入对神经元输出作用的方向（正作用还是反作用），其值大小则表示突触连接强度的不同。

　　对信息完成综合是生物神经细胞的核心功能之一，通过信息综合确定出所有输入信号对输出作用的总效果，相应地，如图 4 - 2（c）所示，人工神经元模型使用加权求和来模拟这一功能，但需要注意的是，加权求和的结果不一定能直接输出，加权求和的结果是否输出，还需要与某一阈值进行比较，只有在其值超过设定的阈值时，加权求和的结果才能真正被输出（下面可以看到，实际输出时还需要对此结果进行某种转换），否则神经元的输出不会被激活，也就不会产生输出信号。

　　综合起来，人工神经元的输出与输入之间的映射关系如图 4 - 2（d）所示，能够用某种函数 f 来表示，这种函数大多数情况下都是非线性函数。

　　根据上述原理，可建立神经元的数学模型如下：

$$o_j(t) = f\left\{\left[\sum_{i=1}^{n} w_{ij}x_i(t - \tau_{ij})\right] - \theta_j\right\} \qquad (4-1)$$

$$o_j(t+1) = f\left\{\left[\sum_{i=1}^{n} w_{ij}x_i(t)\right] - \theta_j\right\} \qquad (4-2)$$

上述公式中各变量的含义如下：

τ_{ij}表示输入、输出间的突触时延；

θ_j表示神经元j的阈值；

w_{ij}表示神经元i到j的连接权值；

$f(\cdot)$表示神经元转移函数（变换函数）。

其中，输入X_i的下标$i = 1, 2, \cdots, n$，输出O_j的下标j反映了神经元建模假定中的"多输入单输出"，权重值W_{ij}的正负反映了神经元建模假定中的"输入的兴奋与抑制"，θ_j反映了神经元建模假定中的"阈值特性"，$O_j(t+1)$与$O(t)$之间的单位时差反映了神经元建模假定中的"神经元的输入与输出之间有固定的延时"；W_{ij}与时间无关反映了神经元建模假定中的"神经元之间连接强度均为常数"。

神经元模型的信息处理特性还由模型中采用的变换函数$f(\cdot)$的种类决定，$f(\cdot)$不同，模型就具有不同的信息处理特性，这反映了神经元输出与其激活状态之间的不同关系，常用的变换函数包括阈值型转移函数和 Sigmoid 非线性转移函数。

阈值型转移函数为：

$$f(x) = \begin{cases} 1, & x \geq 0 \\ 0, & x < 0 \end{cases} \qquad (4-3)$$

其对应的输入输出特性曲线如图 4-3 所示。

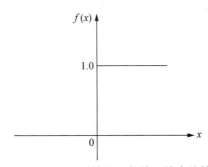

图 4-3　阈值型转移函数输入输出特性

非线性转移函数（Sigmoid 函数曲线，简称 S 型函数）为：

$$f(x) = \frac{1}{1 + e^{-x}} \tag{4-4}$$

其对应的输入输出特性曲线如图 4-4 所示。

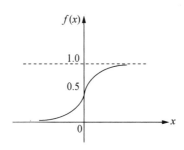

图 4-4　Sigmoid 转移函数输入输出特性

三　人工神经网络模型

由一定数量的人工神经元按照不同的结构进行连接就构成了人工神经网络。基于不同的分类方法，人工神经网络模型可以分为许多种，其中用得较多的分类方法包括按网络连接拓扑结构分类以及按网络内部信息流向分类。

基于网络连接拓扑结构的不同，可将人工神经网络大致分为层次型神经网络和互连型神经网络两大类。层次型人工神经网络模型中，把网络中的神经元划分为顺序连接的若干层（比较典型的是分为输入、隐含和输出三层）；而在互连型人工神经网络模型中，网络中任意两个神经元之间都可能存在相互连接。

基于网络内部信息流向的不同，可将层次型人工神经网络大致分为前馈型人工神经网络和反馈型人工神经网络。前馈型人工神经网络模型中，信息按照输入层→隐含层→输出层的顺序逐层进行传递处理，而网络中不存在信号反馈。反馈型人工神经网络模型和前馈型人工神经网络模型的不同在于，网络中既存在信息的前向传递和处理，也有信息的反向传递和处理，信息反向传递可能发生在不同层的神经元之间或同层神经元之间。

经过多年发展，人们提出了几十种神经网络模型，但实践中常用的神经网络模型大多属于前向神经网络，其中比较典型的有 BP 神经网络、径向基神经网络、自组织神经网络等，反馈神经网络的典型代表是 Hopfield 网络。

不管哪种神经网络，都是靠最佳的网络连接权值以及拓扑结构以反映输入输出量之间的映射，这种最佳的网络连接权值以及拓扑结构就是通过输入输出样本学习获得的。所谓神经网络的学习，就是对建立好的神经网络模型，利用给定的样本，通过学习训练，不断优化神经元之间的连接权值和网络拓扑结构，使网络的输出不断向期望输出靠近的过程。

四　BP 神经网络①

BP 神经网络是目前应用最为广泛的神经网络模型之一，也是课题研究中具体使用的重要工具。下面对 BP 神经网络进行简单介绍。

BP（Back Propagation）网络于 1985 年由 Rumelhart 和 McCelland 提出。它通常由具有多个节点的输入层、数量不等的隐含层和输出层组成，通过简单的权值矩阵和网络结构逼近复杂的非线性映射关系以反映输入输出变量之间的内在联系，权值矩阵包括代表具体问题自变量的输入层到隐含层权值矩阵、隐含层到隐含层权值矩阵、隐含层到代表具体问题因变量的输出层的权值矩阵。神经网络的训练过程，就是以使整个网络所有神经元输出与期望输出之间误差的平方和达到期望的最小值为目标，不断调整相互连接神经元之间的连接权值和阈值。

也就是说，BP 神经网络本质上是一种按误差逆传播算法训练的多层前馈网络，其学习算法的核心就是：对给定的输入—输出样本，先根据输入信号和当前的各层神经元之间的连接权值和阈值，从前到后逐层计算输出，然后利用输出层的实际输出与期望输出之间的误差估计出输出层的直接前一层的误差，再用此误差估计更前一层的误

---

① 本节融合阶段性研究成果改写而成，参见吴诗贤、张必兰《农转城新市民信息素养与城市社会融合度的神经网络映射模型》，《图书情报工作》2013 年第 23 期。

差，以此反传下去获得所有各层的误差估计，根据各层误差修改各层神经元之间的权值和各个神经元的阈值；然后又从头开始，不断修改权值和阈值（通常沿着误差变化的负梯度方向进行调节），直到整个网络各神经元输出与期望输出的误差平方和达到某一规定的值或循环次数达到规定的次数为止。

BP 神经网络模型拓扑结构包括输入层（input）、隐含层（hide layer）和输出层（output layer），构成一个三层前向神经网络，如图 4 –5 所示。

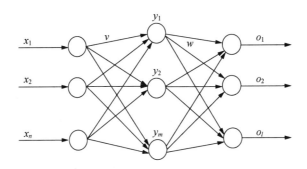

图 4 –5　三层 BP 神经网络模型

在如图 4 –5 所示的三层 BP 神经网络中，输入向量为 $X = (x_1, x_2, \cdots, x_n)^T$，$x_0 = -1$ 为输入层神经元的阈值；隐含层的输出向量为 $Y = (y_1, y_2, \cdots, y_m)^T$，$y_0 = -1$ 为隐含层神经元的阈值；输出层的输出向量为 $O = (o_1, o_2, \cdots, o_l)^T$。期望的输出向量为 $D = (d_1, d_2, \cdots, d_l)^T$。输入层与隐含层之间的权值矩阵为 $V = (v_{i1}, v_{i2}, \cdots, v_{im})^T$，$i = 1, 2, \cdots, n$，隐含层与输出层之间的权值矩阵为 $W = (w_{j1}, w_{j2}, \cdots, w_{jl})^T$，$j = 1, 2, \cdots, m$。

另设 $x_0 = -1$ 为隐含层神经元的阈值、$y_0 = -1$ 为隐含层神经元的阈值，则 BP 网络的标准训练算法如下（设有 P 个训练样本）：

（1）初始化，首先对各层神经元之间的连接权值 v_{ij}，w_{jk} 赋初值（初值随机产生，范围为 –1 到 1），并确定网络最大训练次数 M、所

需精度值 ε；训练次数 ε 赋初值为 1；

（2）依次输入训练样本 $(X^{(p)}, D^{(p)})$，$p = 1, 2, \cdots, P$

$$X^{(p)} = (x_1^{(p)}, x_2^{(p)}, \cdots, x_n^{(p)}) \tag{4-5}$$

$$D^{(p)} = (d_1^{(p)}, d_2^{(p)}, \cdots, d_l^{(p)}) \tag{4-6}$$

（3）针对每一个训练样本，重复进行如下操作：

设当前样本为 p，按下式计算隐含层和输出层每一神经元的输出值

$$y_j^{(p)} = f(\sum_{i=1}^{n} v_{ij} \times x_i^{(p)}), j = 1, 2, \cdots, m \tag{4-7}$$

$$o_k^{(p)} = f(\sum_{j=1}^{m} w_{jk} \times y_j^{(p)}), k = 1, 2, \cdots, l \tag{4-8}$$

其中，v_{ij} 为第 i 个输入层神经元到第 j 个隐含层神经元的连接权值，w_{jk} 为第 j 个隐含层神经元到第 k 个输出层神经元的连接权值，$f(\cdot)$ 为神经元转移函数，一般采用单极性的 Sigmoid 函数。

按下式修改神经网络各层神经元之间的连接权值。

$$w_{jk} = w_{jk} + \Delta w_{jk} = w_{jk} + \eta (d_k^{(p)} - o_k^{(p)}) o_k^{(p)} (1 - o_k^{(p)}) y_j^{(p)} \tag{4-9}$$

$$v_{ij} = v_{ij} + \Delta v_{ij}$$
$$= v_{ij} + \eta(\sum_{k=1}^{l} (d_k^{(p)} - o_k^{(p)}) o_k^{(p)} (1 - o_k^{(p)}) w_{jk}) y_j^{(p)} (1 - y_j^{(p)}) x_i^{(p)} \tag{4-10}$$

计算实际输出值与期望输出值之间的输出误差：

$$e^{(p)} = \frac{1}{2} \sum_{k=1}^{l} (d_k^{(p)} - o_k^{(p)})^2 \tag{4-11}$$

（4）计算总的误差

$$e = \sum_{p=1}^{P} e^{(p)} \tag{4-12}$$

判断 $e < \varepsilon$ or $q = M$ 是否成立，如果成立，则结束训练，否则 $q = q+1$，转向（3），进行新一轮训练。

整个训练算法流程如图 4-6 所示。

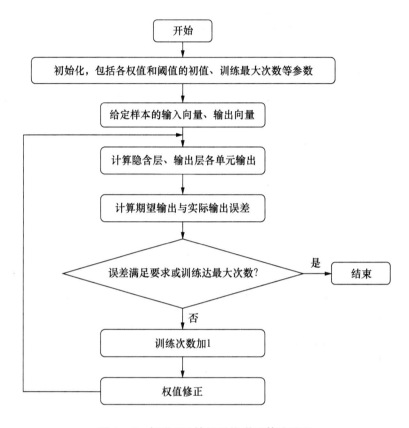

图 4 - 6　标准 BP 神经网络学习算法流程

第三节　信息素养/城市社会融合度
测评神经网络[①]

一　测评神经网络构建概述

构建信息素养测评神经网络与城市社会融合度测评神经网络的步骤、关键点大致相同，下面以信息素养为例说明测评神经网络的构建

---

① 吴诗贤、张必兰：《农转城新市民信息素养与城市社会融合度的神经网络映射模型》，《图书情报工作》2013 年第 23 期。

要点。

　　用 BP 神经网络将农转城新市民信息素养各下级指标到上级指标之间的隐含关系挖掘并映射出来，它们之间的内在关系就表现为 BP 神经网络的拓扑结构、连接权值矩阵的不同，如图 4 – 7 所示（以三层 BP 神经网络为例）。

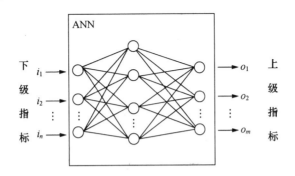

图 4 – 7　信息素养各下级指标到上级指标映射神经网络

即，

$$R_{ANN} = (S, W) \qquad\qquad (4-13)$$

$S = \{n, h, m\}$，为网络结构参数，其中，n 为输入层神经元数目，h 为隐含层神经元数目，m 为输出层神经元数目；$W = \{W_1, W_2,\}$，$W_1 = [w_{ij}]_{n \times h}$ 代表输入层到隐含层连接权值矩阵，$W_2 = [w_{jk}]_{h \times m}$ 代表隐含层到输出层连接权值矩阵。

　　要建立信息素养测评 BP 神经网络，主要的步骤有确定输入输出项、样本数据标准化处理、BP 神经网络结构的选择、神经网络训练参数的确定、采用合适工具实现信息素养测评 BP 神经网络并完成训练等。具体的主要过程描述如下：

　　1. 确定输入输出项

　　针对前面建立的多层次多维度的农转城新市民信息素养评价指标体系，可以根据需要选取其中任何一些指标作为 BP 神经网络的输入量，另外的任何一些指标作为神经网络的输出量来建立不同指标之间的映射网络。但在信息素养测评应用中，是由下级指标测评上级指标，因此，当确定好需要测评信息素养测评指标体系中哪一层次哪些指标后，对应测评神经网络的输入输出量自然也就确定好了，即要测评的一个或多个指标作为输出量，它的下级指标就作为输入量。

2. 样本数据标准化处理

在实际的 BP 神经网络应用中，训练样本的输入量、输出量一般都需要作标准化处理，常用的处理方法包括零均值标准差法、归一化法等。在本研究中，我们选用的是归一化方法。

3. 确定 BP 神经网络结构①

确定 BP 神经网络的结构，实际上就是确定隐含层的层数以及输入层、各隐含层和输出层的神经元数目。

K. Hornik 等人已证明，仅含有一个隐含层的前向网络能以任意精度逼近一个任意非线性函数，②③ 因此，课题组在研究中采用单隐含层结构，即由输入层、隐含层、输出层构成的三层 BP 神经网络。

输入层、输出层节点数的确定非常简单，输入层神经元对应于信息素养测评指标体系中的下层指标，输出层神经元对应于上层指标。

但隐含层神经元个数的确定就较为复杂。BP 神经网络中隐含层神经元的作用是反映样本中隐藏的输入输出之间的非线性内在联系。隐含层的神经元数目的大小对反映输入输出之间内在联系的能力有决定性作用，并对 BP 网络能否正常工作产生重要影响，数目既不能过大也不能过小。隐含层的神经元数目太少，逼近非线性映射的能力较弱，BP 神经网络就不能从学习样本获取到足够信息，学习样本的内在规律就不可能被网络加以概括并很好地体现出来；隐含层的神经元数目太多，也存在一些缺点：一是需要大量的学习样本，二是会记忆

---

① 吴诗贤、张必兰：《农转城新市民信息素养与城市社会融合度的神经网络映射模型》，《图书情报工作》2013 年第 23 期。

② Hornik K., Stinchcombe M., White H., "Multilayer Feed Forward Networks are Universal Approximations", *Neural Networks*, 1989, 2（5）：359 - 366.

③ Hornik K., Stinchcombe M., White H., "Universal Approximation of an Unknown Mapping and its Derivatives Using Multilayer Feed Forward Networks", *Neural Networks*, 1990, 3（5）：551 - 560.

学习样本中的非规律性噪声，反而会降低 BP 神经网络的泛化性能，另外，隐含层神经元数量过多还会增加 BP 神经网络算法的训练时间，误差也不一定最佳。我们按照如下原则确定隐含层节点数：在满足精度要求的前提下取尽可能少的隐含层节点数，在此原则条件下，在本研究中，隐含层神经元数按下式确定：

$$\sqrt{m+n+\alpha} \tag{4-14}$$

其中，m 为输入层神经元个数，n 为输出层神经元个数，α 为 [1, 10] 之间的常数。在此范围内，采用同样的样本，从小到大取 α 的值，多次试验，确定最终能达到的网络误差最小所对应的 α，最终确定隐含层神经元数目。

4. 确定网络训练参数[①]

BP 神经网络在训练之前一般需要确定训练精度、最大训练次数，并需要选取合适的转移函数、训练算法等。这些参数的选取，会对训练速度和训练结果的泛化能力产生很大影响，选取不当甚至有可能使训练失败。输入层到隐含层的转移函数大多选用 S 型函数；隐含层到输出层的转移函数，则要根据不同的情况来选取，如果采用归一化法对样本数据作了标准化处理，一般应选用 S 型转移函数，否则，一般比较适合选择 purelin 转移函数。在本研究中，由于采用归一化法对样本数据进行了标准化处理，所以选择的是 S 转移函数。在训练算法的选择上，可供选择的算法非常多且没有权威的选择依据可供参考，为了尽量提高训练精度，在本研究中，对每一个测评神经网络，采用至少两种以上常见的算法分别进行训练，择优选择。由于本研究中对训练快速性要求不高，一般把训练精度设为 0，把最大训练次数设为非常大的 10000。当然，这个精度肯定达不到，所以神经网络训练一般是在以下情况下结束：训练性能连续若干次停滞不前或训练次数达到最大训练次数。

[①]　吴诗贤、张必兰：《农转城新市民信息素养与城市社会融合度的神经网络映射模型》，《图书情报工作》2013 年第 23 期。

5. 训练并检验映射神经网络①

最后，采用合适的编程语言或可视化工具建立、训练测评神经网络，并利用测试样本检验训练后的神经网络反映映射关系的有效性。

二　信息素养各层指标测评神经网络

根据研究中分析的需要，按照上面介绍的步骤，建立了15个信息素养测评 BP 神经网络，这些神经网络在结构上均采用三层结构。

下面给出基于上述测评神经网络构建算法建立的信息素养各层指标测评神经网络。

（一）第三层指标测评神经网络

信息素养测评体系共有四层，第四层为观测指标，直接由调查问卷经过简单处理获得，作为第三层指标测评神经网络的输入，第三层测评指标作为输出，共有10个测评神经网络。

1. 信息觉知意识测评神经网络

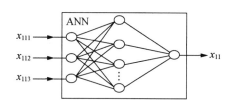

x_{111}：信息敏感意识观测值　x_{112}：信息饥饿意识观测值
x_{113}：信息价值意识观测值　x_{11}：信息觉知意识测评值

图4-8　信息觉知意识测评神经网络

隐含层神经元个数按公式 $\sqrt{m+n}+\alpha$（在本例中，$m=3$，$n=1$，α 为 $[1, 10]$ 之间的常数）计算，因此隐含层神经元个数可为3—12 中的任意数。在具体操作时，按前述的多次试验方法，把隐含层神经元个数确定为6个。

---

① 吴诗贤、张必兰：《农转城新市民信息素养与城市社会融合度的神经网络映射模型》，《图书情报工作》2013年第23期。

2. 信息能动意识测评神经网络

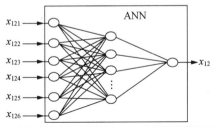

x_{121}：信息获取意识观测值　x_{122}：信息批判意识观测值
x_{123}：信息应用意识观测值　x_{124}：信息创新意识观测值
x_{125}：信息共享意识观测值　x_{126}：信息安全意识观测值
x_{12}：信息能动意识测评值

图 4 – 9　信息能动意识测评神经网络

同 1 步骤，确定隐含层神经元个数为 8 个。

3. 信息理论知识测评神经网络

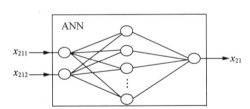

x_{211}：信息概念知识观测值　　　x_{212}：信息原理与方法知识观测值
x_{21}：信息理论知识测评值

图 4 – 10　信息理论知识测评神经网络

同 1 步骤，确定隐含层神经元个数为 5 个。

4. 信息设施知识测评神经网络

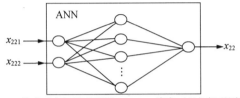

x_{221}：信息平台知识观测值　　　x_{222}：信息工具知识观测值
x_{22}：信息设施知识测评值

图 4 – 11　信息设施知识测评神经网络

同 1 步骤,确定隐含层神经元个数为 5 个。

5. 信息需求定义能力测评神经网络

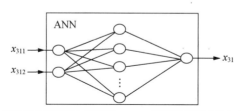

x_{311}:信息需求发现能力观测值　x_{312}:信息需求描述能力观测值
x_{31}:信息需求定义能力测评值

图 4 - 12　信息需求定义能力测评神经网络

同 1 步骤,确定隐含层神经元个数为 5 个。

6. 信息获取能力测评神经网络

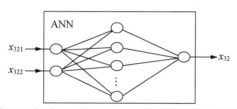

x_{321}:信息源识别能力观测值　x_{322}:运用多种信息获取手段能力观测值
x_{32}:信息获取能力测评值

图 4 - 13　信息获取能力测评神经网络

同 1 步骤,确定隐含层神经元个数为 5 个。

7. 信息吸收能力测评神经网络

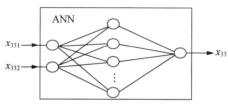

x_{331}:信息判断力观测值　x_{332}:信息内化力观测值
x_{33}:信息吸收能力测评值

图 4 - 14　信息吸收能力测评神经网络

同 1 步骤，确定隐含层神经元个数为 5 个。

8. 信息组织处理能力测评神经网络

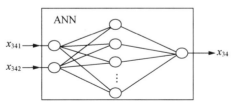

x_{341}：信息组织序化能力观测值　　x_{342}：运用多种信息处理工具能力观测值
x_{34}：信息组织处理能力测评值

图 4 – 15　信息组织处理能力测评神经网络

同 1 步骤，确定隐含层神经元个数为 5 个。

9. 信息交流能力测评神经网络

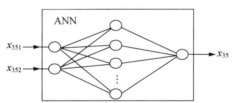

x_{351}：信息交流对象选择能力观测值　　x_{352}：信息多种信息交流手段能力观测值
x_{35}：信息交流能力测评值

图 4 – 16　信息交流能力测评神经网络

同 1 步骤，确定隐含层神经元个数为 5 个。

10. 信息运用能力测评神经网络

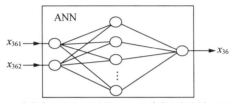

x_{361}：信息应用能力观测值　　x_{362}：信息创新能力观测值
x_{36}：信息运用能力测评值

图 4 – 17　信息运用能力测评神经网络

同 1 步骤，确定隐含层神经元个数为 5 个。

（二）第二层指标测评神经网络

第二层指标测评神经网络以第三层指标测评值为输入，共有 4 个测评神经网络。

1. 信息意识测评神经网络

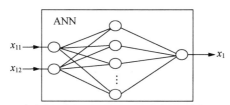

x_{11}：信息觉知意识测评值　　x_{12}：信息能动意识测评值
x_1：信息意识测评值

图 4 - 18　信息意识测评神经网络

隐含层神经元个数为 5 个。

2. 信息知识测评神经网络

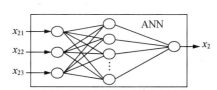

x_{21}：信息理论知识测评值　　x_{22}：信息设施知识测评值
x_{23}：信息法律知识观测值　　x_2：信息知识测评值

图 4 - 19　信息知识测评神经网络

隐含层神经元个数为 5 个。

3. 信息能力测评神经网络

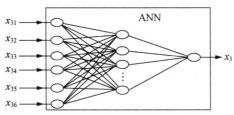

x_{31}：信息需求定义能力测评值　x_{32}：信息获取能力测评值
x_{33}：信息吸收能力测评值　x_{34}：信息组织处理能力测评值
x_{35}：信息交流能力测评值　x_{36}：信息运用能力测评值
x_3：信息能力测评值

图 4 - 20　信息能力测评神经网络

隐含层神经元个数为 8 个。

4. 信息道德测评神经网络

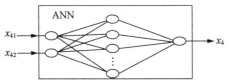

x_{41}：信息劳动价值认同观测值　x_{42}：信息活动自觉观测值
x_4：信息道德测评值

图 4 - 21　信息道德测评神经网络

(三) 总体信息素养测评神经网络

总体信息素养测评神经网络以第二层指标及信息素养四个一级指标测评值为输入，共有 1 个测评神经网络。

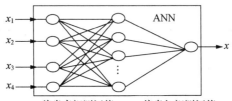

x_1：信息意识测评值　x_2：信息知识测评值
x_3：信息能力测评值　x_4：信息道德测评值
x：信息素养测评值

图 4 - 22　信息素养测评神经网络

隐含层神经元个数为 6 个。

三　城市社会融合度测评神经网络

（一）第二层指标测评神经网络

测评体系共有三层，第三层为观测指标，直接由调查问卷获得，作为第二层指标测评神经网络的输入，第二层测评指标作为输出，共有 4 个测评神经网络。

1. 经济融合度测评神经网络

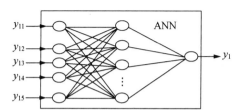

y_{11}：家庭人均年收入观测值　　y_{12}：家庭人均住房面积观测值
x_{13}：各种社会保障情况观测值　x_{14}：职业稳定度观测值
y_{15}：就业竞争力观测值　　　　　y_1：经济融合度测评值

图 4 - 23　经济融合度测评神经网络

隐含层神经元个数为 7 个。

2. 文化融合度测评神经网络

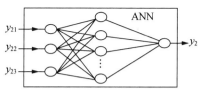

y_{21}：迁入地语言掌握程度观测值　　y_{22}：城市生活习惯适应程度观测值
y_{23}：接受迁入地老市民价值取向程度观测值　y_2：文化融合度测评值

图 4 - 24　文化融合度测评神经网络

隐含层神经元个数为 6 个。

3. 心理融合度测评神经网络

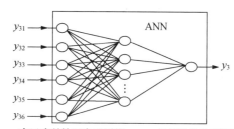

y31：市民身份认同度观测值　　y32：权利满意度观测值
y33：生活环境满意度观测值　　y34：职业满意度观测值
y35：住房满意度观测值　　　　y36：教育环境满意度观测值
y3：心理融合度测评值

图 4 - 25　心理融合度测评神经网络

隐含层神经元个数为 8 个。

4. 社会关系融合度测评神经网络

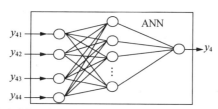

y41：当地城市朋友数量观测值　　y42：与同事关系观测值
y43：社区活动参与度观测值　　　y44：与老市民接触程度观测值
y4：社会关系融合度测评值

图 4 - 26　社会关系融合度测评神经网络

隐含层神经元个数为 6 个。

（二）总体城市社会融合度测评神经网络

第一层指标测评神经网络以第二层指标测评值为输入，共有 1 个
测评神经网络。

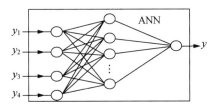

y_1: 经济融合度测评值　　y_2: 文化融合度测评值
y_3: 心理融合度测评值　　y_4: 社会关系融合度测评值
y: 城市社会融合度测评值

图 4 - 27　城市社会融合度测评神经网络

隐含层神经元个数为 6 个。

四　测评神经网络训练样本的取得及数据的归一化处理

测评神经网络要靠学习大量的已有样本测评数据，从而归纳得到隐含在输入—输出数据中的关系。因此，要应用测评神经网络，必须先获得足够的测评样本。

具体做法是：从调查问卷中随机抽取 30 份，由 8 位信息素养测评人员根据问卷获得的观测指标值，按信息素养测评指标体系、城市社会融合度测评指标体系逐层向上打分，共得到 240 份测评样本数据。其中随机抽取 200 份作为训练样本，40 份作为测试样本。

利用训练样本对神经网络进行训练，需要先对原始的样本数据进行标准化处理。由于隐含层及输出层的函数都采用了 S 型函数〔其输出范围为（0，1）〕，为了加快网络的训练，使网络能成功地收敛到允许的学习总误差，须将训练样本和测试样本进行归一化处理，公式如下：

输入归一化：

$$M(k) = MAX\{x_1(k), x_2(k), \cdots, x_n(k)\} \tag{4-15}$$

$$m(k) = MIN\{x_1(k), x_2(k), \cdots, x_n(k)\} \tag{4-16}$$

$$x_i{}'(k) = \frac{x_i(k) - m(k)}{M(k) - m(k)} \tag{4-17}$$

其中，$k = 1, 2, \cdots, K$，K 为输入神经元数，$x_i(k)$ 为第 i 个原始样本数据中第 k 个输入数据，n 为样本个数，$x_i{}'(k) \in [0, 1]$ 为归一化后的无量纲数据。

输出归一化：

$$M(l) = MAX\{y_1(l), y_2(l), \cdots, y_n(l)\} \qquad (4-18)$$

$$m(l) = MIN\{y_1(l), y_2(l), \cdots, y_n(l)\} \qquad (4-19)$$

$$y_i'(l) = \frac{y_i(l) - m(l)}{M(l) - m(l)} \qquad (4-20)$$

其中，$l=1, 2, \cdots, L$，L 为输出神经元数，$y_i(l)$ 为第 i 个原始样本数据中第 l 个输出数据，n 为样本个数，$y_i'(l) \in [0, 1]$ 为归一化后的无量纲数据。

在应用训练好的神经网络（如信息素养测评神经网络、信息素养—城市社会融合度映射神经网络等）时，也需要对输入数据进行归一化处理，公式仍采用上式。

五 测评神经网络建立及应用步骤

现将测评神经网络建立及应用步骤归纳如下：

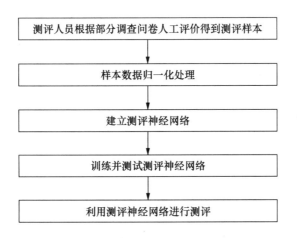

图 4-28 测评神经网络建立及应用步骤

（一）测评神经网络的建立和训练

建立测评神经网络采用的工具是 MATLAB（R2010b）里的神经网络工具箱 nntool。下面以信息素养一级指标信息意识测评过程为例说明测评神经网络建立及测试的概要步骤。

（1）随机抽取 30 份调查样本，每个样本的信息意识有 9 个观测指标值，即信息敏感意识观测值、信息价值意识观测值、信息饥饿意识观测值、信息获取意识观测值、信息批判意识观测值、信息应用意识观测值、信息创新意识观测值、信息共享意识观测值、信息安全意识观测值。

（2）8 位信息素养测评人员根据各个样本信息敏感意识观测值、信息价值意识观测值、信息饥饿意识观测值，给出信息觉知意识评价值，共得到 240 个信息觉知意识人工评价样本；根据各个样本的信息获取意识观测值、信息批判意识观测值、信息应用意识观测值、信息创新意识观测值、信息共享意识观测值、信息安全意识观测值，给出信息能动意识评价值，共得到 240 个信息能动意识人工评价样本（与信息觉知意识样本一一对应）。

（3）8 位信息素养测评人员根据信息觉知意识评价值、信息能动意识评价值，给出信息意识人工评价值，共得到 240 个信息意识人工评价样本。

（4）将所有样本按前述归一化方法进行标准化处理。

（5）随机抽取 200 个评价样本，以其中的信息敏感意识观测值、信息价值意识观测值、信息饥饿意识观测值为输入（200×3 矩阵），以信息觉知意识评价值为输出（200×1 矩阵），构成信息觉知意识测评神经网络训练样本的输入输出矩阵；另外 40 个信息觉知意识评价样本作为测试样本。

（6）由于各种调查数据及以上样本数据均是先录入到 SPSS 中，所以要先将其转换成 Excel 格式，然后在 MATLAB（R2010b）环境下，利用 xlsread 函数读取到 MATLAB 工作空间，将其转置后分别存为 xxjxys_xl_sr（信息觉知意识训练样本输入）、xxjxys_xl_sc（信息觉知意识训练样本输出）、xxjxys_cs_sr（信息觉知意识测试样本输入）、xxjxys_cs_sc（信息觉知意识测试样本输出）。

（7）利用 MATLAB 的 nntool 神经网络工具箱，建立信息觉知意识测评神经网络，主要步骤如下：

启动进入 nntool 后，首先将 xxjxys_xl_sr、xxjxys_xl_sc、xxjxys_cs_sr、xxjxys_cs_sc 导入到 nntool，分别作为待用输入样本数据和输出样本数据。

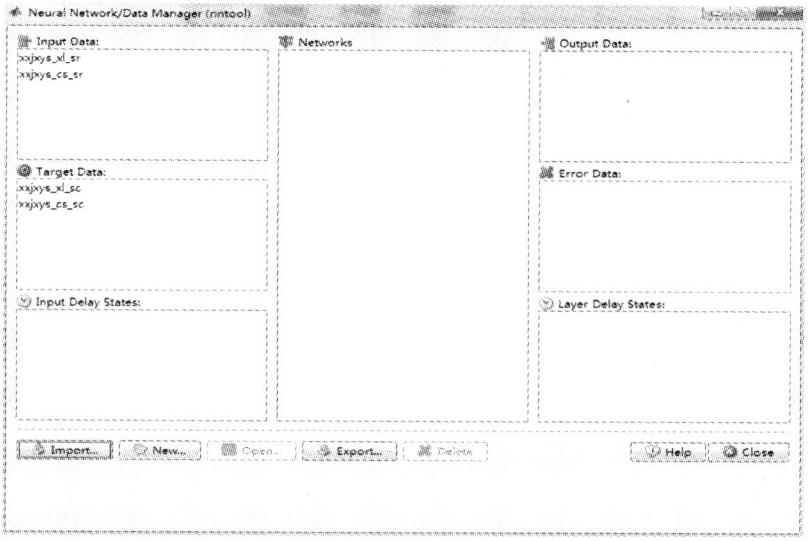

图 4 - 29　信息觉知意识测评神经网络建立步骤（1）

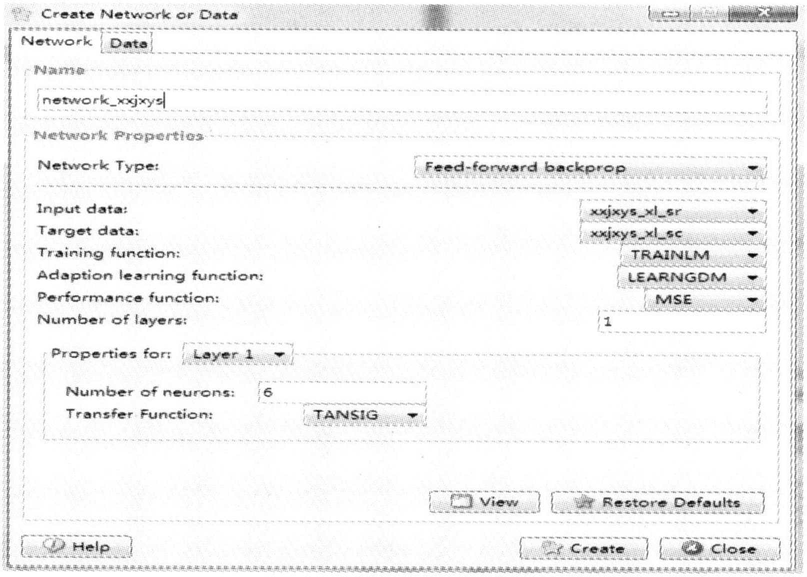

图 4 - 30　信息觉知意识测评神经网络建立步骤（2）

　　然后新建名为 network_ xxjxys 的 BP 神经网络，以 xxjxys_ xl_ sr 为输入、xxjxys_ xl_ sc 为目标输出。隐含层定义为 1 层，隐含层神经元个数为 6 个。

　　打开 network_ xxjxys 神经网络，定义好参数后，点击 Train Network 按钮即可进行训练。

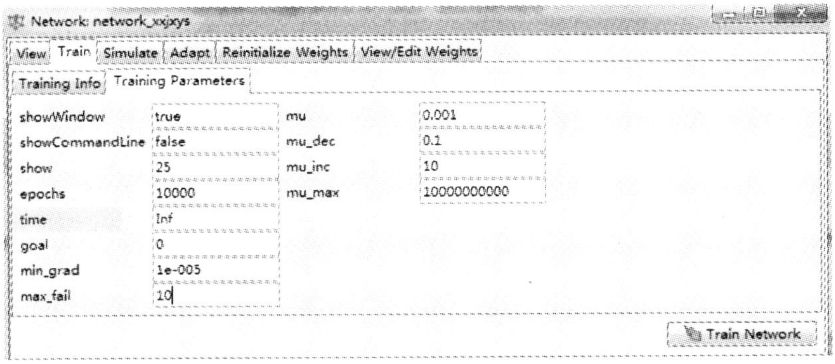

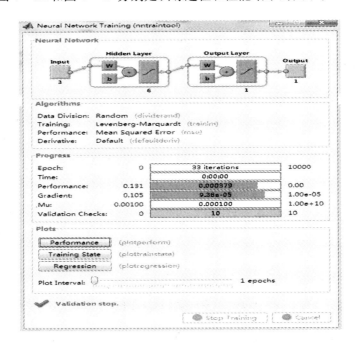

图 4-31　信息觉知意识测评神经网络建立步骤（3）

　　图 4-32 和图 4-43 分别是训练过程和性能结果的图示。

图 4-32　信息觉知意识测评神经网络训练过程和结果显示画面（1）

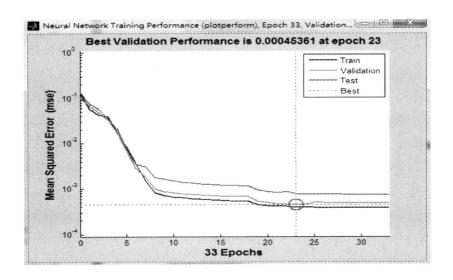

图 4 -33　信息觉知意识测评神经网络训练过程和结果显示画面（2）

　　训练完成后，就可以进行测试了。如图 4 -34 所示，在 Inputs 下拉框里选中 xxjxys_ cs_ sr（存储信息觉知意识测试样本输入数据的矩阵变量），点击 Simulate Network 按钮即可进行运行之前训练好的信息觉知意识测评神经网络，测评结果将存在矩阵变量 network_ xxjxys_ outputs 里。然后将它与 xxjxys_ cs_ sc（存储信息觉知意识测试样本输出数据的矩阵变量）里的数据对比，即可检测训练好的信息觉知意识测评神经网络的性能。如果觉得性能不够好，可参照上述步骤重新设置参数再次训练。

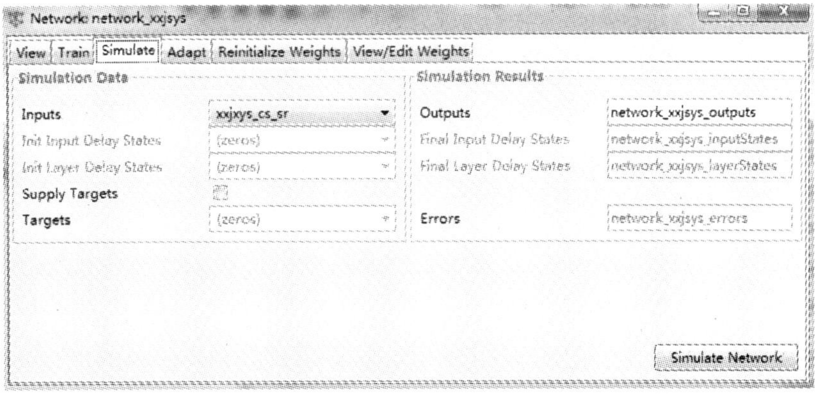

图 4 -34　信息觉知意识测评神经网络测试对话框

（8）对步骤（5）随机抽取的 200 个评价样本，以其中的信息获取意识观测值、信息批判意识观测值、信息应用意识观测值、信息创新意识观测值、信息共享意识观测值、信息安全意识观测值为输入（200×6 矩阵），以信息能动意识评价值为输出（200×1 矩阵），构成信息能动意识测评神经网络训练样本的输入—输出矩阵；另外 40 个样本作为测试样本。将上述数据读取到 MATLAB 工作空间存储到相应变量里。

（9）仿照（7）的步骤建立信息能动意识测评神经网络并训练、测试。

（10）对步骤（5）随机抽取的 200 个评价样本，以其中的信息觉知意识评价值、信息能动意识评价值为输入（200×2 矩阵），以信息意识评价值为输出（200×1 矩阵），构成信息意识测评神经网络训练样本的输入—输出矩阵；另外 40 个信息意识评价样本作为测试样本。将上述数据读取到 MATLAB 工作空间存储到相应变量里。

（11）仿照（7）的步骤建立信息意识测评神经网络并训练、测试。

信息知识、信息能力、信息道德以及信息素养测评神经网络的构建、训练和测试与信息意识测评神经网络的构建、训练类似，在此不再赘述。

（二）信息素养和城市社会融合度的测评

建立并训练好各种测评神经网络后，就可以编写简单的程序进行信息素养、城市社会融合度各级测评指标的测评。现将在 MATLAB 环境下实现测评的过程简述如下（以信息素养测评为例）：

（1）用 xlsread 函数将存储在 Excel 表"原始调查数据_ 信息素养测评调查数据.xls"里面的信息素养观测层调查数据读入到 MATLAB 工作空间里，并将其归一化处理。

（2）根据信息觉知意识的三个观测层指标（信息敏感意识、信息价值意识、信息饥饿意识，它们的调查数据被存储在表"原始调查数据_ 信息素养测评调查数据.xls"里的第一到第三字段），利用之前训练好的信息觉知意识测评神经网络 network_ xxjxys 评价信息觉知意识。

（3）根据信息能动意识的六个观测层指标（它们的调查数据被存储在表"原始调查数据_ 信息素养测评调查数据.xls"里的第四到第九

字段），利用之前训练好的信息能动意识测评神经网络 network_ xxndys 评价信息能动意识。

（4）根据上面测评得到的信息觉知意识和信息能动意识的评价值，利用之前训练好的信息意识测评神经网络 network_ xxys 评价信息意识。

（5）类似（2）、（3）、（4）的步骤得到信息知识、信息能力、信息道德的评价值。

（6）根据上面测评得到的信息意识、信息知识、信息能力、信息道德评价值，利用之前训练好的信息素养测评神经网络 network_ xxsy 评价信息素养。

为了便于读者参考，给出对应的信息素养测评 MATLAB 程序核心代码如下：

xxsygcz = xlsread（'原始调查数据_ 信息素养测评调查数据．xls'）;% 读调查数据

xxsygczgyh =（xxsygcz－1）/4;% 归一化处理

xxjxysgcz = xxsygczgyh（:，1：3）;% 取信息觉知意识的三个观测层指标调查数据

xxjxysgcz = xxjxysgcz´;

xxjxyspjjg = sim（network_xxjxys，xxjxysgcz）;% 评价信息觉知意识

xxjxyspjjg5jz = xxjxyspjjg * 4 + 1;% 将信息觉知意识评价结果转换为五分制

xxndysgcz = xxsygczgyh（:，4：9）;% 取信息能动意识的六个观测层指标调查数据

xxndysgcz = xxndysgcz´;

xxndyspjjg = sim（network_ xxndys，xxndysgcz）;% 评价信息能动意识

xxndyspjjg5jz = xxndyspjjg * 4 + 1;

xxyspjsr = ［xxjxyspjjg；xxndyspjjg］;

xxyspjjg = sim（network_ xxys，xxyspjsr）;% 评价信息意识

xxyspjjg5jz = xxyspjjg * 4 + 1;

xxllzsgcz = xxsygczgyh（:，10：11）;% 取信息理论知识的两个观测

层指标调查数据

```
xxllzsgcz = xxllzsgcz´;
xxllzspjjg = sim（network_xxllzs，xxllzsgcz）;%评价信息理论知识
xxllzspjjg5jz = xxllzspjjg * 4 + 1;
xxsszsgcz = xxsygczgyh（:，12：13）;%取信息设施知识的两个观测
```

层指标调查数据

```
xxsszsgcz = xxsszsgcz´;
xxsszspjjg = sim（network_xxsszs，xxsszsgcz）;%评价信息设施知识
xxsszspjjg5jz = xxsszspjjg * 4 + 1;
xxflzsgcz = xxsygczgyh（:，14：14）;%取信息法律知识调查数据
xxflzsgcz = xxflzsgcz´;
xxzspjsr = ［xxllzspjjg；xxsszspjjg；xxflzsgcz］;
xxzspjjg = sim（network_xxzs，xxzspjsr）;%评价信息知识
xxzspjjg5jz = xxzspjjg * 4 + 1;
xxxqdynlgcz = xxsygczgyh（:，15：16）;
xxxqdynlgcz = xxxqdynlgcz´;
xxxqdynlpjjg = sim（network_xxxqdy，xxxqdynlgcz）;%评价信息需
```

求定义能力

```
xxxqdynlpjjg5jz = xxxqdynlpjjg * 4 + 1;
xxhqnlgcz = xxsygczgyh（:，17：18）;
xxhqnlgcz = xxhqnlgcz´;
xxhqnlpjjg = sim（network_xxhq，xxhqnlgcz）;%评价信息获取能力
xxhqnlpjjg5jz = xxhqnlpjjg * 4 + 1;
xxxsnlgcz = xxsygczgyh（:，19：20）;
xxxsnlgcz = xxxsnlgcz´;
xxxsnlpjjg = sim（network_xxxs，xxxsnlgcz）;%评价信息吸收能力
xxxsnlpjjg5jz = xxxsnlpjjg * 4 + 1;
xxjgnlgcz = xxsygczgyh（:，21：22）;
xxjgnlgcz = xxjgnlgcz´;
xxjgnlpjjg = sim（network_xxjg，xxjgnlgcz）;%评价信息组织处理
```

能力

xxjgnlpjjg5jz = xxjgnlpjjg * 4 + 1;

xxjlnlgcz = xxsygczgyh (:, 23: 24);

xxjlnlgcz = xxjlnlgcz´;

xxjlnlpjjg = sim (network_ xxjl, xxjlnlgcz);% 评价信息交流能力

xxjlnlpjjg5jz = xxjlnlpjjg * 4 + 1;

xxyynlgcz = xxsygczgyh (:, 25: 26);

xxyynlgcz = xxyynlgcz´;

xxyynlpjjg = sim (network_ xxyy, xxyynlgcz);% 评价信息运用能力

xxyynlpjjg5jz = xxyynlpjjg * 4 + 1;

xxnlpjsr = [xxxqdynlpjjg; xxhqnlpjjg; xxxsnlpjjg; xxjgnlpjjg; xxjln-lpjjg; xxyynlpjjg];

xxnlpjjg = sim (network_ xxnl, xxnlpjsr);% 评价信息能力

xxnlpjjg5jz = xxnlpjjg * 4 + 1;

xxddgcz = xxsygczgyh (:, 27: 28);

xxddgcz = xxddgcz´;

xxddpjjg = sim (network_ xxdd, xxddgcz);% 评价信息道德

xxddpjjg5jz = xxddpjjg * 4 + 1;

xxsypjsr = [xxyspjjg; xxzspjjg; xxnlpjjg; xxddpjjg];

xxsypjjg = sim (network_ xxsy, xxsypjsr);% 评价信息素养

xxsypjjg5jz = xxsypjjg * 4 + 1;

城市社会融合度测评的过程及 MATLAB 程序代码和信息素养的类似，这里不再赘述。

原则上说，测评好的数据在 MATLAB 下也可以进行一些统计分析，但 MATLAB 在这方面毕竟不如 SPSS 和 Excel 功能丰富、简单易用，因此，将测评好的数据又导入到 SPSS 和 Excel 中，以用于各种统计分析。

第五章 调查样本基本情况

第一节 调查问卷设计与问卷的处理

一 问卷内容构成

根据研究任务的需要，将整个问卷分为信息素养观测、城市社会融合度观测、信息素养影响因素观测、信息行为观测四大部分。

信息素养影响因素观测部分包括接受调查者的个体基本情况（性别、年龄、学历等）、信息环境因素（信息基础设施、信息服务水平、信息资源水平等）、社会环境因素（社交群规模等）。

信息行为观测部分包括信息获取途径、信息交流渠道等。

城市社会融合度观测部分，包括经济融合、文化融合、心理融合和社会关系融合四大维度共 18 个观测指标。

信息素养观测部分，包括信息素养四大维度共 28 个观测指标的调查。

整个调查问卷按照定量描述与定性描述相结合、单项选择为主多项选择为辅、题目的具体性与概括性兼顾的原则，结合农转城新市民文化素质的实际，共设置了 67 个题目。其中，单项选择题目 58 题，多项选择题目 9 题。需要特别说明的是，有少部分题项承担双重调查观测任务，比如，有三个题目既承担被调查者信息行为特点调查的任务，也承担其信息能力观测的任务。

为了便于测评计算，信息素养观测部分、城市社会融合度观测部分，尽量采用的是单项选择，这部分单项选择均采用五级自评量表，由接受调查者的回答直接得出观测指标值，多项选择部分由课题组成员根据接受调查者的回答情况按五级制给出观测值。

二　问卷效信度分析

（一）问卷效度分析

效度是指问卷测验的准确性，即测验能够反映所要测量特性的程度。[①] 通常使用的效度检验法包括内容效度分析和结构效度分析。课题组采用的是内容效度分析。

内容效度分析是指对问卷题目内容与要观测量的贴切程度和代表程度进行分析检验。常用的内容效度分析法有统计学分析法、专家分析法等。

在设计问卷初稿后，为确保问卷的有效性和适用性，通过专家评判法和农转城新市民试填法，对问卷效度进行了检验。主要过程如下：通过征求专家和试填人员意见，在对问卷初稿进行反复修改后，邀请10位专家对问卷进行了整体内容效度检验（评定量表为五级制）：其中有2人评价为非常合理，占20%；5人认为合理，占50%；有3人认为一般，占30%。表明问卷总体上具有较好的效度。

（二）问卷信度分析

信度（Reliability）即可靠性，它是指采用同样的方法对同一对象重复测量时所得结果的一致性程度。[②] 对调查问卷进行信度分析是确保问卷检测结果一致性和稳定性的重要手段。信度分析常采用的方法包括重测信度法、信度系数法等。本研究采用克隆巴赫 α（Cronbach's α）信度系数法对问卷中信息素养量表和城市社会融合度量表进行信度检验。Cronbach's α 系数是目前运用非常广泛的信度检验指标，一般认为 $\alpha > 0.7$ 表示具有较高信度，而 $\alpha > 0.9$ 则表示具有非常高的信度，$\alpha \geq 0.6$ 即表明信度是在可接受范围内；如果 Cronbach's α 系数在 0.6 以下就要考虑重新编问卷。如表 5 - 1、表 5 - 2 所示，本研究信息素养量表整体克隆巴赫系数达到 0.922，表明量表的内部一致性非常好，

---

① 亓莱滨等：《调查问卷的信度效度分析》，《当代教育科学》2003 年第 22 期。

② 吴明隆：《SPSS 统计应用实务——问卷分析与应用统计》，科学出版社 2003 年版。

城市社会融合度量表整体克隆巴赫系数较低，但也达到 0.784，这个数值也表明该量表内部一致性较好。

表 5 – 1 信息素养量表整体克隆巴赫系数

Cronbach's α	项数
0.922	28

表 5 – 2 城市社会融合度量表整体克隆巴赫系数

Cronbach's α	项数
0.784	18

三　问卷发放与回收情况

本次问卷调查内容较多，完成一份调查问卷平均约需要 25 分钟。调查中共发放问卷 1623 份，回收有效问卷 1434 份，有效率为 88.4%。对收回的问卷，进行无效判别的主要方法如下：

（1）非调查对象的剔除；

（2）有漏选项的剔除；

（3）可多选题目均单选的，或有单选题目多选的剔除；

（4）按规律填写的剔除，如连续 10 个选项相同；

（5）答题之间出现逻辑矛盾的剔除；

（6）一人重复填写多份问卷，则该人填写的第二份及以后的问卷无效。

第二节　研究样本的基本情况

一　确定调查对象的基本原则

（1）服务课题原则：本课题的主要任务是通过对农转城新市民信息素养的深入分析，探索其信息素养的养成模式，从而促进其快速融入城市社会。农转城新市民按年龄大致可分为未成年人、中青年人、老年人三个群体。不同群体具有各自鲜明的特点。老年人群体已经过长年的社会阅历，知识结构已经固化，对新事物的接受能力较弱，其信息素养增长空间相对较小，暂时不列入研究对象；未成年人群体基础好、接受新事物能力较强，绝大多数还在学校接受教育，有相对独立成套的信息素养培养体系，也暂时不列入研究对象。本课题研究对象是农转城新市民，多久算"新"，因无权威研究可供借鉴，本课题组参考国内外对新移民问题的相关研究，把农转城新市民的"新"界定为7年。因此，经过课题组研究，决定把研究样本群体确定为20—60岁的最近7年内农转城新市民群体。

（2）服务西部原则：本课题为西部项目，根据要求，研究对象与成果应服务于西部社会经济、文化发展，所以研究样本主体应立足于西部地区的农转城新市民。

（3）代表性原则：随着城市化发展，大城市、中小城市、一些街镇都由于种种原因产生了大量农转城新市民群体，分布广泛，并且居住模式多样化。既有集中安置聚居的，也有货币化安置而散居的，不同居住地、居住模式下的信息素养环境、社会经济发展和自然环境都不一样，群体的信息素养可能不同，因此，研究样本居住地应涵盖多种类型。

二　样本基本情况

（一）调查点分布

根据以上原则，本课题以重庆为主选择了36个样点，其中重庆20个样点，四川5个样点，贵州4个样点，云南2个样点，另外，作为对比分析研究用，还选择了东部地区的浙江5个样点。各样点农转城新市民比例都较高，样点分布较广泛，对于反映西部地区农转城新市民的实际情况是有较强代表性的。

图5-1和图5-2分别是调查样点的省别分布和城市规模类型分布。由于受课题资金、实际能力以及课题组位置等因素的制约，样点主要分布于西部，特别是重庆附近地区。虽然如此，课题组仍然尽量选择了具有不同代表性的典型样点，既包括大城市，也有中型城市、小城镇（含农转城量较大的镇），为课题研究奠定较为扎实的数据基础。

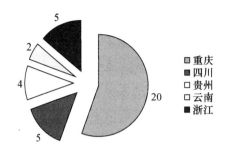

图 5 – 1　调查点省别分布

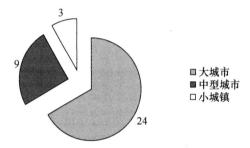

图 5 – 2　调查点所属城市规模类型分布

（二）样本个体基本属性的统计分析

从整体上来看，农转城新市民呈现文化程度偏低、收入低的特征。

（1）性别结构分布：调查样本中，男性占 47.2%，女性占 52.8%，女性略多于男性。

（2）年龄结构分布：调查样本中，各年龄段人数相差不是很大，总体上呈现"两头多，中间少"的分布，样本年龄分布基本合理。

（3）文化程度：根据国家统计局发布的调查数据，在 2012 年，我国农村居民家庭劳动力中，文化程度以小学和初中文化程度者居多，两者合计占 79.1%，不识字或识字很少的占 5.3%，高中及中专文化程度的占 12.7%，大专及以上文化程度的占 2.9%。[①] 农转城新市民来源于农村，受教育程度普遍不高，接受过中等职业教育和高等

① 国家统计局住户调查办公室：《农村住户调查综合数据：2—3—2 农村居民家庭劳动力文化状况》，《中国住户调查年鉴》（2013 年）。

教育的人非常少。具体从调查样本来看，学历集中在初中、小学及以下，占总人数的大半（73.2%）；高中层次（高中/中专/技校）学历占20.4%；大专学历占到总人数的4.2%，本科及以上学历仅有31人，占2.2%。样本的文化水平总体上略高于全国农村居民家庭劳动力的文化水平，可能是因为农转城区域一般较为接近城镇，因此教育水平和居民受教育层次相对较高。

（4）农转城年限：调查样本中，农转城年限总体呈均匀分布。

（5）家庭人均年收入：农转城新市民家庭的经济收入非常低，超过半数的被调查者家庭人均年收入在2万元以下。本研究大部分数据调查在2013年进行，2013年全国城镇居民人均可支配收入26955元，作为主要调查地区的重庆、四川、贵州、云南、浙江城镇人均可支配收入分别25216.13元、22367.63元、20667.07元、23235.53元、37851元。[①]

表5-3　　　　　　　　　　样本个体基本属性统计

项目	选项	人数	百分比（%）
性别	男	677	47.2
	女	757	52.8
年龄（岁）	20—25	207	14.4
	26—30	159	11.1
	31—35	186	13.0
	36—40	165	11.5
	41—45	162	11.3
	46—50	142	9.9
	51—55	200	13.9
	56—60	213	14.9

---

① 赵川主编：《附-6 2013年全国各省、直辖市、自治区城镇居民人均可支配收入及来源》，《宁夏调查年鉴》（2014）。

续表

项目	选项	人数	百分比（%）
	小学及以下	438	30.5
	初中	613	42.7
文化程度	高中/中专/技校	292	20.4
	大专	60	4.2
	本科及以上	31	2.2
	1	200	13.9
	2	167	11.6
	3	239	16.7
农转城年限（年）	4	221	15.4
	5	227	15.8
	6	223	15.6
	7	157	10.9
	1 万元以下	274	19.1
	1 万—1.9 万元	525	36.6
家庭人均年收入	2 万—2.9 万元	332	23.2
	3 万—3.9 万元	188	13.1
	4 万元及以上	115	8.0

（三）样本个体信息消费属性统计分析

1. 信息消费承受度

农转城新市民的信息消费承受度比较低。在回答"您能承受各种日常信息消费支出（如电视收视费、手机话费、上网费、书报购买费、信息培训费等）占总收入的比例"的问题时，超过半数的被调查者选择只能承受把总收入的3%以下用于日常信息消费。

在后面的数据分析中可以看到，农转城新市民拥有较高的信息价值意识和信息需求，也拥有一定的信息装备（特别是手机拥有率较高），但他们能够承受用于信息服务费、购买信息资源和信息技术培训等信息消费的支出比例却很少。这说明他们虽然意识到信息资源的重要性，但却没有主动地去消费，信息装备的利用率较低，农转城新市民群体的信息消费潜力并没有充分发挥出来，在信息消费品与信息人之间存在"最后一公里"的问题；同时，分析信息消费强弱与其收入关系，它们之间显示较强的正相关关系。因此，如何通过政策引导优化农转城新市民的信息消费环境，消解农转城新市民群体的信息消费"最后一公里"问题，促进他们进行信息消费，不仅可以挖掘农转城新市民群体的信息消费潜力，促进信息消费市场的扩大，对农转城新市民群体的收入增长也有一定的促进作用。

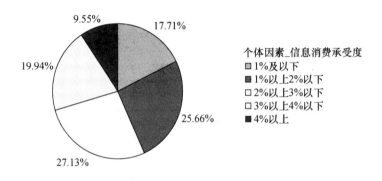

图5-3 受访者信息消费承受度

2. 信息工具水平

从总体上看，农转城新市民拥有较丰富的信息工具，其中拥有率最高的是手机和电视。表明手机和电视成为农转城新市民获取信息和进行信息交流的主要工具。

表5-4   受访者信息工具拥有情况

选项	数量	拥有率（%）
固定电话（部）	925	64.5
普通手机（部）	789	55.0
智能手机（部）	495	34.5
电视机（台）	1398	97.5
电脑（台）	463	32.3
互联网（经常上网）	372	25.9
报纸期刊（固定订阅一种以上或经常购买）（份）	188	13.1

调查数据显示，除了电视外，其他传统媒体（如报纸期刊）拥有率较低。这可能与农转城新市民绝大多数是聚居，处于一种与城市社会相对独立或者说隔离的信息环境有关，他们与传统大众纸媒接触很少，也少有意愿进行此类消费；相比较而言，由于手机等移动终端设备价格越来越大众化，且兼具通信功能，因此，农转城新市民的新媒体工具普及率达到很高水平（普通手机和智能手机拥有量之和达到1284部，手机拥有率高达89.5%），仅从新信息工具硬件占有和使用状况来说，已经具备进入信息社会的基础工具条件；同时，电脑、手机的普及率远高于互联网媒介拥有率，说明农转城新市民群体对这些信息工具的使用更多在于基本功能如电话、短信等，而对于利用此信息工具，通过网络进行信息收集、培训学习、求职创业、文化休闲等深层应用的还比较少，经常上网人数只占总人数的25.9%。

3. 信息技术培训经历

农转城新市民有信息技术培训经历的比例偏低。统计数据显示，有85.3%的农转城新市民从来没有接受过任何形式的信息技术培训（在学历教育中接受的信息类课程教育除外），如果只统计初中及以下学历层次的农转城新市民，则未接受过任何形式的信息技术培训的农转城新市民的占比高达93.1%。

（四）社区/小区信息环境

1. 社区/小区信息基础设施

多数农转城新市民所居住社区的信息基础设施达到了一定水平，其中，有线电视接入基本普及，网络接入设施大多铺设到户。但只有少数社区/小区建有图书资料室或书屋。在智能化与信息化已成为现代新型小区建设重要方向的大环境下，多数农转城新市民所处社区/小区的数字化、智能化基础设施还比较落后，如综合信息服务中心、公共服务综合信息平台以及信息服务亭等。表5-5的统计包含这方面比较先进的浙江农转城新市民的数据，如果除开东部的浙江，整个西部地区在这方面可以说还处于非常落后的水平。

表 5 - 5	社区/小区信息基础设施		
选项		数量	百分比（%）
安装了有线电视线路		1399	97.6
买完电脑后随时可以到电信等运营商办理上网		1348	94.0
有图书馆、图书资料室或书屋		283	19.7
建有综合信息服务中心或类似机构		475	33.1
有公共服务综合信息平台（网站）		231	16.1
有触摸屏信息查询系统（智能化信息服务亭）		312	21.8
有足量的信息公告栏		953	66.5

2. 社区/小区信息服务

随着社会主义市场经济改革的推进，国家实施了一大批简政放权的措施，许多原来由政府机构承担的社会服务和社会管理功能逐渐剥离到社区，社区已成为社会服务的最前沿。在社会信息化的大背景下，提高社区/小区信息服务水平，已成为提高社会服务水平的最重要的一环。调查问卷中设置了信息服务感知质量 5 级量化问题进行测评，调查结果如图 5 - 4 所示。

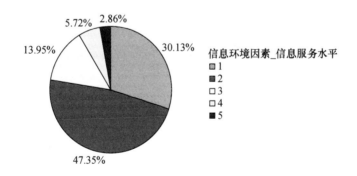

注：1—5 为相应指标 5 分制观测值。

图 5 - 4　受访者感知信息服务水平 5 分制观测值分布

从调查情况来看，农转城新市民所处社区/小区的信息服务水平还较低。培训、就业信息服务等主动信息推送活动开展得还很少，大部分农转城新市民对社区/小区的信息服务是不太满意的，甚至有高达30.13%的农转城新市民非常不认同所住社区/小区的信息服务。

　　3. 社区/小区信息资源

　　调查问卷中设置了信息资源感知质量5级量化问题："社区/小区的信息服务亭、信息公告栏、网站、图书室等有大量实用信息资源，在需要某种信息的时候，我总是能方便地从那里找到"。调查结果如图5-5所示。

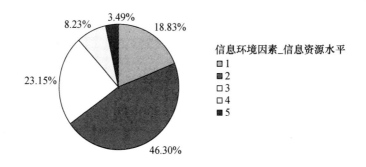

注：1—5为相应指标5分制观测值。

图5-5　受访者感知信息资源水平5分制观测值分布

　　分析调查结果可以发现，农转城新市民感知的所处社区/小区蕴藏的信息资源水平还较低。仅有3.49%的农转城新市民非常认同社区/小区拥有丰富的信息资源。

　　从以上调查可知，农转城新市民感知的社区/小区信息服务和信息资源水平不高。这一方面是由于部分社区/小区的信息服务和信息资源确实比较匮乏；另一方面通过实地调查，发现也有社区/小区信息服务和信息资源宣传不充分的缘故。值得注意的是，根据课题组"信息环境是以信息人为中心的信息环境，信息环境具有主观性"的观点，调查的信息环境实际上是受访者感知的信息环境，调查结果与客观信息环境有一定差异。比如，有的小区建有书屋，但相当一部分居民却不知道。这也提醒我们，在进行信息基础设施、信息资源和信息服务建设的同时要提高宣传推广力度。

（五）样本人际环境统计分析

1. 居住模式

总体来说，可以将农转城新市民的居住模式概括为集中安置小区聚居模式和其他模式（主要为接受货币安置自主购房分散居住）。调查样本中，主要为集中安置小区聚居模式。

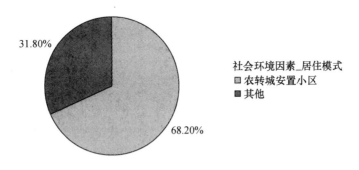

图 5-6　受访者居住模式分布

2. 职业环境分布

调查样本的职业行业分布中，制造业、建筑业和批发零售业分别达到 19.53%、13.11% 及 11.65%，在就业行业中排在前三位，成为吸纳农转城新市民就业的重要渠道；另外有高达 17.78% 的受访者表示处于无业状态，外加上"其他"选项中可能有相当自由职业者，加起来比重会更高，表明农转城新市民就业稳定度不乐观。

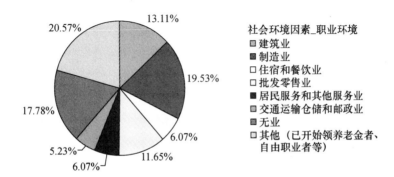

图 5-7　受访者职业环境分布

3. 社交群规模

在调查问卷中设置了家人/亲戚、邻居、原来农村的朋友、迁入地原住市民朋友、同事/生意上的伙伴等 7 个社交群，大部分被调查者的密切联系社交群不超过 3 个。在联系频繁的社交群体中，迁入地原住市民朋友和网友不足 10%。这表明他们的社交范围偏窄、同质化较为严重。

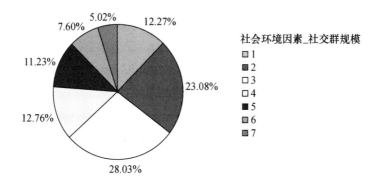

图 5 - 8　受访者密切联系社交群个数分布

第六章　样本信息行为特征统计分析

在新环境下，信息的获取对于农转城新市民生活中的各方面都发挥着非常重要的作用。信息行为特征是信息人信息素养的重要表现，课题组从农转城新市民信息需求、信息获取渠道、信息交流、信息利用等方面对新市民的信息行为特点进行了统计分析。

第一节　信息需求

在问卷中举出了日常生活中较为常见的信息类型，以五级评分制的方式供被调查者选择，以了解他们对哪些类型的信息需求度较高。

表 6-1　　　　　　　不同种类信息需求人数及需求度统计

信息类型 ＼ 需求度	非常高	较高	一般	较低	非常低	综合需求度
购物等生活消费	210	359	498	223	144	0.637
医疗卫生	281	408	403	219	123	0.670
文化教育技能培训	181	293	328	332	300	0.561
求职就业	251	339	415	265	164	0.635
休闲娱乐	223	328	466	234	183	0.624
时政新闻	182	409	411	213	219	0.617
经济理财	96	184	326	472	356	0.487

注：某类信息需求度 $= (\sum_{i=1}^{5} i \times n_i) \div 1434 \div 5$。其中，$i$ 为信息需求度（其值从非常高到非常低分别为 5 到 1），n_i 为对该类信息对应需求度的人数。

　　从不同种类信息的需求情况来看，农转城新市民对时政新闻、休闲娱乐信息、求职就业信息、购物信息、医疗卫生信息的需求差异不大，均超过了0.6，说明他们对这些信息的需求度比较高。较多的人群关注时政新闻，说明农转城新市民比较关注社会新闻、国内外社会发展以及与自身密切相关的各种政策；由于失去了土地，日常生活中衣食住行各种开销都必须主要靠工作来满足，就业是农转城新市民进入城市、在城市生活的开端和立足的资本，所以求职就业信息的关注度较高；对娱乐休闲和医疗卫生方面的信息需求度也较高，特别是对医疗卫生信息的需求度较为令人意外地排在第一位，表明部分农转城新市民在与自身生计密切相关的基本信息得到满足后，也在积极关注提高生活质量的休闲娱乐信息和医疗卫生信息；而个人理财信息、文化教育技能培训这两种类型的信息关注度都不高，说明农转城新市民的精神生活还不够丰富，对有助于自己在新环境中得以进一步发展的技能培训方面的信息需求不大。

　　总的来看，农转城新市民群体的信息需求还是比较强烈的，但信息需求面还不够宽。对政府政策文件信息、就业信息、医疗卫生信息、生活消费信息等维持生存、当前生活所需的信息需求较大；而对与自我发展和提升有关的职业技能培训信息、经济财经类信息等信息需求度不大。

第二节　信息获取渠道

表6-2　　　　　　　　　　农转城新市民信息获取渠道

渠道	频数	比例（%）
使用新浪、搜狐、网易、百度、搜狗等门户网站或搜索引擎	428	29.8
向亲友、同事打听	852	59.4
向有关机构或人员咨询	66	4.6
阅读宣传资料、信息公告栏	160	11.2

续表

渠道	频数	比例（%）
阅读报纸期刊	281	19.6
收听收看广播、电视	1207	84.2
通过到图书馆等服务机构查阅	41	2.9

农转城新市民获取日常生活信息的最重要途径是收听收看广播、电视（高达84.2%的被调查者选择了经常使用选项）。这可能是由于广播电视的使用对用户的信息素质要求不高，同时广播电视普及率非常高，因此成为农转城新市民获取信息的最重要渠道。

位居农转城新市民信息获取途径第二的是"向亲友、同事打听"，为59.4%。这种信息获取途径，主要依赖于因其人缘、地缘、亲缘组成的社交网络，必然会受到其生存的社交空间范围和情感认同范围的制约。亲戚和朋友在农转城新市民的信息获取渠道中承担着重要角色，也充分说明农转城新市民人际交往难以突破人缘、地缘、业缘、亲缘等构成的"强关系"的人际网络。

随着信息技术和信息环境的发展，越来越多的信息人倾向于通过网络来获得需要的信息，互联网络逐渐成为他们获取信息的重要渠道。不少农转城新市民在农转城前就开始使用手机或者电脑上网获取信息，进入城市后，随着生活环境的改善，多数社区有宽带接入并且网速能满足日常信息获取的需求，这就为一部分会使用电脑和智能手机的农转城新市民提供了方便，但是网络对信息人的信息素养要求相对较高。

阅读报纸期刊也成为了农转城新市民获取信息较多的一种途径（19.6%的人非常频繁或较频繁地通过报纸杂志获取信息）。这可能与社区/小区报刊亭的推广以及报刊逐渐电子化，契合了部分年轻的农转城新市民阅读习惯有关。

利用较少的渠道包括政府机构、图书馆等组织传播渠道。其中图书馆等信息机构的使用率最低，仅有2.9%的人经常到图书馆等信息机构查阅信息，进一步统计，大专以下学历的农转城新市民对图书馆的利用不到 2%，但让我们感到有一点意外的是，大专以上学历的被访者也只有不到 1/10 的人经常利用图书馆获取信息。我们通过对选取的部分调查点的实地了解发现，有些社区在非常近的地方就有社区文化活动中心，提供了丰富的图书和杂志，但从调查结果来看，这些农转城新市民中只有很少一部分人平时会去查阅。图书馆，特别是公共图书馆，其本质希望开展的是代表信息公平、信息均等化的服务，农转城新市民对图书馆、社区书屋的利用率却很低，说明该群体利用图书馆获取信息的意识还需要大力培育，同时也说明，公共图书馆对信息公平保障义务的实现还有欠缺。

　　总的来看，农转城新市民的信息获取途径以广播电视、亲友等传统渠道为主，而较少利用网络、图书馆等信息获取途径。由于在原农村生活环境里几乎没有图书馆阅读经历且农转城后居住区一般在较偏僻的城乡结合地区，交通距离和时间成本的影响下，很少主动向政府机构要求获取信息，也很少利用社区书屋、公共图书馆等城市社会公共信息设施。

　　从调查结果可以看出，农转城新市民常选择的信息获取渠道受限于其以个人为中心的社交网络途径，并常常以就近性为原则。不管是主动去获取信息还是被动接受信息，都比较愿意接受一些以传统方式提供的信息渠道：首先从不需多大技能要求的电视、广播渠道获取，其次是就近从亲朋好友和同事那里获取帮助；对于那些对信息技能要求较高、需要主动去搜集的途径（如互联网、图书馆等）或距离较远的途径则是他们最后的选择。

　　通过传统的电视、报刊等获得信息的途径固然重要，但从社会信息化的角度，通过互联网查找信息更具有主动性，将来会成为农转城新市民最主要的信息获取途径。通过调查问卷和个别访谈发现，不少农转城新市民并不是不知道通过网络获得信息的便捷性，但由于客体和主体两个方面的障碍因素严重影响了他们通过网络获取信息。客体障碍因素主要包括网络信息资源良莠不齐、网络信息资源检索界面和检索技巧复杂、上网速度和上网费用等都是限制用户获取信息的客观因素之一；主体障碍因素主要包括：受制于较低的文化水平、较低的信息素养等，农转城新市民大多没有掌握通过网络获取信息的有效技能，对电脑、智能手机等操作感到畏惧，没有大胆尝试所应具备的信心和勇气。

第三节 信息利用

需求产生动力，农转城新市民群体的信息行为与其他群体的信息行为一样，其对信息的吸收、利用很大程度上取决于他们最初对信息需求的目的。因此，我们选取了通过观测其信息资源获取目的来进行考察信息利用特点。

表6-3　　　　　　　　农转城新市民信息获取目的

目的	频数	比例（%）
增加新知识、新见闻，积累谈资	884	61.6
解决工作或生活中的问题	712	49.7
消遣娱乐，舒缓压力	771	53.8
为学习寻找资料	168	11.7
其他	323	22.5

从表6-3可知，"增加新知识、新见闻，积累谈资"是农转城新市民获取信息的主要目的，比例达到61.6%。这其实也说明，人是群居动物，他们需要在交际中不断交流彼此的信息来建立社交关系网络、寻求交往的资本，并以话题和资讯的分享来扩大或者说加深自己的社交关系圈，避免被边缘化，农转城新市民同样也不例外。"消遣娱乐，舒缓压力"是农转城新市民群体获取信息的另一主要目的，比例达到53.8%。这在一定程度上反映了农转城新市民在城市化的过程中生存和生活压力增大：他们失去"土地"保障，在城市生活中所有开支都必须通过打工、创业来获得，而就业技能并没有显著提升，这

无形中增加了生存的压力。与此同时，子女教育、健康保险等其他问题接踵而来，让部分农转城新市民有更多的意愿通过休闲娱乐来舒缓自身的压力。"解决工作或生活中的问题"比例也较高，为49.7%。农转城新市民群体整体文化程度不高，多从事一些与农民工群体重合的体力劳动工种，群体内和群体之间的就业压力增大，因此，他们也希望获取更多的信息来给自己更多的机会。"为学习寻找资料"比例较低，只有11.7%，表明农转城新市民群体对利用信息提高自身能力的意识还较低。

第四节 信息交流

随着信息技术的发展，人们可以通过互联网及时、迅速、不受时空限制地一对一、一对多、多对一、多对多地同时进行信息交流，使网络成为人们传播信息、交流信息的重要方式和途径。信息化社会的最基本特征是信息交流的全球化，它改变了信息交流的时间、距离和空间，冲击着传统的信息交流方式。但是，由于经济条件、文化水平等的限制，农转城新市民没有能够很好地享受信息技术发展的成果，缺乏充分使用现代信息交流工具的能力。调查显示，农转城新市民交流信息的渠道/方法非常有限，除了面对面交流外，以利用手机交流为主，对网络时代信息查询、信息交流的新途径了解掌握不够。有90%的农转城新市民拥有手机，部分农转城新市民还拥有了智能手机。普通手机的主要功能在于通讯，在信息的传播和交流等方面，智能手机、电脑和网络的重要性远远超过普通手机，但即使拥有智能手机和电脑，对于它们的使用，农转城新市民还处在一个浅层次的状态。除了打电话外，能利用手机和电脑来进行信息传播交流的农转城新市民还非常少：只有26.7%的农转城新市民掌握了手机短信、QQ交流手段，仅有17.3%的农转城新市民经常利用 E - mail 进行交流。如果把大专及以上学历的被调查者排除，能利用这些新渠道进行信息交流的农转城新市民比例还会大大降低；利用广播电视、报纸杂志等

表6－4　　　　　　　　　　信息发布/交流的主要渠道

渠道	频数	比例（%）
面谈	1374	95.8
打电话	1217	84.9
手机短信/QQ/微信	383	26.7
E－mail	248	17.3
广播电视、报纸杂志	178	12.4
社区/小区信息发布平台（张贴栏等）	212	14.8
其他	139	9.7

传统媒介发布/交流信息的农转城新市民比例也非常低；另外，社区/小区张贴栏也是农转城新市民发布/交流信息的重要渠道，有14.8%的农转城新市民利用社区/小区信息发布系统（如张贴栏等）发布/交流信息。

第七章　农转城新市民信息素养/城市社会融合现状分析

第一节　农转城新市民群体信息素养水平

一　末级指标（观测层）观测值分布

为了直观地了解农转城新市民的信息素养在观测层上各指标情况，下面分别给出调查样本各观测指标得分分布情况表（见表7-1）和调查样本的各观测指标均值（5分制）雷达图（见图7-1）。

表7-1　　　　　　　信息素养各观测指标得分

观测指标	均值	标准差
信息意识_ 信息敏感意识	2.84	1.124
信息意识_ 信息价值意识	4.34	0.812
信息意识_ 信息饥饿意识	3.77	0.844
信息意识_ 信息获取意识	3.46	1.128
信息意识_ 信息批判意识	3.41	1.027
信息意识_ 信息应用意识	3.56	0.845
信息意识_ 信息创新意识	2.63	1.151
信息意识_ 信息共享意识	3.91	0.898
信息意识_ 信息安全意识	2.85	1.237
信息知识_ 信息概念知识	2.37	1.075
信息知识_ 信息原理与方法知识	2.32	0.888
信息知识_ 信息平台知识	2.40	1.047

续表

观测指标	均值	标准差
信息知识_ 信息工具知识	2.93	1.342
信息知识_ 信息法律知识	2.20	1.156
信息能力_ 信息需求发现能力	3.58	0.804
信息能力_ 信息需求描述能力	3.39	0.914
信息能力_ 信息源识别能力	3.08	1.123
信息能力_ 运用多种信息获取手段能力	3.43	1.169
信息能力_ 信息判断力	3.40	1.103
信息能力_ 信息内化力	3.56	1.009
信息能力_ 信息组织序化能力	3.04	1.216
信息能力_ 运用多种信息处理工具能力	2.96	1.439
信息能力_ 信息交流对象选择能力	3.79	0.857
信息能力_ 运用多种信息交流手段能力	2.97	1.304
信息能力_ 信息应用能力	3.53	0.943
信息能力_ 信息创新能力	2.91	0.836
信息道德_ 信息劳动价值认同	3.67	1.174
信息道德_ 信息活动自觉	3.87	0.920

分析表 7-1，很容易看出，在信息素养所有观测指标中，信息价值意识得分最高，表明信息在现代社会中的地位和作用得到农转城新市民的普遍认可；信息法律知识得分最低，反映出农转城新市民几乎不了解信息相关法律知识；运用多种信息处理工具能力均值较低且标准差最大，表明农转城新市民对信息处理工具的掌握运用能力不但较差，而且个体之间存在较大差异。

二　各级指标信息素养水平分析

以各样本信息素养观测值为输入，通过运用相应测评神经网络逐层向上测评，可以得到农转城新市民群体的信息素养各层各维度的评价分值（说明：为了在各种图示中明显区别观测值和测评值，下面统计分析中，观测层指标的得分直接采用调查问卷得到，5 分满分制，其他各层各维度指标的得分是通过测评神经网络测评的，均为 1 分满分制）。

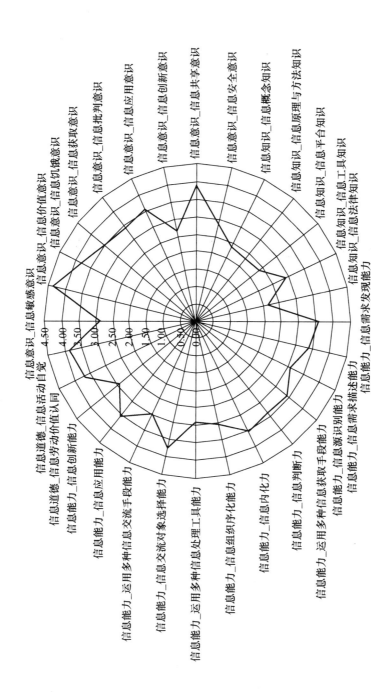

图 7 - 1　信息素养各观测指标均值雷达

　　从表7-2可以看到，农转城新市民群体信息素养一级指标的四大维度中，信息道德、信息意识的测评得分均值相对较好，分别达到0.688和0.666，其中在信息道德维度上的得分最高，表明多数农转城新市民有较高的信息道德意识，较能规范自身的信息行为；信息能力的得分均值为0.587，处于较差水平；而信息知识得分均值为0.361，表明多数农转城新市民对现代信息设施、信息理论等知识的掌握相当匮乏。

表7-2　　　　　　　　　　　信息素养一级指标测评值

指标	极小值	极大值	均值	标准差
信息意识	0.399	0.904	0.666	0.1286
信息知识	0.008	0.745	0.361	0.2326
信息能力	0.318	0.877	0.587	0.1622
信息道德	0.200	1.000	0.688	0.2292

　　（一）信息意识水平

　　信息意识水平反映信息人对信息的觉醒程度和主动获取信息、批判吸收信息、共享交流信息与利用创新信息的能动程度，它是信息素养的其他三个维度发挥作用的前提。

　　农转城新市民是否有高度的信息觉醒度，即是否对信息有高度的敏感性、是否充分认识到信息在日常生活中的重要作用、是否对信息产生积极的内在需求都将直接或间接地影响主动获取、组织、共享、交流与运用信息的行为倾向的产生和强度。

　　通过对样本的统计分析，得出农转城新市民信息意识的基本特征是：整体上具备基本的信息意识，整个群体信息意识的水平中等，有一定的信息觉知意识，信息能动意识还比较淡薄，即主动的信息行为倾向还不强。

1. 有一定的信息觉知意识

从表7–3可以看出，在信息觉知意识的三个维度中，信息价值意识很高、对信息的饥饿感较强烈，但对信息的敏感性非常差。

表7–3　　　　　　　　信息觉知意识各观测指标得分

指标	均值	标准差
信息意识_ 信息敏感意识	2.84	1.124
信息意识_ 信息价值意识	4.34	0.812
信息意识_ 信息饥饿意识	3.77	0.844

作为核心信息意识的信息价值意识得分较高（见图7–2），超过一半的被访者选择非常认同"在现代生活中，及时掌握外界信息，对我们来说非常重要"，高度认同信息在现代社会生活生产中的重要性；但同时也有部分被访者不太认可信息在日常生活中的重要作用，甚至有接近5%的被调查者不认同甚至非常不认同"在现代生活中，及时掌握外界信息，对我们来说非常重要"。

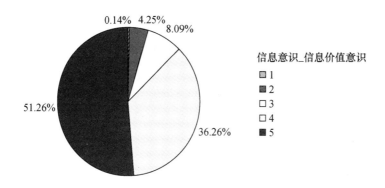

注：1—5为相应指标5分制观测值。

图7–2　信息价值意识5分制观测值分布

信息敏感意识在信息意识的所有观测指标中得分值，表明农转城新市民整体上对信息的敏感度非常低。有接近40%的被调查者对小区最近发生的新闻、关于农转城的最新政策等与自己生活密切相关的信息都很少能察觉到。

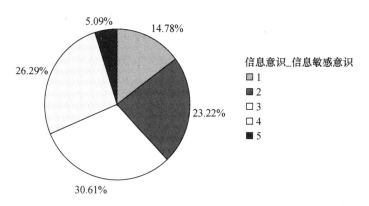

注：1—5 为相应指标 5 分制观测值。

图 7 - 3　信息敏感意识 5 分制观测值分布

人有了对信息的饥饿感，才会去自我努力，通过努力去满足自己对信息的渴望。接近七成的农转城新市民非常认同或较认同"在日常生活中（比如，做生意、找工作、购买某种商品、子女教育以及与朋友聊天等）常常觉得自己掌握的信息比较缺乏"，表明大部分农转城新市民信息饥饿意识较高，对信息有内在的需求。这也与前面分析得出农转城新市民信息需求较强烈是一致的。

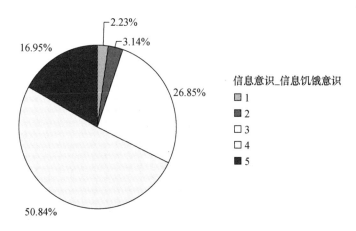

注：1—5 为相应指标 5 分制观测值。

图 7 - 4　信息饥饿意识 5 分制观测值分布

2. 信息能动意识总体不强

从表7-4可以发现，除信息共享意识以外，信息获取意识、信息安全意识、信息应用意识、信息创新意识得分都低于3.6分。表现出信息获取目的性不强、主动获取、应用信息的意识不强烈、安全意识和信息创新意识非常低等不足。农转城新市民在工作和生活中遇到问题时，仍然倾向于依靠传统的渠道和方式来解决信息获取问题，寻求利用现代技术手段和网络传播渠道解决问题的意识薄弱。例如，在被问及针对具体问题是否"积极地想办法通过社会关系、广播电视、互联网等手段，根据需求主动获取信息"时，接近1/4的被调查者给予了不认同甚至非常不认同的回答〔见图7-5（a）〕，说明他们的信息获取习惯还缺乏主动性和有效性。实际上，他们的信息获取习惯往往是一种被动式的，习惯接受推送到眼前或就近的信息，与真正意义上的信息获取意识还有一段差距，也有较大程度上的差异。由于农转城新市民对一些信息，如社会保障、求职用工、技能培训、子女教育等尚处于不甚了解的状态，使农转城新市民在城市生活和工作中，失去了很多培训、就业、创业的机会，在坚持传统信息行为习惯的同时，也失掉许多给自己家庭和工作带来改变的机会，在熟悉的社交网络圈里，从事着熟悉的、以体力劳动为主的工作；再比如，针对"保持经常定期或不定期修改账户密码（如上网密码、个人银行账户密码等）习惯"的调查，接近一半的被访者选择了不认同甚至非常不认同，选择非常认同的被调查者比例非常少，说明农转城新市民整体上信息安全意识还相当淡薄。

表7-4　　　　　　　　　　信息能动意识各观测指标得分

指标	均值	标准差
信息意识_ 信息获取意识	3.46	1.128
信息意识_ 信息批判意识	3.41	1.027
信息意识_ 信息应用意识	3.56	0.845
信息意识_ 信息创新意识	2.63	1.151
信息意识_ 信息共享意识	3.91	0.898
信息意识_ 信息安全意识	2.85	1.237

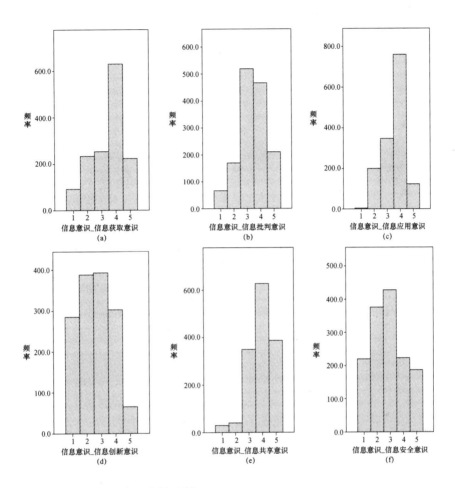

注：1—5 为相应指标 5 分制观测值。

图 7 - 5 信息能动意识各指标 5 分制观测值分布频率

（二）信息知识水平

掌握一定的信息知识是信息人发挥信息能力的重要基础。农转城新市民在现代信息社会中，要想从海量信息中及时找到自己所需信息，就必须了解一定的关于信息和信息设施的原理和方法。根据调查样本数据分析，农转城新市民群体信息知识掌握较差，主要表现为缺乏信息理论知识和信息基础设施（宏观的信息平台）相关知识，对信息工具（微观的信息平台）知识掌握不够熟练（见表 7 - 5）。具体表现为：

表7-5　　　　　　　　　信息知识各观测指标得分

指标	均值	标准差
信息知识_ 信息概念知识	2.37	1.075
信息知识_ 信息原理与方法知识	2.32	0.888
信息知识_ 信息平台知识	2.40	1.047
信息知识_ 信息工具知识	2.93	1.342
信息知识_ 信息法律知识	2.20	1.156

1. 缺乏信息基础设施（宏观的信息平台）相关知识

被调查者的信息基础设施知识得分仅为2.40分。除了对网络知识有一定的了解外，对作为重要信息基础设施之一的信息服务机构相关知识很缺乏：大多数被调查者对图书馆、档案馆、博物馆、就业服务中心等信息服务机构所能提供的服务和利用流程不熟悉甚至完全不了解；超过半数的被调查者对传统媒体（如电视、电台、报刊等）和新媒体（如微博、网络电台、资讯网站、视频网站等）提供信息的不同特点以及传播方式的区别根本不清楚。

2. 对信息工具（微观的信息平台）知识掌握不够熟练

信息工具知识调查得分为2.93分（已经是信息知识观测层指标中的最高分了），说明被调查者对信息工具的相关知识还是有一定了解的，但熟悉程度仍较低。问卷显示有一半被调查者对最常见的信息工具手机和电脑的一些基本知识不熟悉。

3. 缺乏信息理论知识

调查结果显示，农转城新市民普遍缺乏信息理论知识。例如，对信息社会、信息素养、情报、文献、信息源、信息爆炸、计算机病毒、计算机犯罪等概念，多数被调查者基本不了解。只有接近一成的被调查者能举出1种以上信息分类方法；对信息检索的过程，高达95%的被调查者完全不了解，缺乏网络信息检索知识。这往往会导致农转城新市民不能准确表达自己的查询需求和意图，检索结果不能很好地契合自己的需求。

4. 严重缺乏信息法律知识

信息法律知识是被调查者所有信息知识指标中得分最低的。调查数据显示，超过九成的农转城新市民对与信息相关的法律法规［如信息安全法、知识产权（著作权/商标权/专利权）法等］完全不知道。

从上述调查结果可以看出，农转城新市民群体由于文化程度普遍不高、接受信息技能培训的机会少，接受正规的信息技术教育的机会更是少之又少，因此，群体普遍缺乏基础的信息知识。

（三）信息能力水平

农转城新市民信息能力是指农转城新市民在解决生活生产等实际问题的时候，能够清晰表达信息需求并运用信息知识和信息技术手段获取、吸收、交流、组织处理、交流运用信息资源的能力。它是衡量农转城新市民信息素养的核心指标。调查结果显示，农转城新市民群体的信息能力不容乐观，在信息能力的各个方面都较弱，特别是运用多种信息处理工具能力、运用多种信息交流手段能力和信息创新能力观测均值都在3.0以下，属于严重欠缺；其他维度的信息能力也不强，如信息组织序化能力、信息源识别能力也仅为3.04、3.08，也属于较差水平，即使是得分最高的信息交流对象选择能力，也只有3.79（见表7－6）。

表7－6　　　　　　　　　信息能力各观测指标得分

	指标	均值	标准差
信息需求定义能力	信息能力_ 信息需求发现能力	3.58	0.804
	信息能力_ 信息需求描述能力	3.39	0.914
信息获取能力	信息能力_ 信息源识别能力	3.08	1.123
	信息能力_ 运用多种信息获取手段能力	3.43	1.169
信息吸收能力	信息能力_ 信息判断力	3.40	1.103
	信息能力_ 信息内化力	3.56	1.009
信息组织处理能力	信息能力_ 信息组织序化能力	3.04	1.216
	信息能力_ 运用多种信息处理工具能力	2.96	1.439
信息交流能力	信息能力_ 信息交流对象选择能力	3.79	0.857
	信息能力_ 运用多种信息交流手段能力	2.97	1.304
信息运用能力	信息能力_ 信息应用能力	3.53	0.943
	信息能力_ 信息创新能力	2.91	0.836

从前面的信息工具调查数据结果看，农转城新市民拥有的信息工具水平并不低，如手机拥有率相当高、部分农转城新市民还拥有智能手机和电脑。但由于信息能力的不足，对这些信息工具的使用大多只限于简单通讯和游戏、视频等娱乐休闲，真正能够利用它们的多种功能进行信息获取、信息有效组织处理和信息交流的很少。

1. 信息需求定义能力

信息需求定义能力是信息人信息活动过程的开始，是信息能力其他方面能力发挥作用的启动者。准确地表达信息需求，是信息获取的前提条件。样本调查发现：信息需求发现能力的观测值不是很低，表明农转城新市民大多能够从日常生活生产中发现信息需要；但明确表述信息需求的能力较弱（该项得分仅有3.39），调查数据显示超过半数的被调查者经常不能将信息需求准确无误且简洁地用语言、文字或其他形式表达出来。

2. 信息获取能力

信息获取能力是信息能力的一个非常重要的指标，它也是信息吸收、信息处理、信息交流和信息运用能力的基础，被调查者的信息获取能力整体上较弱。

首先，表现在信息源识别能力不足上。针对"当需要某个信息时，我总是能根据所需信息的特点确定从哪里（如某个朋友、某种报纸、某个网站或某个机构等）能获得该信息"的问题，有高达22.52%和9.27%的农转城新市民选择了比较不认同及非常不认同的回答。

其次，表现为熟练掌握的信息获取途径比较单一，不能熟练使用现代化信息获取手段。在能熟练使用的信息获取方法中，排在前三位的依次是收听收看广播电视、阅读报纸杂志、阅读宣传资料（信息公告栏），都属于传统信息获取途径；而能熟练运用网络等现代信息获取途径的较少，能熟练运用图书馆等专业服务机构获取信息的更少，说明农转城新市民对公益性信息机构的使用能力非常低。

信息获取途径掌握能力的调查数据与前述实际信息获取途径的使用频度调查数据是相对应的。这也说明能力在很大程度上决定活动，即农转城新市民在信息获取途径上的客观局限性是由农转城新市民信息获取能力的现实所决定的，信息获取能力的不足，往往导致不能得到足够的解决实际问题的信息资源。

3. 信息吸收能力

信息吸收能力指对获取到的外界信息的接受能力与程度，吸收过程伴随着对信息的判断和内化，这两者往往是相辅相成，共同完成对信息的吸收。

针对"能根据已有知识或经验对所得到的信息（如招工信息、商品打折信息等）的真实性、权威性、可靠性、有用性做出明确的判断"的调查，15.06%的受访者选择非常认同、37.87%的受访者选择比较认同、有15.90%的受访者选择比较不认同、5.93%的受访者选择非常不认同；针对"能准确概括电视、报纸报道的新闻事件的内容"的调查，17.29%的受访者表示非常认同、38.84%的受访者表示比较认同，表示比较不认同和非常不认同的受访者分别为8.51%、4.25%。通过分析，大多数农转城新市民还是具有一定的信息理解内化能力的，但对信息的真实性、权威性、可靠性、有用性的判断能力较弱。

4. 信息组织处理能力

对信息的组织处理能力主要指通过所掌握的技能对信息进行分类整理、简单编辑加工等处理使之有条理，便于利用。调查表明，大多数新市民对获得的信息具有一定的组织序化能力，但组织序化过程中主要依靠简单、传统的手段，对现代化信息处理工具的运用能力较弱。例如，对"能根据家庭收支流水账分门别类整理出家庭经济收支明细表"，超过40%的受访者选择了比较认同或非常认同；但对"能熟练运用哪些信息处理工具整理信息"，对列出的一些常用的信息处理软件（Word、Excel、PPT等），只有极少数人能进行熟练操作，表明农转城新市民对现代信息工具的使用能力非常欠缺，信息的组织加工能力差。

5. 信息交流能力

农转城新市民信息交流能力的基本特征是：具有较强的信息交流

对象的选择能力，交流渠道比较单一。针对"能根据要交流的内容选择合适的交流对象"问题，73.29%的被调查者选择了比较认同或非常认同；针对"能熟练使用哪些方法发布/交流信息"的问题，绝大多数被调查者只选择了"面谈"、"打电话"等手段，对"手机短信"、"E－mail"等网络时代信息查询、信息交流的新途径非常少。显示出被调查者比较重视面对面的人际传播渠道，大众和网络传播渠道利用能力较弱。

6. 信息运用能力

针对"有多次利用所获得的信息帮助自己或朋友解决了实际问题（如找到满意的工作、解决工作中的具体难题等）的经历"的问题，接近六成的被调查者选择了比较认同或非常认同；而在被问及"对收集到的信息，能综合其主要的思想，或能从字面信息中发现隐藏的含义或商机，或能以收集到的信息为基础写出一篇申请书、文章等"时，只有不到25%的被调查者选择了比较认同或非常认同，而高达30%以上的被调查者比较不认同或非常不认同。这说明农转城新市民群体大多具有较好的直接应用表层信息的能力，但对收集的信息进行二次深加工的能力较弱，即他们普遍缺乏对信息之间重组、信息延伸、信息联想、信息创造能力，他们可以利用信息表层意思来解决问题，但无法将信息举一反三，与其他信息问题进行有效关联和联想，以更好地解决工作生活中遇到的问题。

（四）信息道德水平

信息道德把握着农转城新市民信息素养发展的方向，良好的信息道德水平可以对农转城新市民信息素养起着正向的促进作用。虽然农转城新市民群体的信息法律知识非常欠缺，但他们总体上有比较好的信息伦理道德修养，信息道德指标的两个维度观测均值都超过了3.6。大部分被调查者非常认同"在获取或传播信息时，要特别注意不触及他人的隐私、不发布虚假信息"。这也许是农转城新市民大多具有朴素善良的价值观和道德观，从而能自觉地规范自己的信息行为，也充分说明人类基本道德价值观和行为准则在信息社会仍然具有约束力。

表7-7　　　　　　　　　　信息道德各观测指标得分

指标	均值	标准差
信息道德_信息劳动价值认同	3.67	1.174
信息道德_信息活动自觉	3.87	0.920

（五）综合信息素养水平

农转城新市民群体的整体信息素养水平如表7-8所示（信息素养测评值满分为1分），得分范围约为0.327—0.851，平均分为0.573，中值为0.601，标准差为0.1546。整体上处于中等偏下水平，标准差较小，说明总体波动不大，信息素养水平较为平均。

表7-8　　　　　　　　　　总体信息素养测评值

均值	0.573
中值	0.601
标准差	0.1546
极小值	0.327
极大值	0.851

三　信息素养的总体优势与不足

综合前面的统计分析，农转城新市民群体信息素养的优势可总结为：具备较好的信息道德，对信息劳动价值较为认可、有较强的信息活动自觉；有一定的信息意识，突出表现为具有强烈的信息价值意识、信息饥饿意识。农转城新市民进入城市社会后仍在努力地适应社会，对信息价值有较高的认同，对信息有较强烈的饥饿感，渴望及时、准确地把握信息、占有信息、利用信息增加自己适应城市生活的能力；同时也表现出较高的信息共享意识和不错的信息需求发现、信息交流对象选择和信息应用能力，这些都为信息素养的提升奠定了一定的基础。

但是，通过分析，我们也发现农转城新市民的信息素养总体上还处于较低水平，还有很大的发展与提升空间。表现为：信息知识还非常薄弱，信息知识的各个维度与观测指标，不论是信息理论性知识还是信息实践工具性知识都极为欠缺，更谈不上对专业化、数字化的信息系统知识的深入了解与掌握。即使是最高得分的信息工具知识也远远低于各观测指标平均得分，信息法律知识更是所有观测指标里得分最低的，这些都造成信息素养整体提升的知识基础障碍；信息意识上，对信息的敏感度较差且差异较大，信息安全意识薄弱，信息创新意识缺乏；在信息能力上，群体信息能力总体上处于中等偏下状态，没有养成分析信息需求、有效转化与表达信息需求的能力：信息源识别能力较低，缺乏较为专业的信息获取方法和技巧；查询信息的方法、工具知识与操作能力的不足，导致信息需求往往得不到满足。当愿望时常不能得到满足时，需求强势不仅不能形成信息素养提升的动力，往往还将变成弱势，表现之一就是导致能动的信息获取意识不高；在信息组织处理、交流手段上利用现代化的手段和工具能力较差，较深层次的信息组织与创新能力远没有养成。

在总体信息素养较低的情况下，在信息化生活环境中，数量不少的农转城新市民不具备基本的信息素养、缺乏现代信息技术的基础知识和基本技能，导致信息短缺，不能适应信息化生活，形成数量较大的农转城新市民信息弱势群体。这种现象，如果不能得到有效改进，会使农转城新市民在城市社会中工作、生活出现很多困难，极易被排除在主流社会之外。

第二节 农转城新市民社会融合现状概要

以各样本城市社会融合度观测值为输入，通过运用相应的测评神经网络逐层向上测评，可以得到农转城新市民的城市社会融合度各层各维度的评价分值。表 7 - 9 是农转城新市民群体城市社会融合度及其一级指标的得分情况。

表 7 - 9　　　　　　　　　城市社会融合总体情况

指标	均值	标准差
经济融合度	0.577	0.1460
文化融合度	0.711	0.2232
心理融合度	0.625	0.1835
社会关系融合度	0.523	0.2223
城市融合度	0.611	0.1094

由表 7-9 可知，农转城新市民的经济融合度、文化融合度、心理融合度和社会关系融合度的均值在 0.523 至 0.711 之间浮动，总体城市社会融合度的平均值为 0.611。这表明无论从总的城市社会融合度还是从四个一级维度来看，被调查的农转城新市民的融合度都不是很高。同时可以发现，总体城市社会融合度的标准差比四个维度上的标准差都小得多，表明农转城新市民虽然在各维度上的融合水平差异较大，但总体的城市社会融合水平却比较平均。

另外，从经济融合度、文化融合度、心理融合度和社会关系融合度的比较中可以看出，各维度又有差异。其中文化融合度和心理融合度较高，而经济融合度和社会关系融合度较低，这和其他学者关于农民工城市社会融合的研究有较大差异（农民工城市社会融合相关研究中，一般得到经济融合度较高，而心理融合度和社会关系融合度较低的结论）。说明被调查的新市民由于具有了城市户口且大部分为就近转户，心理上和文化上比农民工容易融入城市，但立足城市的经济基础还不太强，农转城新市民社交模式的城市化转化度还较低。

第三篇

内在规律与问题

第八章　农转城新市民信息素养的影响因素特征

为了把握不同影响因素背景下农转城新市民群体的信息素养特点，本章运用基本的统计分析方法，基于调查数据和测评数据，对具有不同影响因素背景的农转城新市民群体的信息素养进行统计，从具有不同影响因素背景群体的信息素养表现分析影响因子与信息素养的相关性。

第一节　不同个体影响因素背景下的信息素养

一　农转城新市民群体信息素养的性别特征

表8-1中的统计数据显示，不同性别的农转城新市民群体在整体信息素养上没有表现出特别明显的差异。男性的信息素养平均得分为0.587分，女性的信息素养平均得分为0.560分，男性略高于女性；但在信息意识、信息知识、信息能力、信息道德各维度上还是表现出了不同程度的性别特征。

表8-1　　按性别统计的信息素养及一级指标测评值

个体因素_性别		信息意识	信息知识	信息能力	信息道德	信息素养
女	均值	0.660	0.301	0.570	0.709	0.560
	标准差	0.1249	0.2312	0.1539	0.2462	0.1494
男	均值	0.673	0.429	0.607	0.664	0.587
	标准差	0.1324	0.2151	0.1691	0.2062	0.1593

在总体信息意识方面，女性与男性的测评值分别为 0.660、0.673，差异不是很明显。观察表 8 - 2 可以发现，男女的信息意识在多数观测指标得分上表现差异较小，但信息获取意识、信息共享意识上男性较为显著强于女性；而在信息敏感意识、信息应用意识上女性显著强于男性。

表 8 - 2　　　　按性别统计的信息意识各观测指标得分

个体因素_性别		信息意识_信息敏感意识	信息意识_信息价值意识	信息意识_信息饥饿意识	信息意识_信息获取意识	信息意识_信息批判意识	信息意识_信息应用意识	信息意识_信息创新意识	信息意识_信息共享意识	信息意识_信息安全意识
女	均值	3.06	4.38	3.82	3.38	3.37	3.65	2.69	3.76	2.84
	标准差	1.358	0.791	0.600	1.048	1.077	0.751	1.069	0.945	1.204
男	均值	2.59	4.30	3.71	3.55	3.45	3.45	2.57	4.08	2.86
	标准差	0.709	0.833	1.049	1.206	0.966	0.929	1.234	0.810	1.275

从表 8 - 3 可以发现，在信息知识的各个方面，男性均比女性掌握得要好。男性的信息知识强于女性，这可能源于男性相较于女性冒险性和好动性较强，对新信息设备和信息技术兴趣较大，这有助于他们提高信息知识。

表 8 - 3　　　　按性别统计的信息知识各观测指标得分

个体因素_性别		信息知识_信息概念知识	信息知识_信息原理与方法知识	信息知识_信息平台知识	信息知识_信息工具知识	信息知识_信息法律知识
女	均值	2.17	2.01	2.08	2.73	2.03
	标准差	1.018	0.809	0.898	1.358	1.131
男	均值	2.60	2.66	2.75	3.15	2.39
	标准差	1.092	0.845	1.088	1.288	1.157

在总体信息能力上，男性测评值为 0.607，女性为 0.570，男性强一些。但从表 8 - 4 可以看出，男女在信息能力不同方面具有较为明显的不同，女性在信息判断能力、信息组织序化能力上略强，而男性在运用多种信息处理工具能力、运用多种信息交流手段能力、信息应用能力上更胜一筹。

表 8 - 4　　　　　　　　按性别统计的信息能力各观测指标得分

个体因素_ 性别		信息能力_信息需求发现能力	信息能力_信息需求描述能力	信息能力_信息源识别能力	信息能力_信息运用多种信息获取手段能力	信息能力_信息判断力	信息能力_信息内化力	信息能力_信息组织序化能力	信息能力_运用多种信息处理工具能力	信息能力_信息交流对象选择能力	信息能力_运用多种信息交流手段能力	信息能力_信息应用能力	信息能力_信息创新能力
女	均值	3.57	3.32	3.01	3.19	3.47	3.52	3.10	2.62	3.76	2.74	3.36	2.95
	标准差	0.842	0.934	1.009	1.170	1.003	0.946	1.240	1.392	0.967	1.228	1.006	0.926
男	均值	3.60	3.47	3.16	3.71	3.33	3.62	2.98	3.34	3.83	3.24	3.73	2.86
	标准差	0.760	0.884	1.234	1.105	1.202	1.073	1.186	1.396	0.714	1.335	0.823	0.719

男性比女性更认同信息劳动价值，女性的信息活动自觉性更高，总体上女性的信息道德评价上略高于男性。女性的劳动价值认同方差非常大，说明女性农转城新市民在信息劳动价值认同上的差异性较大。

表 8 - 5　　　　　　　按性别统计的信息道德各观测指标得分

个体因素_ 性别		信息道德_ 信息劳动价值认同	信息道德_ 信息活动自觉
女	均值	3.63	4.06
	方差	1.871	0.720
男	均值	3.71	3.66
	方差	0.824	0.904

二 农转城新市民群体信息素养的年龄特征

年龄与农转城新市民群体信息素养呈较强的相关性,不同年龄的群体在总体信息素养以及各个维度上均表现出较大差别。图 8 − 1 显示,随着年龄的增加,农转城新市民群体的总体信息素养虽然在某些年龄段上有波动,但逐渐减弱的趋势还是比较明显。从各个维度来看,农转城新市民群体的信息能力、信息知识随着年龄的增大呈下降趋势,特别是信息知识随年龄的增大下降非常明显,35 岁前信息能力与青年人相比并不处于绝对劣势,但超过 35 岁的人群信息能力下降得非常厉害;信息道德、信息意识随年龄呈现波浪式变化,但上下变化幅度相对较小。

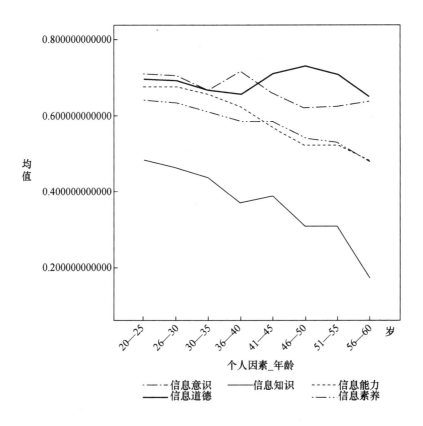

图 8 − 1 不同年龄背景下信息素养及其一级指标各维度测评值变化趋势

三　农转城新市民群体信息素养的文化程度特征

农转城新市民不同文化程度群体在信息素养的各个维度均表现出较大差异。从图 8 − 2 可以看出，信息素养的四个维度都随文化程度的上升而较大幅度地上升，农转城新市民群体的整体信息素养随着学历的提高而提高。信息知识随文化程度的提升而上升的幅度非常大，显示出学历对信息知识具有非常大的影响，调查结果与我们的现实感知非常吻合；在信息能力上，初中到高中的变化最为明显；不同文化程度的群体在信息意识和信息道德的差异相对较小。

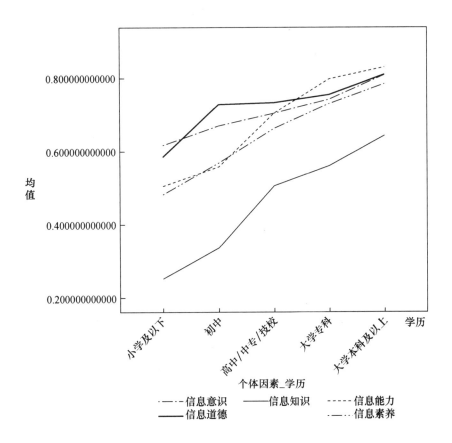

图 8 − 2　不同学历背景下信息素养及其一级指标各维度测评值变化趋势

四　农转城新市民群体信息素养的农转城年限特征

分析图 8−3 可以发现，农转城年限与农转城新市民群体的整体信息素养水平及各个一级指标表现出显著相关性。虽然城市生活年限对信息素养的各个一级指标的提升影响不是单调增函数特性，但随着农转城年限的增长，不同农转城年限群体的信息素养的各个一级指标总体上升趋势明显，总体信息素养更是呈现严格单调递增特性：农转城年限越长的群体，信息素养水平越高，特别是在农转城前几年信息素养水平上升得非常快。这可能是由于从农村较差的信息环境转换到城市较好的信息环境，在良好信息环境的刺激下信息素养快速得到提高。

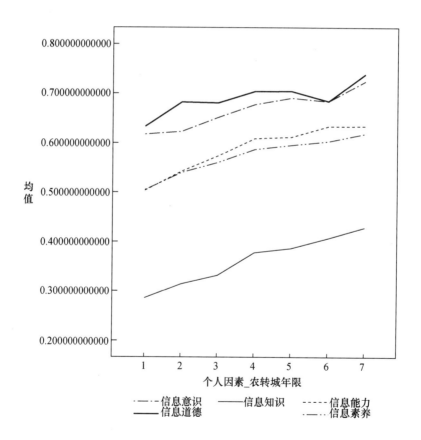

图 8−3　不同农转城年限背景下信息素养及其

一级指标各维度测评值变化趋势

五　农转城新市民群体信息素养的经济收入特征

图8-4显示，经济收入不同的群体在信息素养及各维度都表现出较强正相关关系，特别在信息知识和信息能力维度上，随着经济收入的上升而上升的趋势非常明显。

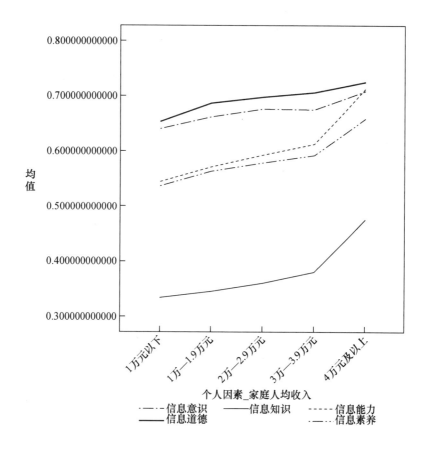

图 8-4　不同家庭人均收入背景下信息素养及其

一级指标各维度测评值变化趋势

显然，经济基础的不同，必然会造成一般生活资料消费水平、生产活动投资能力以及生存方式的巨大差别，而且会造成人们信息消费水平、信息投资能力和信息化生产方式的巨大差别。也就是说，人们的经济收入与其信息接触、信息获取、信息利用之间存在一种非常明确的相关关系。经济收入越高，信息设备拥有状况往往越好，越有可能接触、获取、吸收和利用各种信息，获得较好的信息活动效果，组织创新信息能力也会在不断的有效信息实践中得到提升；收入水平低的群体，进行信息实践活动的能力的物质基础相对较低，难以从接触信息设施等信息实践活动中提升信息素养。

六 农转城新市民群体信息素养的信息工具水平特征

图8-5显示，拥有信息工具的数量和质量是决定农转城新市民信息素养的重要因素。随着拥有信息工具的数量和质量的提升，信息素养各维度均呈现上升趋势，在信息知识和信息能力方面表现尤其明显。

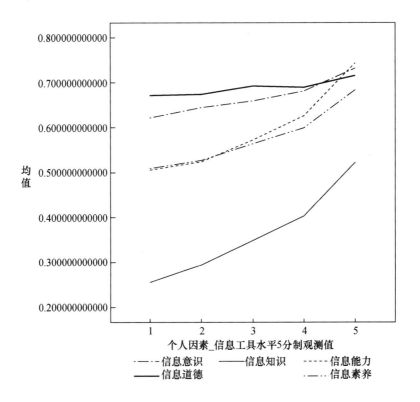

注：1—5为相应指标5分制观测值。

图8-5 不同信息工具水平背景下信息素养及其一级指标各维度测评值变化趋势

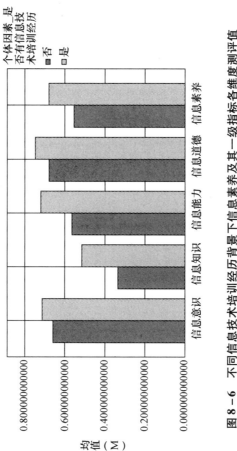

图 8-6 不同信息技术培训经历背景下信息素养及其一级指标各维度测评值

七 农转城新市民群体信息素养的信息技术培训经历特征

是否参加过信息技术培训，两种不同经历的农转城新市民群体的整体信息素养表现出极显著差异。从信息素养的四大维度分析，不同经历的群体在信息知识上表现出极显著差异，在信息能力上表现出较明显差异，在信息意识和信息道德方面的差异则相对小一些。这从一定程度上反映出农转城新市民接受过的信息技术培训活动大多侧重于信息知识方面，对信息意识、信息能力、信息道德等维度的重视不够。

八 农转城新市民群体信息素养的信息消费承受度特征

信息消费承受度与信息素养及其一级指标各维度均表现出非常强的正相关特性。这可能是由于信息消费承受度越大，表示越愿意从收入中拿出更多比例的钱用于购买信息资源和信息服务，则其获得的信息资源、信息服务水平不但从量上比不愿意进行信息消费的人多，更重要的是在质量上更能得到保证，信息素养在良好的信息资源和信息服务的影响下能够得到更好的成长。

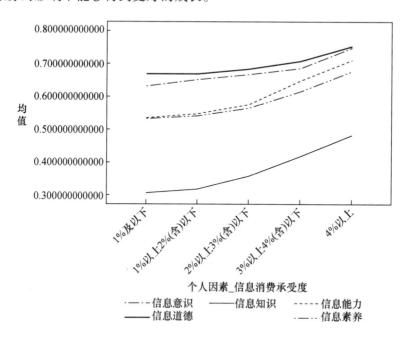

图 8-7 不同信息消费承受度背景下信息素养及其

一级指标各维度测评值变化趋势

第二节　不同信息环境影响因素
背景下的信息素养

一　农转城新市民群体信息素养的社交圈信息氛围特征

分析图 8 - 8 可以看到，具有不同社交圈信息氛围的农转城新市民群体的信息素养呈现出较大不同，主要表现为：具有不同社交圈信

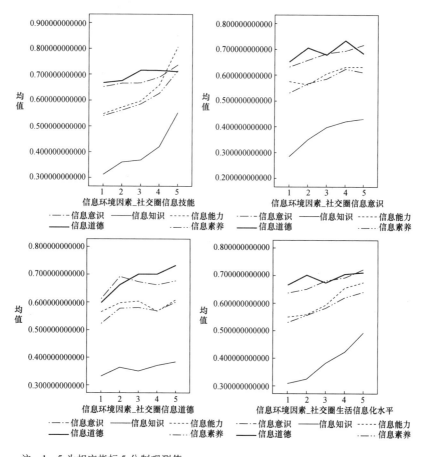

注：1—5 为相应指标 5 分制观测值。

图 8 - 8　不同社交圈信息氛围背景下信息素养及其

一级指标各维度测评值变化趋势

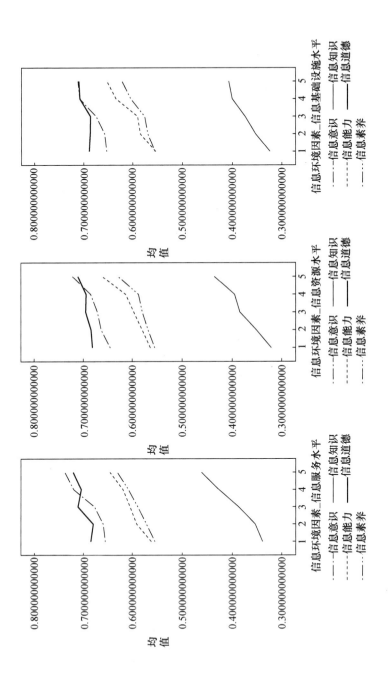

图8-9 不同生活圈信息环境背景下信息素养及其一级指标值各维度测评值变化趋势

注：1—5 为相应指标，5 分制观测值。

息氛围的农转城新市民群体，其信息素养及各维度大多随着社交圈信息技能、信息意识和生活信息化程度的提高而表现出上升的趋势。特别是信息知识，随着社交圈信息技能、社交圈信息意识、社交圈信息化生活程度的上升而大幅上升。

同时，也可以发现，不同群体信息素养各维度与社交圈信息氛围对应维度的相关性比较明显。比如，随着社交圈信息技能的上升，信息知识和信息能力显著上升。

二　农转城新市民群体信息素养的生活圈信息环境特征

从图8-9可以看出，处在不同生活圈信息环境的群体，其信息素养的差异性特征非常明显。主要表现为：具有不同生活圈信息环境的农转城新市民群体，随着生活圈信息基础设施、生活圈信息服务水平、生活圈信息资源水平的提高，其信息素养四大维度大多表现出上升的趋势，而总体信息素养则表现出严格上升趋势。

第三节　不同社会环境影响因素背景下的信息素养

一　农转城新市民群体信息素养的职业环境特征

课题组将农转城新市民的职业环境分为制造业、建筑业、批发零售业、住宿和餐饮业、居民服务和其他服务业、交通运输仓储和邮政业、无业、其他共8类。

从图8-10可以看出，不同职业环境下农转城新市民的信息素养没有表现出明显的差异。这在某种程度上说明整个社会信息化大环境下，不同类型就业单位信息环境的差异总体上较小。

二　农转城新市民群体信息素养的居住模式特征

从总体上看，散居农转城新市民的信息素养较为明显地优于农转城集中安置小区聚居农转城新市民，显示不同的居住模式对农转城新市民群体信息素养有较强影响（见图8-11）。从一级信息素养指标分析，信息道德水平差异不大，主要区别在于信息知识、信息意识和

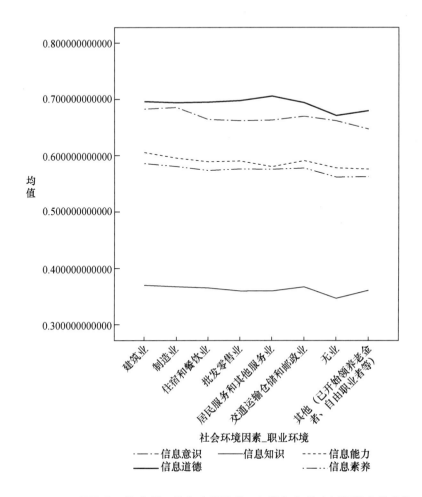

图 8 - 10 不同职业环境背景下信息素养及其一级指标各维度测评值变化趋势

信息能力。这可能是因为聚居农转城新市民的人际环境、信息环境的
变化相对较小，生活模式变化不大，相应的信息活动模式几乎不变，
农转城聚居社区有一个特点是居民相互比较熟悉，信息可以通过熟人
之间快速传播，因而提高信息意识和新型信息交流手段等为代表的信
息能力的驱动力就显得较弱；而散居农转城新市民的人际环境、信息
环境变化都非常大，为了生存，对外界信息自然产生更强烈的需求，
也会自觉不自觉地学习掌握一些新的信息获取、交流、运用手段等，
潜移默化中信息意识、信息能力得到较快提升。

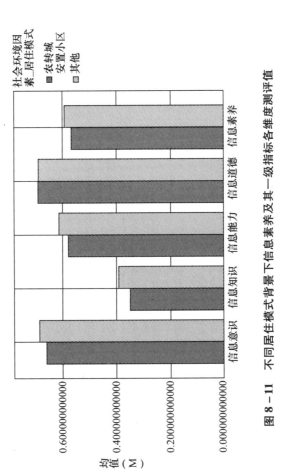

图 8 - 11 不同居住模式背景下信息素养及其一级指标各维度测评值

三　农转城新市民群体信息素养的地域特征

（一）不同住地省份背景下的信息素养特征

观察图 8 - 12，无论从总体信息素养的视角还是信息素养各一级指标的视角，不同省份农转城新市民群体的信息素养没有表现出非常显著差异。东部浙江的农转城新市民群体相对于西部地区农转城新市民群体的信息素养要稍微高些，但优势也不大：信息道德几乎持平，信息意识和信息能力有一定优势但不明显；相对而言，信息知识的优势要明显一些。总的来看，农转城新市民群体信息素养的地域特征不显著。

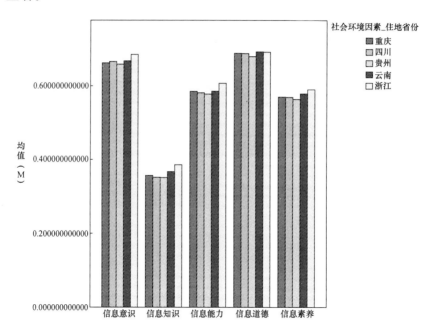

图 8 - 12　不同省份农转城新市民群体信息素养及其一级指标值各维度测评值

（二）不同住地城市规模背景下的信息素养特征

以全体受访者为对象进行统计分析，得到结果如表 8 - 6 所示。不同区域农转城新市民的总体信息素养及各维度表现出较大的差异，特别是信息能力和信息知识维度上，大中城市农转城新市民的信息能力显著强于小城镇农转城新市民。

表 8 - 6　　　按住地城市规模统计的信息素养及一级指标测评值

社会环境因素_住地城市规模	信息意识	信息知识	信息能力	信息道德	信息素养
小城镇	0.653	0.329	0.556	0.668	0.545
中型城市	0.665	0.365	0.595	0.688	0.576
大城市	0.678	0.384	0.605	0.704	0.591

　　注意到高学历者（大专及以上）绝大多数在大中城市居住，为了排除学历差异的影响，我们把高学历者（大专及以上）排除后的统计结果如下。从表 8 - 7 可以看出，虽然差异比上表较小，但仍表现出较大的差异，说明居住地城市规模对农转城新市民信息素养有较大影响。

表 8 - 7　　　　按住地城市规模统计的信息素养及
一级指标测评值（大专及以上学历者除外）

社会环境因素_住地城市规模	信息意识	信息知识	信息能力	信息道德	信息素养
小城镇	0.650	0.323	0.550	0.665	0.540
中型城市	0.657	0.345	0.575	0.681	0.561
大城市	0.670	0.367	0.589	0.698	0.578

第九章 基于 BP 神经网络模型的
内在规律研究

  第七章对信息素养现状进行了较为详细的统计分析，并对城市社会融合度现状进行了简介，但没有分析二者之间的关联。第八章对信息素养的影响因素特征的统计分析，能在一定程度上反映影响因素和信息素养之间的关联关系，反映了一定的内在规律性，但还不能说能真正反映影响因素对微观个体信息素养的因果关系。比如说，根据统计分析，农转城新市民群体的信息素养随着年龄的增长呈显著下降的趋势，中老年群体的信息素养显著低于年轻群体。但对于具体个体来说，在智力显著下降之前，随着社会阅历的丰富，信息能力等信息素养一般来说还会上升，因此不能说一个具体个体的信息素养会随着年龄的增长而下降。统计数据上反映中老年群体的信息素养低于年轻群体，很可能是其他因素在起作用，比如中老年群体的学历等其他信息素养影响因素水平显著低于年轻群体。

  为了深入分析农转城新市民的信息素养各层各维度指标与城市社会融合度之间、信息素养影响因子与信息素养之间存在的各种内在关系与规律，本章基于农转城新市民信息素养和城市社会融合度测评指标体系，利用 BP 神经网络理论，建立起农转城新市民信息素养一级指标及观测指标与其城市社会融合度之间的神经网络非线性映射模型、信息素养影响因素与信息素养之间的神经网络非线性映射模型。然后随机选取部分农转城新市民的样本数据训练这些神经网络，由获得的网络连接权值矩阵和阈值矩阵来反映输入输出量之间的内在联系。并基于敏感度分析法，分析农转城新市民信息素养与其城市社会融合度之间的内在联系以及信息素养的不同影响因素对信息素养养成的影响度（贡献率），归纳总结了影响农转城新市民城市社会融合的主要信息素养障碍和阻碍信息素养养成的主要影响因子。

第一节 信息素养对农转城新市民城市社会融合的影响[①]

要利用神经网络敏感度分析法来分析农转城新市民信息素养不同层不同维度指标与其城市社会融合度之间的内在动力关系，首先要建立它们之间的非线性映射神经网络。而要建立映射神经网络，就需要确定输入神经元对应的输入量和输出神经元对应的输出量，即根据研究需要，选定信息素养测评指标体系中的一个或多个指标作为输入量（这些指标之间既可以是同层的，也可以是不同层的），同时选定城市社会融合度测评指标体系中的一个或多个指标作为输出量（同样，这些指标之间既可以是同层的，也可以是不同层的）。比如，如果要建立农转城新市民信息素养与农转城新市民城市社会融合度这两个之间的非线性映射关系，可以直接以它们分别作为输入输出 SISO（输入单输出）映射网络；如果要建立农转城新市民信息素养一级评价指标的四大维度与农转城新市民城市社会融合度一级指标四大维度之间的非线性映射关系，就可以直接以信息意识、信息知识、信息能力、信息道德作为输入量，以经济融合度、文化融合度、心理融合度、社会关系融合度作为输出量构建 MIMO（多输入多输出）映射网络；等等。

一 信息素养一级指标对农转城新市民城市社会融合度的影响分析

选取信息素养一级指标信息意识、信息知识、信息道德和信息能力测评值作为输入量，城市社会融合度为输出量构成四输入一输出映射神经网络。神经网络采用一个输入层、一个隐含层、一个输出层的三层结构，输入层含 4 个神经元，分别对应信息意识、信息知识、信

[①] 吴诗贤、张必兰：《农转城新市民信息素养与城市社会融合度的神经网络映射模型》，《图书情报工作》2013 年第 23 期。

息道德和信息能力，输出层含一个神经元，对应城市社会融合度。隐含层神经元个数通过公式 $\sqrt{m+n}+\alpha$ 计算（m 为输入层神经元个数，n 为输出层神经元个数，在这里，m 为 4，n 为 1，α 可取 1 到 10 之间的某个常数），所以，隐含层神经元个数可取 3 到 13 之间的某个值，实际建模的时候，通过从 3 个开始逐步增加神经元个数，再比较不同个数对应的网络误差和训练速度，确定隐含层神经元个数为 5 个。

研究中随机抽取了 100 个调查样本的信息素养一级指标测评值（100×4 矩阵）作为输入，以样本的社会融合度测评值（100×1 矩阵）作为输出构成训练样本。然后对建立的映射神经网络进行训练。

接下来，可以通过计算训练后的神经网络各输入量对输出量的敏感度来分析信息素养各一级指标对农转城新市民城市社会融合度的影响的重要性。

敏感性分析（Sensitivity Analysis）（也叫灵敏度分析），就是假设表示为 $y = f(x_1, x_2, \cdots, x_n)$ 的输入输出系统，令每个输入变量 x_i 在可能的取值范围内变动，并分析、测算其对输出变量（指标）的影响程度和敏感性程度的一种分析方法。一般每次只变动一个变量而其他变量保持不变（即单因素敏感性分析）。将影响程度的大小称为该变量的敏感度，敏感度越大，说明该变量对输出的影响越大。简言之，敏感性分析就是一种分析输入输出系统中输入变量对输出变量的重要性的方法。近年来，随着敏感性分析技术的发展，敏感性分析也逐渐被应用到社会经济、工程等多个领域。现在常用的敏感性分析方法从大的方面来分有基于统计知识的敏感性分析方法、基于神经网络的敏感性分析方法。基于统计知识的敏感性分析方法较多地用于社会科学等领域，而基于神经网络的敏感性分析方法较多地用于工程科学领域。基于统计知识的敏感性分析方法中比较典型的是利用数据建立多元线性回归模型求出每个属性的敏感度的非参数统计法，该方法具有概念简单、计算便捷的突出优点，但是它主要用于线性模型，一旦输入输出数据间呈现一种非线性关系，其结果将与真实情况产生较大误差，而基于神经网络的敏感性分析能较好地避免这个问题。

有多种方法可用于分析神经网络输出量对每个输入量的敏感度。

比较典型的是基于连接权的分析方法（以 Garson 算法和 Tchaban 算法为代表）、基于输出变量对输入变量的偏导的分析方法（以 Dimopon-los 算法和 Ruck 算法为代表）、与统计方法结合的分析方法（以 ran-domization test approach 为代表）以及基于输入变量扰动的分析方法。

本课题组对多种方法进行实例比较分析，最终决定采用输入变量扰动来分析不同输入量对输出量的影响。具体方法为：输入参量的每一个分量加上一定的扰动量，累计输出量的变化量。如果输出对某一个输入量较敏感，则加上扰动后其相应的输出变化的程度也会较大，并通过定义贡献率来衡量各输入量对输出量影响的大小（即输出量对输入量的敏感度）。第 i 个输入对输出的贡献率定义为：

$$R(i) = \frac{\sum_{j=1}^{M} |y(i,j) - y_0(i,j)|}{\sum_{k=1}^{N} \sum_{j=1}^{M} |y(k,j) - y_0(k,j)|} \qquad (9-1)$$

其中，y 表示扰动后的输出，y_0 表示加入扰动前的输出。N 表示输入参量的个数，M 表示对每个输入变量的扰动次数。显然，在该定义下，各个输入量对输出量的贡献率之和为 1。

利用上述算法计算信息素养一级指标四大维度对城市社会融合度贡献率的 MATLAB 程序核心代码如下：

```
xxsyyjzbcsrhd = xlsread(信息素养一级指标城市社会融合度测评结果
. xls´);% 读数据
xxsyyjzb = xxsyyjzbcsrhd(:,1：4)´;% 取信息素养四大维度评价数据
csrhd = xxsyyjzbcsrhd(:,5：5)´;% 取城市社会融合度评价数据
fork = 1：100
net = newff(minmax(xxsyyjzb),[4,6,1]);
net. trainParam. show = 5;
net. trainParam. lr = 0. 01;
net. trainParam. epochs = 10000;
net. trainParam. goal = 0. 002;
net = train(net, xxsyyjzb, csrhd);% 训练信息素养 - 城市社会融合度
```

映射网络

```
for j = 1: 99
    cs = [rand; rand; rand; rand];
    y0 = sim(net, cs);
for i = 1: 4
    css = cs;
    css(i, 1) = cs(i, 1) + (rand - rand) * 0.2;
    if css(i, 1) > 1
        css(i, 1) = 1;
    else
        if css(i, 1) < 0
            css(i, 1) = 0;
        end
    end
    y(j, i) = abs(sim(net, css) - y0);
end
end
for i = 1: 4
    gx(i) = 0;
    for j = 1: 99
        gx(i) = gx(i) + y(j, i);
    end
end
for i = 1: 4
    gxl(i) = gx(i)/(gx(1) + gx(2) + gx(3) + gx(4));
end
gxll(k, :) = gxl;
end
yjzb_ csrhd_ gxl = mean(gxll);
```

　　现对上述程序里的几个关键地方说明如下:

语句 "css（i，1）＝ cs（i，1）＋（rand － rand）× 0.2" 中 "（rand － rand）× 0.2" 的功能是通过两次不同随机数相减产生可能正也可能负的扰动，乘以系数 0.2 再相减，目的是防止扰动过大。因为某个信息素养一级指标对城市社会融合的贡献率是通过保持其他三个指标值不变，由该指标值的扰动引起融合度的变动来计算的，而四个信息素养一级指标之间，虽然相对独立，但又是相互联系的，一般情况下，如果两个人的其中三个指标都一样，另一个指标应该相差不大，所以扰动不宜过大。

但贡献率的评估受神经网络训练时随机赋予的连接权值初值的影响。为了获得较为准确的评估结果，程序中进行了 100 次神经网络训练（对应程序里 for k ＝ 1：100 循环）。对每次训练好的神经网络，以每个输入神经元（信息素养一级指标）在 99 次〔即为式（9 － 1）中的 M〕扰动下对输出量（城市社会融合度）的平均贡献率作为该次训练获得的神经网络映射下的贡献率（对应程序里 for j ＝ 1：99 循环）。100 次循环完成后，100 × 4 矩阵变量 gxll 存有四个一级指标的贡献率（每个指标有 100 个），再对每个指标的 100 个贡献率求平均值，即可得到信息素养四个一级评价指标各自对城市社会融合度的贡献率。

为清晰展现不同信息素养一级指标对城市社会融合度影响的大小，给出各信息素养一级指标对城市社会融合度贡献率如图 9 － 1 所示。

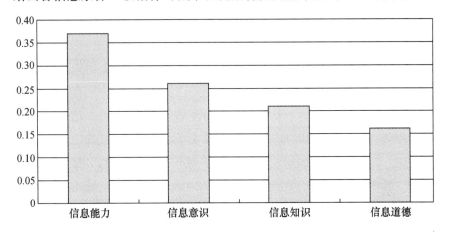

图 9 － 1 信息素养一级指标对城市社会融合度贡献率

　　分析图 9－1，信息素养四大维度对城市社会融合度的贡献率大小依次为信息能力、信息意识、信息知识、信息道德。信息能力素养高居第一、其对城市社会融合度的贡献率超过 37%，远远高于各维度的平均贡献率（在本例中共有 4 个输入，平均贡献率为 25%）。信息道德的贡献率虽然最低，但也达到近 16%。因此，可以得出如下结论：信息素养各维度对农转城新市民城市社会融合均有较大影响，其中信息能力对农转城新市民城市社会融合具有最为重要的影响。

二　信息素养观测级指标对农转城新市民城市社会融合度的影响分析

　　选取信息素养观测层共 28 个指标（9 个信息意识观测指标、5 个信息知识观测指标、12 个信息能力观测指标、2 个信息道德观测指标）的观测值为输入量，城市社会融合度测评值为输出量构成 28 输入 1 输出映射神经网络。神经网络仍采用三层结构，隐含层神经元个数仍按公式 $\sqrt{m+n}+\alpha$ 计算（在本例中，$m=28$，$n=1$，α 为 [1，10] 之间的常数）计算，因此隐含层神经元个数可为 6—15 中的任意数，经过试验，最终确定隐含层神经元个数为 8 个。

　　随机抽取了 100 个调查样本的信息素养观测指标测评值（100×28 矩阵）作为训练样本的输入，以样本的社会融合度测评值（100×1 矩阵）作为输出构成训练样本。

　　仍采用前述方法（程序代码稍有不同，这里省略），得到各信息素养观测指标对城市社会融合度贡献率如图 9－2 所示。

　　28 个观测指标的平均贡献率为 0.0357，从图 9－2 可以发现，运用多种信息获取手段能力、信息需求发现能力、信息应用能力、运用多种信息处理工具能力、信息应用意识、信息获取意识、信息交流对象选择能力、信息源识别能力、运用多种信息交流手段能力、信息价值意识、信息共享意识对农转城新市民城市社会融入的贡献率超过平均值，其中运用多种信息获取手段能力对农转城新市民城市社会融合有最显著的影响。

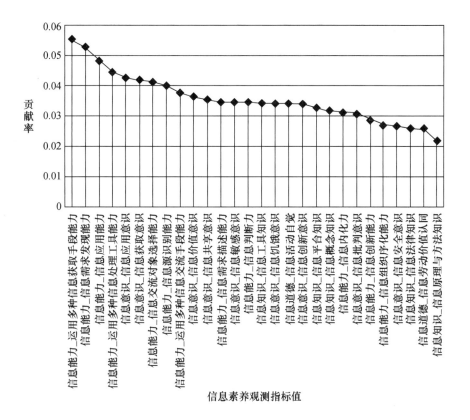

图 9 - 2 信息素养观测指标对城市社会融合度贡献率

三 影响农转城新市民城市社会融合的主要信息素养障碍

为了找出影响农转城新市民城市社会融合的主要信息素养障碍，本研究把第 i 个信息素养要素的城市社会融合障碍度定义为：

$$O(i) = \frac{R(i) \times (1 - L(i))}{\sum_{j=1}^{N} (R(j) \times (1 - L(j)))}$$ (9-2)

其中，$R(i)$ 表示第 i 个信息素养要素对城市社会融合度的贡献率，$L(i)$ 表示农转城新市民群体第 i 个信息素养要素水平的测评均值，N 表示信息素养要素个数。

显然，对城市社会融合度的贡献率越大、测评均值越小的信息素养要素的城市社会融合障碍度就越大。这里，障碍度是个相对的概念，所有信息素养要素的城市社会融合障碍度之和为1。

从粗粒度分析，把信息素养的4个一级指标信息能力、信息知识、信息意识、信息道德的测评值和对城市社会融合的贡献率代入式（9-2），可得到信息素养四大维度的城市社会融合障碍度分别为0.36、0.32、0.2、0.12。信息知识和信息意识的障碍度排序和贡献率排序相反（见表9-1），这是由于从测评值上看，信息知识测评值远低于信息意识测评值。

表9-1　　　　　　信息素养一级指标对城市社会融合障碍度

	信息意识	信息知识	信息能力	信息道德
R	0.26	0.21	0.37	0.16
L	0.67	0.36	0.59	0.69
O	0.2	0.32	0.36	0.12

因此，为了促进农转城新市民城市社会融合，需要特别加强信息能力素养和信息知识素养的提升。

从细粒度分析，把28个信息素养观测指标的观测值（归一化后）和对城市社会融合的贡献率代入式（9-2），可以得到28个信息素养观测指标的城市社会融合障碍度如图9-3所示（为了与图9-2对照，这里没有排序）。

观察图9-2、图9-3可以发现，虽然信息知识的各个观测指标对城市社会融合贡献率大都不太高，但由于信息知识观测指标的观测值都非常低（信息工具知识稍好一些），因此，有多个维度的信息知识的城市社会融合障碍度非常高，如信息概念知识、信息平台知识在贡献率排名中是比较靠后的，但在障碍度排名中却非常靠前。因此，从加快促进农转城新市民城市社会融合的角度出发，提高农转城新市民信息知识具有重要意义。

在信息意识中，信息创新意识、信息敏感意识、信息获取意识、信息应用意识、信息安全意识对城市社会融合的障碍度最高。反映出城市社会融合对信息创新意识、信息敏感意识、信息获取意识、信息

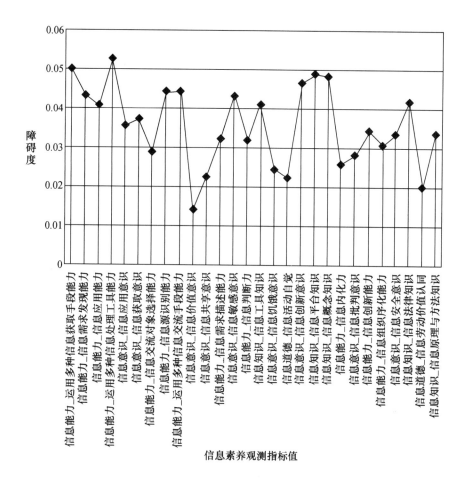

图 9 - 3 信息素养观测指标对城市社会融合障碍度

应用意识、信息安全意识的较高要求与农转城新市民这几种意识的现实水平之间存在巨大的矛盾。

在信息能力中,运用多种信息处理工具能力、运用多种信息获取手段能力、信息源识别能力、运用多种信息交流手段能力的社会融合障碍度较高。而信息需求发现能力、信息应用能力对社会融合的贡献率非常高,但由于其测评值也较高,因此,障碍度相对较小。

在信息道德方面,两个观测指标的障碍度均较低,信息道德不是阻碍其融入城市社会的重要信息素养障碍。

综合来看,信息素养四大维度中,不论从观测层还是从一级指标观察看，信息能力、信息知识都是阻碍农转城新市民群体融入城市社会的主要信息素养障碍。

<h1 style="text-align:center">第二节 农转城新市民信息素养主要
影响因素分析</h1>

一 影响因素对农转城新市民信息素养的影响分析

采用上节类似方法（主要需要注意的是在计算贡献率的具体算法和程序中，由于影响因子中许多属于离散变量，因此，对应的扰动是离散的），求得 20 个影响因素对信息素养的贡献率如图 9 - 4 所示。

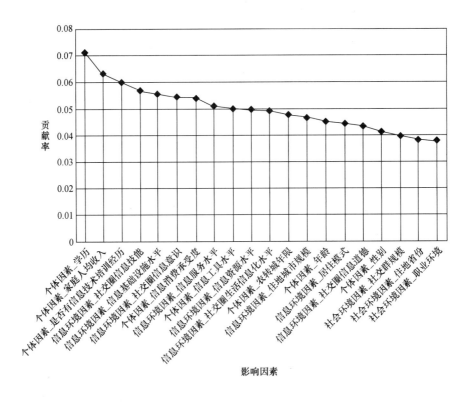

图 9 - 4 影响因素对信息素养的贡献率

　　由图 9 - 4 可知，在所列出的 20 个农转城新市民信息素养影响因素中，学历高低的影响力远远高于其他因素，其他对农转城新市民信息素养的影响力排序依次为：家庭人均收入、是否有信息技术培训经历、社交圈信息技能水平、信息基础设施水平、社交圈信息意识、信息消费承受度、信息服务水平、信息工具水平、信息资源水平、社交圈生活信息化水平、农转城年限、住地城市规模、年龄、居住模式、社交圈信息道德、性别、社交群规模、住地省份、职业环境。

　　观察图 9 - 4，可以发现不同类别影响因素对信息素养的贡献率从总体上表现出一个比较明显的特点：个体因素贡献率 > 信息环境因素贡献率 > 社会环境因素贡献率。个体因素中，学历、经济收入和信息技术培训经历对信息素养的养成具有最重要的影响；信息环境因素中，除了个别因素外，大多数的贡献率都较高；而社会与自然环境因素中，除住地城市规模外大多贡献率都较低。住地城市规模的贡献率高于住地省份，一定程度上反映了在个体因素和信息环境因素差不多的情况下，农转城新市民信息素养成长的社会环境上大小城市之间的差异高于省际之间的差异；职业环境的贡献率排在最后，一定程度上反映了在个体因素和信息环境因素差不多的情况下，不同职业背景下农转城新市民信息素养成长的社会环境差异较小。这里需要注意的是，采用单因素敏感性分析方法计算某影响因素的信息素养贡献率，是在列出的其他影响因素水平保持不变的情况下，通过对该因素添加扰动来计算其对信息素养的影响而得到的。该方法得到的某因素的信息素养贡献率实际上抛开了该因素通过对列出的其他影响因素的影响而对信息素养的间接影响。

　　大致比较一下影响因素贡献率分析结果与前面进行的信息素养的影响因素特征分析结果，可以发现，虽然总体上较为相似，但也有一些显著差异。比如，信息工具水平因素的特征分析结果显示，高信息工具水平拥有群体的信息素养远高于低信息工具水平拥有群体，表现出极强的相关性；而在贡献率分析中，虽然排名也较靠前，但贡献率并不是非常大（0.05 左右，大约为 20 个影响因素的平均水平）。这意味着拥有的信息工具档次的高低本身对信息素养的促进没有特征分析表现出的相关性那么大。特征分析中表现出来的高信息工具水平拥有群体有高信息素养的特征，可能很大部分原因反过来是源于高信息素养群体拥有的信息工具档次较高，这说明对信息素养提升来说，拥有好的信息工具只是一个有利因素，但更关键的还是对信息工具的使用模式。同样拥有高水平信息工具，是积极探索其有效功能促进信息实践，还是把它作为身份门面工具当摆设，这两种使用模式对信息素养的养成效果显然是大不相同的。

二　影响农转城新市民群体信息素养提高的主要障碍因素分析

为了量化分析信息素养影响因素的现有水平对信息素养提升的障碍的大小，本研究把第 i 个信息素养影响因素对信息素养提高的障碍度定义为：

$$O(i) = \frac{R(i) \times (1 - L(i))}{\sum_{j=1}^{N} (R(j) \times (1 - L(j)))} \qquad (9-3)$$

其中，$R(i)$ 表示第 i 个信息素养影响因素对信息素养的贡献率，$L(i)$ 表示农转城新市民群体第 i 个信息素养影响因素水平的观测均值（归一化后），N 表示考虑的信息素养影响因素个数。这里暂不考虑性别、年龄、居住模式、职业环境、住地省份、住地城市规模、农转城年限这些几乎无法改善或难以评价整体水平高低的因素。

在这个定义里，对农转城新市民信息素养的影响力越大、水平测评均值越小的信息素养影响因素，其障碍度就越大，急需改善提高的程度也就越大。

由图 9-5 可知，影响农转城新市民信息素养提高的障碍因素排名依次为：信息技术培训经历、学历水平、社交圈信息技能水平、人均收入水平、信息服务水平、信息基础设施水平、社交圈信息意识水平、信息资源水平、信息消费承受度、社交圈生活信息化水平、信息工具水平、社交圈信息道德水平、社交群规模。

障碍度排名和贡献率（影响力）排名较为相似，影响力靠前的信息素养影响因素，由于测评观测到的现实水平不高，其障碍度排名大多也靠前；影响力靠后的信息素养影响因素，大多数由于测评水平不太低，其障碍度排名大多也仍靠后。排名变化较大的包括信息服务等，信息服务在影响力排名中居这 13 个因素的第 8 位，影响力并不是很高，但由于信息服务观测水平较低，因此，在障碍度排名中提高了 3 位，排在第 5 位。

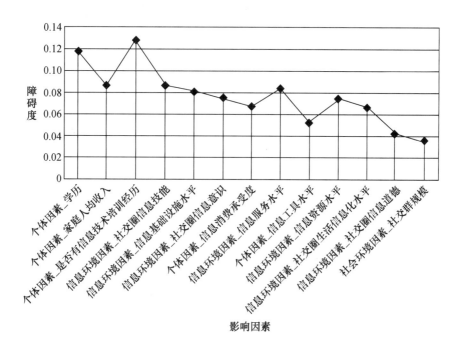

图 9 - 5　信息素养影响因素障碍度

第十章　信息素养成长模型

　　根据认知理论和意义建构理论，包括信息素养在内的认知素养成长过程，实际上就是在既有认知结构的基础上，在信息实践过程中通过信息采纳和信息利用等活动对认知结构和认知能力的重构过程。在这个过程中，信息素养的形成与发展受多种因素的影响，除信息人个体因素（内部环境）之外，在当代社会信息化发展过程中，信息人所处的外部因素（外部环境）对其影响也很大。本章基于意义建构理论、技术接受与利用综合模型以及激励理论，剖析信息素养生态系统的构成因子之间的相互作用以及信息人禀赋因子、信息环境因子等内外因子对信息素养成长主体（信息人）的作用，构建信息素养成长模型，力图在理论上揭示信息素养的成长规律，为寻找有效的信息素养促进模式提供理论参考。

第一节　建模基础理论

一　意义建构理论

　　1972 年，著名学者布伦达·德尔文（Brenda Dervin）通过对不同人群信息行为特点的多年研究，提出了意义建构理论（Sense Making Theory）。该理论的核心内容包括："意义建构是基于时空情境的，并把观察作为用户心理研究的主要方法；信息使用是一种意义建构过程、信息传播过程就是由使用者主动建构信息意义与判断信息价值的过程；意义建构可以用有效的隐喻模型表示，意义建构理论认为意义建构模型由环境、鸿沟以及使用这三个要素构成。"① 个人对信息易用性、适用性、准确性、易理解性等信息质量的评价，都是基于具体情境下的主观认识，每个人对信息的使用都是针对具体情境做出的反应，其目的是解决具体问题解决中的"信息需求"。

"情境"在意义建构理论中处于非常重要的地位，是意义建构得以实现的核心载体，在这个载体中，信息资源和信息服务的供给方必须基于对信息使用者的既有认知结构等特征分析基础上设计信息环境并提供信息资源与信息服务。

二　技术接受与利用综合模型（UTAUT）

技术接受与利用综合模型（Unified Theory of Acceptance and Use of Technology，UTAUT）是 Venkatesh 和 Morris 等学者在研究总结技术任务适配模型、创新扩散理论、行为理论、动机模型以及社会认知理论等大量理论模型的基础上提出的（见图 10 - 1）。UTAUT 主要用于解释、预测用户接受创新技术（系统）的行为。该模型以"绩效期望""易用期望"、"社会影响"、"促进条件"四个核心因素和性别、年龄、经验、自愿性四个干扰变量构成影响采纳意图和采纳行为的因素，其中，绩效期望、易用期望、社会影响这三个因素决定采纳的行为意图，而促进条件影响采纳的实际行为，性别、年龄、经验与自愿性这四个调节变量是干扰因素。

UTAUT 模型认为主体感知的绩效期望、易用期望、社会影响、促进条件决定着其是否采纳新技术（新系统）。在技术接受与利用综合模型中，绩效期望指主体主观感觉上使用新技术（新系统）将使其获得理想收益的程度；易用期望的内涵是指主体对新技术（新系统）容易使用的确信程度；社会影响的内涵是指主体所感受到的周围群体使用新技术（新系统）的程度；促进条件的内涵是指主体主观上感觉到的自身条件和客观条件支持其使用新技术（新系统）的程度。

目前，UTAUT 模型作为一种有效的评估工具，被广泛地应用在移动通信技术采纳、创新服务采纳、网站使用、新媒体形式采纳、知识

---

① 乔欢、周舟：《意义建构理论要义评析》，《图书馆杂志》2007 年第 5 期。

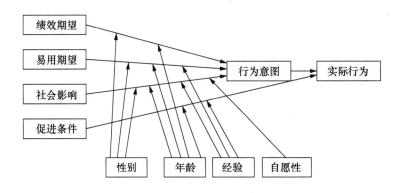

图 10 - 1　技术接受与利用综合模型①

利用等许多领域，用来评估、解释以及预测各类客户或潜在客户接受和利用新知识、新技术、新系统、新服务等的行为意愿。实际上，对 UTAUT 模型稍加修改，可以利用到更广泛的领域。

在后面的信息素养成长模型构建中，我们将 UTAUT 模型引入信息动机与信息行为分析中，对 UTAUT 模型中四大核心因素变量的定义作如下适应性修改。

绩效期望：信息人感觉到的获取、运用信息等信息活动能提升工作绩效或生活质量等有价值回报的程度。

易用期望：信息人感觉到的获取、运用信息等信息活动需付出努力的程度。

社会影响：信息人感觉到的周围相关群体获取、运用信息等信息活动的频繁程度。

促进条件：信息人感觉到的个体具有的知识技能水平以及信息基础设施、机构或个人信息服务等信息环境对其信息活动的支持程度。

三　激励理论

大量研究表明，人的行为是有规律可循的，基本遵循如图 10 - 2 所示的行为模型。

---

①　Venkatesh et al. ，"User acceptance of information technology：Toward a unified view"，*MIS Quarterly*，2003，27（3）：425 - 478.

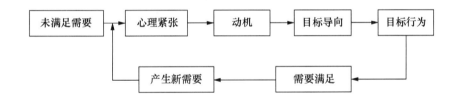

图 10 - 2 人的行为模型

如图 10 - 2 所示，人的行为的基本规律可描述为：在未得到满足的需要的内部驱动下，如果认为外部条件（外部驱动）有可能满足需要，就会产生行为动机，动机导致满足需要的行为并指导行为的目标方向、强度和持续性，达到目标满足需要后，又会产生新的需要，产生新的动机，引起新的行为，如此不断循环。

深入分析行为模型，可以发现目标行为需要在内外驱动力的共同作用下才能真正发生。内驱力可以理解为行为的内在动机，是"在内在需要的基础上产生的一种内部唤醒状态或紧张状态，表现为推动有机体活动以达到满足需要的内部动力"。[①] 根据激发内驱力需要性质的不同，内驱力又可以分为低级内驱力和高级内驱力两大类，一般来说，高级内驱力对低级内驱力起调节作用。由饥饿等生理本能需要而激发的基本的、原始的内驱力称为低级内驱力，也称生理内驱力；由荣誉感、责任感等后天形成的社会性的心理需要激发的内驱力称为高级内驱力，也称心理内驱力。外驱力来源于外部刺激或压力，包括组织制度压力和人际关系压力等，表现为推动有机体活动以达到满足需要的外部力量。

激励理论就是用于处理需要、动机、目标和行为之间关系的行为学理论。一般划分为内容型激励理论、过程型激励理论和行为改造型激励理论三类。[②]

[①] 陶应军：《高校青年辅导员职业认同调适协同机制探析》，《中国成人教育》2015 年第 9 期。

[②] 罗斯·韦伯著：《组织理论与管理》，吴思华等译，桂冠图书股份有限公司 1990 年版，第 83 页。

内容型激励理论又称需要理论，重点研究激发动机的诱因，典型需要理论包括马斯洛需要层次论、奥尔德弗 ERG 理论等。根据奥尔德弗 ERG 需要理论，人类的需要，包括生存需要、和谐的相互关系需要、成长需要三个由低到高层次的需要。一般而言，需要的层次由低级向高级发展，某种低级需要在得到基本满足后，其强烈程度往往会增强，并会随之发展出更高级的需要。

过程型激励理论以动机产生到实际行动之间的心理历程为关注焦点。各种过程型激励理论中，比较有影响的是弗鲁姆期望理论。该理论认为人采取某种行为是因为他觉得这种行为达到某种需要满足的可能性较高。

行为改造型激励理论重点研究人的行为结果对目标行为选择的反作用，主要包括斯金纳的强化理论、海德的归因理论等。强化理论认为，对一种行为结果的肯定或否定，在较大程度上会决定这种行为在今后重复发生的概率。

第二节　信息素养生态系统中内外因子相互作用分析

信息人的信息素养，其成长根植于由信息人的禀赋因子和信息人所处的环境因子共同构成的生态系统里，信息素养的成长，是这个系统里内外因子相互共同作用的结果。

一　信息人内因子对信息素养成长的主导作用

在信息素养生态系统中，信息人所具有的一切对其信息活动及信息素养的成长有直接或间接影响的因子称为信息人的禀赋因子。信息人的禀赋因子，既包括先天形成的因子，如性别、年龄、血型等，也包括后天形成的因子，如学历、经济收入水平、社会阅历等。在这些因子作用下形成信息人的认知结构和认知能力。所谓认知结构，是信息人既有的知识结构、观念体系以及思维方式的集合；认知能力是主观对非主观事物的反应能力，是指基于既有认知结构，对客观事物的本身属性、发展规律及与他物的相互关系的把握能力，记忆能力、语言理解能力、归纳推理能力、空间定向能力、知觉速度、数字计算能力被认为是典型的6种认知能力。

　　信息人的禀赋因子及其形成的认知结构、认知能力就构成了信息素养成长的内环境，信息素养的成长首先是根植于这个小环境里。信息人既有认知结构、认知能力构成信息活动的起点，也为信息活动提供思维工具与活动框架，良好的个人认知结构是个人信息素养形成和发展的前提条件；同时，信息素养本身也是认知结构和认知能力中重要的要素，信息人不断吸收新信息并丰富、重构其认知结构的过程，实际上也是信息素养成长和认知能力发展的过程。促进认知结构、认知能力发展的根本源泉在于对外环境信息的不断吸收，在于不断与外界的信息交换，而这需要信息人不断激发对信息的需要并为满足其信息需要而积极利用一切内外条件进行信息活动。也就是说，信息素养成长的根本源泉在于信息活动驱动力推动下的信息实践活动。

　　考虑前面对驱动力的一般定义，信息素养成长驱动力可定义为：由信息人为满足内部需要或感知外部刺激而产生的，具有动态变化、可认识、可把握、可施加阻力或动力、可改变强度和方向、驱动信息人调动其内在潜力进行信息实践活动从而提高自身信息素养的激发力量。存在于个体主观意识之内的满足内部需要而激发进行信息实践活动的驱动力称为信息素养成长内驱力；存在于个体外部的推动个体进行信息实践活动并能满足某种信息活动需要的外部条件或刺激物称为信息素养成长外驱力。信息素养的成长是在两种驱动力共同推动下实现的，内驱力是根本力，外驱力通过内驱力而发挥作用。

　　信息活动驱动力的产生，需要的激发是必要前提，但并不是充要条件。如果信息人认为满足这个信息需要的付出太大，或实现的概率太低，那么这个需要激发信息动机的力量会非常小，因此，信息活动驱动力的大小，是由信息人感知的信息需要的强度和信息需要得到满足的努力程度共同决定。信息活动驱动力 M 的大小可由信息人对信息需要的强度 V 和信息人感知信息需要能实现的概率（满足需要须付出努力的倒数，最小努力值为1） E 的乘积。即

$$M = V \times E \qquad\qquad (10-1)$$

也就是说，信息人对某种信息需要的强度越大，主观感到该需要能实现的可能性越高，则该信息需要激发其进行信息获取的动机就会越强烈，就越能积极进行信息实践活动，并在活动中提高其信息素养。

二 信息人和信息环境因子之间的相互作用

信息素养生态系统的本质，在于信息人、信息环境各因子之间的相互联系、相互作用的过程。信息人与信息环境既相互联系又相互影响，既相互制约又相互促进。

一方面，信息环境为信息人的成长提供了基础外驱力和养料，是信息人成长的推动者。信息人的成长脱离不了信息环境，信息人信息素养的成长，核心是依靠信息实践活动，信息素养成长所需的信息实践行为，不仅受动机的驱动，受个体认知能力的限制，还需要信息环境的刺激，如果没有一定的信息环境，信息实践行为既没有作用的对象，外驱力也无从产生；而作为促进信息素养成长的首要因子，内驱力则是个体需要和外部环境综合作用的产物，没有外部信息环境的刺激，信息素养成长内驱力的激发是不会产生的。信息人的驱动力、认知力的成长都直接或间接地要受到信息环境的影响，促使信息人被动或主动地去适应信息环境。

另一方面，信息人也有主观能动性，除适应信息环境外，他们的信息实践活动和其他的社会实践活动对信息环境又有巨大的反作用。信息人在信息环境中生存发展，也在不断地改变着信息环境，信息资源的建设、良好信息氛围的形成等信息环境各要素的协调发展主要取决于信息人的能动作用，当然，值得注意的是信息人对信息环境的反作用可以使信息环境变得更有利于信息人的成长，但也可能对信息环境造成不良影响。因此，信息人信息素养成长的内外因子之间存在着相互制约、相互影响、相互渗透、相互作用的关系，一起组成一个多要素、多侧面、多层次的错综复杂的系统，共同驱动信息人信息素养的成长与持续发展。可以说，信息人与信息环境的关系，是信息素养生态系统的核心。因此，需要分析研究信息人与信息环境及其各要素的相互联系和相互作用。

（一）信息人和信息制度的相互作用

作为本研究对象的信息人，范围主要限定在信息素养弱势群体，他们和信息制度之间的关系首先体现在被动适应信息制度的一面，信息人的信息行为和活动必须遵守信息政策和法律，以保证信息活动的规范、有序；但同时，虽然作为信息人的信息弱势群体一般没有制定信息政策、信息法规的地位，但他们的信息素养现实、信息需求和信息行为特点仍然是制定、调整和完善信息制度的重要依据，对信息制度仍具有反作用力。

（二）信息人和信息资源的相互作用

一切信息人（包括信息弱势的信息素养成长主体）都是信息资源的生产者和传递者、消费者，信息人的信息素养深刻影响信息资源的总体水平、传递效率、利用效果，影响信息资源作用的发挥和价值的体现。同时，信息资源的数量和质量，又是信息人的知识结构的完善、认知能力乃至综合素养提高的决定性影响因素之一。

（三）信息人和信息基础设施的相互作用

信息人是信息基础设施的现实或潜在的重要消费者，信息人的信息素养培育对信息基础设施的利用效果有重要影响，影响信息资源作用的发挥和价值的体现；信息基础设施的先进性、普及性和易用性对信息服务生态主体的信息活动的效率和效益产生重要的影响，深刻影响着信息人的信息活动参与的积极性、深刻影响信息素养的成长。

（四）信息人和信息服务的相互作用

信息用户与信息服务者之间实际上是一种共生互惠关系。对信息需求表达、信息获取、信息吸收等信息能力较低的信息弱势群体，信息服务具有特别重要的作用。图书馆、社区服务管理组织等机构及其人员的信息服务，是满足信息弱势群体基本信息需求的重要途径，对信息弱势群体通过信息需要的满足感受信息资源的重要价值从而提高信息意识、信息活动驱动力有重要的意义；信息素养成长主体是信息服务的重要消费群体，同时，信息消费者对信息服务提供者也存在信息反馈，通过对这一信息素养较低群体的信息服务，反馈信息对提高信息服务机构的服务能力也有重要的价值。

（五）信息人和信息氛围的相互作用

信息人是信息氛围的重要创造者，群体的信息意识、信息道德、信息技能等群体信息氛围是由各个个体的相应信息素养要素共同作用形成的；同时，个体与群体之间也是处于不断地相互影响的过程中，社交圈、工作圈的群体信息意识、信息行为模式等对个体信息素养的成长产生潜移默化的影响。当然，多个信息人构成的既可能是积极的信息氛围，也可能是消极的信息氛围。群体发展需要的是积极的信息氛围，这样才能产生群体动力，促使群体成员更加有效地成长。

三　信息环境因子之间的相互作用

信息素养生态系统中信息环境的各个因子不是相互孤立的，整个信息环境就是一个存在普遍相互作用而共同构成的一个协调统一的整体。信息环境因子的相互作用直接影响着信息环境的发展，而信息环境的发展对信息人乃至整个信息素养生态系统都起着非常重要的作用。相互作用是信息环境因子不断发展的动力，并普遍存在于信息素养生态系统之中。

同一大类的各信息环境因子之间的关系表现为在一定条件下的相互补充、相互替代。如当所能找到的纸质信息资源不能完全满足信息人的需求时，可以通过网络查找网络信息资源予以补充、替代；又如，广播电视网、互联网是两种不同信息基础设施，它们各有其特点：广播电视有时效性强、影响面广、渗透力强等优点，但存在信息保存性差、选择性弱等缺点；互联网具有信息量大、传播具有交互性、传播采取多媒体方式等优点，但存在信息质量难以保证的缺点，可利用各自特点从不同维度表现信息资源。

不同大类信息环境因子之间相互作用的核心体现为相互依存、互为前提条件。信息基础设施是国家基础设施的重要内容，它是实现信息资源共享、信息服务的基础，是促进信息资源、信息服务发展的平台。通过先进信息基础设施和技术的应用，能够有效提升资源内容建设的质量、提升信息服务的水平、大大改善信息资源使用的空间和渠道，也是开展新型信息素养教育的基础。没有电信网、广播电视网、互联网、图书馆、信息中心等信息基础设施，信息资源的存储、传播、共享就失去了空间和渠道。信息制度的具体内容，对信息基础设施的发展、信息服务的繁荣、信息资源的有效利用、良好信息氛围的形成有重要影响，良好合理的信息政策和信息法律等信息制度有助于约束和规范信息人的行为，保障信息基础设施、信息服务、信息资源的开发利用秩序，引导良好的信息氛围；反之，不合理的信息制度将阻碍其他信息环境因子的发展。信息氛围对信息基础设施、信息资源和信息服务等信息环境因子的有效利用产生极为重要的影响。如果整体信息氛围不高，再好的信息资源、信息基础设施、信息服务，往往也会成为摆设。信息资源是其他信息环境因子存在的必要前提，如信息基础设施是为了信息资源的共享，信息服务是为了信息资源的开发利用，没有信息资源，其他信息环境因子就没有作用的对象，也就失去了存在的价值；信息服务与信息资源存在相互的交叉关系，部分信息服务是与信息资源紧密结合在一起的，随着相应信息基础设施和技术的发展，也必然能带动信息服务的升级与进步。信息服务在开展过程中，除基础设施支撑外，当然脱离不开信息资源的支撑，信息服务就是一种接口，若无良好的信息资源作为支撑，接口再好也无法达到满意的状态。

四　信息人和外部社会环境的相互作用

信息人及信息人所处的信息环境都处于社会经济与自然环境这个大的外部环境之中，这个大环境既为信息环境的建设提供人财物保障，也为信息人的信息活动提供活动对象，同时，信息环境的建设、信息人的信息活动也推动社会经济与自然环境的发展。

综上所述，信息素养生态系统的发展与信息时代的发展、信息环境、社会体制的变化与发展有密切关系，是一个社会系统，具有较强的社会性。信息素养生态系统中，内因子对信息素养的成长起着积极的、能动的主导作用，而环境因素对信息素养的成长也起着巨大的作用：信息制度激励成长，信息氛围引领成长，信息服务牵引成长，信息资源推动成长，信息基础设施助力成长，外部信息环境保障成长。

第三节　信息素养成长模型的构建

一　信息素养成长的循环过程模型

从前面的分析中可以看到，信息素养的成长发展是一个信息人与信息环境不断相互作用的过程，是一个信息人不断作用于信息环境、信息环境不断反作用并影响信息人的过程。也就是说，信息素养的成长本质上源于不断循环的信息行为实践，信息素养的各个维度在这些循环中不断得到发展。根据前述信息素养生态系统中各因子对信息素养成长作用的分析，结合技术接受与利用综合模型（UTAUT）和激励理论。本研究提出如下的信息人信息素养成长模型。

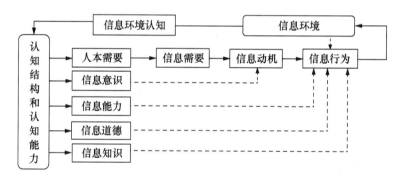

图 10 - 3　信息素养成长循环模型

信息素养的成长模型由一个主循环和四个副循环构成。

（一）主循环

主循环由人本需要→信息需要→信息动机→信息行为→信息环境→信息环境认知→认知结构和认知能力→人本需要构成。

所谓信息需要是指"人们在实践活动中为解决各种实际问题而对信息的不满足感和必要感"。[①] 显然，人只要生存在这个世界上，就必然会产生不同层次的人本需要，而不管哪个层次哪种类型需要的满

---

① 阙晓萌：《从马斯洛需要层次论看信息需要》，《情报杂志》2006 年第 5 期。

足，必然会以相应的实践活动为手段，只要有实践活动，就必然会产生信息和信息需要，可以说信息是人类需要得以满足和发展的重要条件。人们在满足和发展需要的同时产生了信息需要，信息需要随着人们基本需要的不断满足和升级而变化和发展。

需要是产生行为的原动力，那么信息需要就是信息行为的原动力。人的信息需要产生并达到一定强度，在信息意识的刺激下，可能激发信息动机（信息行为意愿），进而产生某种信息行为来满足信息需要。值得注意的是，信息行为对需要的满足，可能成功，也可能失败。如获成功，生理和心理需要得到了满足，会产生新的需求，促使产生新的行为动力，激励产生更多、更高层次的人本需要，并对实现新的人本需要满足产生更高的热情，进而激发更高层次的信息需要，信息动机的力量得以强化，会产生不断地把信息动机转化为信息行为以满足自己的需要的强烈抱负，信息行为可能发展为经常性行为；偶尔由于信息素养的不足使其信息需要未能得到满足，可能激发其提高信息知识、信息能力的需要，也会促使其积极进行信息实践活动；当然，如果多次失败，则易导致对信息和信息环境的消极认知，信息需要则很可能减弱、转向低级信息需要，信息动机的力量就会减弱，甚至放弃信息行为。

信息素养的成长就是以某一需求为出发点，以需求导致的信息活动为核心，以信息活动的结果为信息素养成长的直接源泉，这些环节首尾相连成为时间维度即信息素养成长方向上的循环。单个信息人的信息活动会影响个体的内在因素，信息人的信息行为作用于信息环境对象的同时，也会对作用对象产生认知。这个认知会对其既有认知结构进行重构，并在信息人智力等禀赋因子的共同作用下重构其认知能力，自然也就实现了派生于认知结构和认知能力的信息素养的成长。通过信息行为不断地循环，不断地对信息素养的某些要素产生影响，日积月累便表现为信息素养的整体成长。多个信息人的信息活动的涌现，还会对信息环境、社会性的信息行为特征产生影响，而这种影响反过来影响信息人本身，比如认知模式、知识结构、世界观、价值观，等等。

（二）副循环

信息素养成长主循环的顺利进行，需要有效实现信息需要向信息动机的转化、信息动机向信息行为的转化。而这些转化能否顺利进行，还与对信息环境的认知、信息意识、信息能力、信息知识和信息道德密切相关，并受到它们的制约，从而形成除主循环外的四个主要的信息素养维度成长副循环，即：

信息意识的循环：信息意识→信息动机→信息行为→信息环境→信息环境认知→认知结构和认知能力→信息意识；

信息知识的循环：信息知识→信息行为→信息环境→信息环境认知→认知结构和认知能力→信息知识；

信息能力的循环：信息能力→信息行为→信息环境→信息环境认知→认知结构和认知能力→信息能力；

信息道德的循环：信息道德→信息行为→信息环境→信息环境认知→认知结构和认知能力→信息道德。

1. 信息意识的循环

信息需要是信息行为发生的原动力，信息动机则是信息行为发生的直接动力，而良好的信息意识是激发信息动机必不可少的条件，进而激发信息实践行为，促进对信息及信息环境的正确认知，从而进一步提高信息意识。当然，信息意识与内在信息需要相一致时，信息动机才能形成。

2. 信息知识的循环

信息人在大量的信息实践活动中，从外界吸收了大量知识，不断地对原有知识结构和认知结构进行着重构，其中，有关信息、信息系统本身的正确认知构成信息知识的重要组成部分。丰富的信息知识是增强信息行为能力的重要条件，有效的信息行为促进信息人对信息的正确认知，最终丰富信息知识。

3. 信息能力的循环

信息动机向信息行为转化的影响因素除信息动机的强弱外，还与信息能力的高低密切相关，信息人的信息行为最终呈现的结果很大部分取决于个体的信息能力的高低。根据 Hull 动因理论的基本观点，

"如果过去的行为导致好的结果，人们有反复进行这种行为的趋向；如果过去的行为导致不好的结果，人们有回避这种行为的倾向"[1]，信息能力越高的信息人，他在具体的信息行为实践中，就会越发顺利、结果更为符合需求，进而激发他产生更多、更高的信息需求和实施更多的信息行为。同时，信息能力只有通过具体的信息实践才能得以呈现，也只有在信息实践中，在不断的信息获取、判断、交流和创新中得以锻炼和提升，可以说信息实践是信息能力的源泉。

4. 信息道德的循环

信息道德指导、规范信息行为，不同信息道德水平指导下的信息行为会对信息环境产生不同的影响，不同信息道德水平也影响其对信息环境的认知，反过来对信息道德的形成产生影响。

（三）多种循环的非孤立性

信息素养的成长，是在多种循环中实现的。同时，也要看到这些循环不是完全孤立的，它们在信息行为、信息环境认知等节点上是重合的，它们的成长过程也是相互作用的过程。

信息意识是信息行为的启动和指导力量，对信息的敏感、饥渴、价值认同产生信息实践倾向，从而进一步去学习信息知识、寻找和利用信息，在此过程中提高信息能力。较低的信息意识也会阻碍信息知识、信息能力的提升，信息意识上的偏差将直接影响到信息人主动学习信息知识的积极性，影响到信息人获取、吸收、交流、运用信息的态度；反过来，信息知识和信息能力也会对信息意识产生重大影响，如果信息知识和信息能力不足，容易导致在信息实践活动中的障碍感增强，而产生对信息在社会生产与经济生活中的价值实现的怀疑，如果信息知识、信息能力较强，常常在信息活动中得到成功喜悦，显然会极大地增强信息人对信息在社会生产生活中的价值作用的认识。同样，信息知识对信息能力也有作用并受到反作用，信息知识是信息能力培育、发挥的基础，没有一定的信息知识支撑，信息能力的进一步提高就会受到限制；反过来，如果信息能力较低，会极大地制约信息

---

[1]　符国群：《消费者行为学》，高等教育出版社 2001 年版，第 135—139 页。

知识的学习、提升。总之，信息素养的各个维度，特别是信息意识、信息知识、信息能力是在相互影响、相互作用中发展，当几个方面的优势相互作用时可形成巨大的促进力推动信息人信息素养发展的优势。

二　信息素养成长循环中的信息环境

信息素养成长循环模型中，所有循环路径中都包含信息实践活动。信息意识、信息知识、信息实践能力、信息道德的成长源泉从根本上来说来自信息实践，可以说信息实践是信息素养成长的必要条件；但同时，信息人对信息及信息环境的认知是信息意识和信息知识的直接源泉，信息素养，本质上是信息人的信息活动实践能力以及在实践基础上形成的对信息和信息环境的积极认知。信息活动实践是作为信息人的人与信息环境的相互作用，显然，信息实践活动是否发生以及实践效果取决于信息人对信息环境的认知以及信息人的信息实践能力多方面。其中，信息人对信息环境的积极认知是其进行信息实践活动的前提。如果信息人没有对信息环境及其构成要素（如信息资源）良好的绩效认知、易用认知、促进条件认知、社会影响认知，即使有信息需要，也不容易激发进行信息实践活动的动机。信息人对信息环境的认知，主要包括对信息资源质量、信息服务质量、信息基础设施水平、信息氛围的认知。

1. 信息资源质量

信息资源质量简称信息质量，信息质量包括了信息与质量两个词汇。基于对这两个词本身以及关系的不同解释，许多学者提出了多种信息质量概念，但对信息质量的认识没有形成一致性的定义。信息质量的内涵也非常丰富，从不同维度出发，信息质量的评价属性可多达几十个，如可信性、准确性、客观性、完整性、增值性、及时性、易理解性、可获取性、安全性等。目前，在质量管理研究领域一般从适用性角度定义"质量"，从这个角度上看，信息质量就是信息消费者基于自身需求对信息产品适用性程度做出的判断和评价。① 在这个定义下，信息资源质量的高低与信息人的感知密切关联，是信息人对信息资源的适用性程度做出的主观判断。信息资源对信息人的适用性，主要可以从信息可信性、信息效用性和信息易用性这三个属性来考察。

信息可信性主要指信息的真实性、可靠性，信息的可信性往往由信源的可信性决定。一般而言，相对于可信性低的信源，可信性高的信源更能吸引信息人的接收和收集的欲望，也更能激发他们参与实际信息活动的热情，同时也比较容易使信息人获得较好的信息行为体验，对其信息意识产生积极影响，并对以后的信息行为也会产生正向的促进作用。

信息人获取和运用信息的目的是为了满足某种层次的需要，虽然不同的信息人可能对同样的信息在满足自身需要方面产生的功效有不同的主观感受和评价，甚至有较大的评价差，但都是信息人形成信息意识、在需要刺激下激发信息动机的重要基础。一般而言，多个信息人对某信息资源的评价也大体上能体现信息资源的客观效用性。

信息资源易用性的感知也在很大程度上影响信息人信息行为意愿。大量的无序信息，如果不加以合理的序化组织，信息理解和利用的复杂性过高，则难以被信息人所正确理解和认知，更谈不上对信息意识产生积极作用。对类型、形态各异的信息进行系统化处理，从而使信息的存在状态与信息人认知结构与认知能力相符，使信息易于被信息人理解、吸收，使信息人获得良好的信息体验，才能激发信息行为的积极性和信息意识的形成。

2. 信息服务质量

信息服务质量也就是指信息服务机构的服务过程及其最终提供的信息产品的优劣程度。

---

① Kim B. , Han I. , "The role of trust belief and its antecedents in a community – driven knowledge environment", *Journal of the American Society for Information Science*, 2009, 60 (5): 1012 – 1026.

信息服务与信息素养培养，可以说是一种包含关系。即信息服务是信息素养培育的一部分，信息人的信息活动动机除了受信息资源本身质量影响外，还与信息获取渠道、信息服务质量等信息环境中的各种因素直接相关，信息服务的过程，往往也是信息用户潜移默化中感知信息资源的效用、学习信息获取技能、提高信息认知能力的过程，优良的信息服务感知能对信息人的信息动机的激发产生积极影响。

3. 信息基础设施水平

信息基础设施是我国经济社会发展的重要公共基础设施，既是现代化基础设施体系的重要组成部分，也是国家信息能力的重要指标之一。信息人是否感受到大量泛在、易用的信息基础设施（比如图书馆、便民信息服务中心等），对信息人信息意识的养成、促进其积极进行信息实践有重要影响。

4. 信息氛围高低

人是社会性动物，容易受周围其他人的生活模式影响，如果周围人群信息氛围不高，即使环境中有良好的信息资源、信息基础设施，信息人往往也不会采用信息化生活模式。因此，信息人信息行为循环是否有效进行在很大程度上取决于信息氛围的高低。

信息环境的优劣除了影响信息人对信息环境的主观认知外，还是信息人的信息行为能否顺利进行的重要客观制约因素。特别是信息素养弱势群体，在其信息素养养成的过程中，尤其需要优良的信息资源、信息服务和信息氛围等信息环境的引导和帮助，这对改善其信息行为、提高其信息认知能力、信息意识和信息实践能力都具有重要的作用。

三　信息素养的循环成长特征

信息人信息素养的循环成长过程，体现了信息素养成长与认知能力相结合的特征，具体表现在：

1. 目的性与成长性的结合

信息素养的成长取决于其自身的综合素质，信息人个体内部的综合素质能力，即认知能力不是一成不变的，而是与成长意愿相联系的，同时认知能力的提高和信息素养的成长息息相关。信息素养之所

以能够保持不断的成长，关键是通过成长性的作用，保证信息需要乃
至人本需要不断得到满足的目标得以实现。

2. 开放性与内生性的结合

信息素养成长的根本源于内生的信息需要，同时，信息人信息素
养的成长不但可以增强适应信息环境的能力，其信息活动能动性的发
挥还能够对信息环境进行积极的改造。外界信息环境乃至社会经济环
境的改善反过来也增强了信息素养的内生性的成长，新的信息环境、
新的群体性信息行为特征促使单个信息人的认知模式、生活方式等发
生改变，会缓慢但切实地影响信息人信息素养的成长过程，最后影响
到信息人长期的发展。

第十一章　农转城新市民信息素养弱势的
主要成因分析

　　基于农转城新市民信息素养的调查数据和内在规律的分析结果，结合信息素养成长模型，可以发现个体因素和信息环境因素两大方面的不足导致农转城新市民信息素养成长良性循环的断裂，是导致农转城新市民信息素养弱势的主要成因。

第一节　个体因素

　　个体因素主要包括先天拥有的性别、年龄与后天形成的学历、家庭人均收入、信息工具数量和社交群数等。通过前述的影响因素特征分析、影响因素贡献率分析以及障碍度分析结果，发现个体因素中没有信息技术培训经历、学历低、经济水平低和信息消费承受度较低是造成农转城新市民信息素养弱势的重要个体因素。

一　经济水平和信息消费承受度

　　不论从信息素养的影响因素特征分析、信息素养影响因素贡献率分析还是信息素养影响因素障碍度分析，都可以发现，经济收入水平对信息素养的高低有巨大的影响。根据信息素养循环成长模型，信息素养的养成，要靠不断的信息实践，但信息实践活动的启动，要依靠一定的信息工具设备、信息技术，这些都需要一定经济基础的支撑，经济收入的高低显然对此有制约作用；同时，现代社会中作为信息活动对象的信息资源、作为信息活动平台的信息基础设施等，很大一部分作为商品进入了交易市场，这也在客观上对信息实践活动设置了较高的门槛。信息资源、信息基础设施和信息服务的商品化程度越高，经济弱势群体进行信息实践活动、提高信息素养的相对成本就越高，极大地限制了经济弱势群体信息实践的范围和机会，容易形成"经济贫困—信息活动贫乏—信息素养弱势"的恶性循环。

近年来我国社会经济发展取得了显著成绩，农转城新市民通过拆迁安置费等方式获得了一定的经济补偿，群体的经济收入、生活水平得到大幅度提高，但由于就业技能单一、就业渠道狭窄等种种原因，整体收入水平并不高。同时由于不得不支出较大的城市社会生存成本，收入大多只能满足日常的生活开支，这些对农转城新市民的经济收入形成了较大的负担，没有更多的经费用于信息的获取及相关的培训等信息实践活动，低经济收入水平是导致农转城新市民信息素养弱势的重要因素。统计显示，调查样本中高信息素养群体（信息素养大于0.7）的家庭人均年收入达到2.89万元，远远高于低信息素养群体（信息素养小于0.4）2.11万元的家庭人均年收入。个人经济收入水平的高低直接影响到个人信息获取渠道的多寡和信息技能高低。

在特征分析和贡献率分析中，信息消费承受度均表现出对信息素养的养成有较强的影响。而调查数据显示农转城新市民的信息消费承受度较低，表现出较低的信息消费意愿（注：本研究中信息消费主要指对信息资源、信息服务和信息基础设施使用的消费，包括购买报刊费用、上网费、电话费、信息服务费等，但不包含购买电脑、手机等信息工具的消费），它在障碍度上排名非常靠前，显示信息消费承受度不足是农转城新市民信息素养弱势的重要成因。通过调查数据分析，发现农转城新市民群体的信息价值意识、信息需求意识、信息劳动价值认同等都非常高，信息工具水平也较高，但信息消费承受度却较低。最初，我们在研究中对这一"矛盾"现象感到较为困惑。进一步分析，我们认为这可能既跟农转城新市民群体的经济水平较低有关（见表11-1），也可能跟农转城新市民群体传统消费习惯有关，对信息工具这样的耐用品，愿意消费支出；但对信息资源，虽然普遍认同其价值，但或是没有真正认为其为商品，或是觉得信息本身是一次性消费品而支出意愿不强烈。信息消费意愿较低，导致信息实践活动的对象范围非常狭窄，容易造成一方面较高质量信息资源、信息服务获得的稀少；另一方面通过免费渠道获得大量质量低劣的信息资源和信息服务，从而产生对信息环境较差的体验，长期积累可能放弃信息实践活动，使信息素养的成长循环断裂。

表 11-1　　　　　　　　家庭人均收入—信息消费承受度相关性

		个体因素_ 家庭人均收入	个体因素_ 信息消费承受度
个体因素_ 家庭人均收入	Pearson 相关性	1	0.440 **
	显著性（双侧）		0.000
个体因素_ 信息消费承受度	Pearson 相关性	0.440 **	1
	显著性（双侧）	0.000	

注：** 表示在 0.01 水平（双侧）上显著相关。

二　学历水平

不管是在贡献率分析还是障碍度分析中，农转城新市民群体的学历水平排名都非常靠前（分别在第一位、第二位）。这既反映出学历水平高低对信息素养水平的高低所具有的重要影响，同时也反映出较低的学历水平是导致农转城新市民群体信息素养弱势的重要原因。在信息素养影响因素的特征分析中，可以看到不同文化程度群体在信息素养的四大维度上都随文化程度的上升而出现较大幅度上升。文化程度越高的群体，信息设施知识、信息理论知识，特别是信息原理与方法等方面的知识，高学历的群体比低学历群体具有巨大的优势；同时高学历群体在信息源识别、信息组织序化、运用多种信息和交流工具能力等方面也显示出极强的优势。这充分反映了一个人的文化程度和文化素养，是其提高自身包括信息素养在内的全面素养的基础。

农转城新市民群体中有很大一部分人可能有强烈的信息需求，但城乡分割的二元结构下的教育体制导致了农转城新市民受教育程度普遍偏低。他们文化素养和职业技能相对落后，信息获取能力与城市居民存在较大差异，直接限制了其对信息技术和网络知识的学习能力，也限制了他们对信息内容的阅读、分析和理解能力，极大地限制了对有效信息的识别和信息的吸收。这些反映在信息素养成长循环中，由于既有知识结构、认知能力较差，限制了信息实践活动本身的开展，同时不能有效吸收信息以改善、重构认知结构，不能形成良性循环，导致信息素养成长的停滞。

三　信息技术培训经历

从信息素养影响因子对信息素养养成的贡献率分析和信息素养的影响因素障碍度分析中，可以发现，虽然是否有信息技术培训经历对信息素养养成的影响力不是特别大（排名第三，还是非常靠前的），但却是农转城新市民信息素养养成的最重要障碍因素。这主要是因为对农转城新市民群体的信息技术培训工作开展较少或者说几乎没有开展。

在信息素养的循环成长分析中，强调信息素养的养成主要靠不断的信息实践，但这并不否认包含信息技术在内的基本信息素养培训对信息素养形成的重要作用。相反，信息素养成长循环的重要基础在于既有认知结构又有认知能力，如果这个认知结构和认知能力中没有关于信息知识、信息观念的基本东西，信息能力也非常弱，那么人本需求向信息需求的转化、信息动机的激发以及信息实践的顺利完成就不可实现，信息行为的良好循环难以形成，信息素养的持续成长显然也不可能实现。

第二节　信息环境因素

通过前面的影响因素特征分析和内在规律分析，社交圈信息氛围、生活圈信息环境对农转城新市民信息素养具有非常重要的影响度，同时也是障碍度最大的因子群。

信息环境的影响、催化在一定程度上决定了信息人的信息需求，熟悉和感知信息环境是信息需求产生的前提。为了适应高度信息化、网络化的城市社会，农转城新市民的信息素养需要切实得到提升，需要良好的信息素养提升环境，但实际情况却是农转城新市民的信息素养促进环境非常缺失。

信息环境的影响因素，在本研究中按照信息人接触圈子划分，主要提取了社交圈信息氛围、生活圈信息环境两个方面。由于受多种因素的影响，农转城新市民的社交圈在农转城前后变化不显著，社交圈信息技能、社交圈生活信息化水平等方面大多水平较低，相互之间信息素养促进功能较弱；生活圈信息环境因素中，有线电视线路接入、互联网络接入、信息公告栏等信息基础设施在农转城新市民聚居社区基本具备，但群体对基础信息设施的感知效果差异却大。调查显示，虽然很多社区都配置了社区书屋，但知晓社区书屋的农转城新市民比例却非常低。同时，由于智能化的综合信息服务中心或类似机构、公共服务综合信息平台（网站、智能化信息服务亭等）设置率还较低、社区信息服务平台等信息服务体系还很不完善、信息资源水平不高，信息服务活动整体还处于较低水平上，没有得到农转城新市民群体的认可。农转城新市民对社区信息环境三个维度的感知值都较低（5分制观测值从大到小依次为：信息基础设施 2.42 分、信息资源 2.31 分、信息服务水平 2.04 分）。究其原因，一方面，在信息环境建设中，一定程度上存在重硬件建设轻软件建设的倾向；另一方面，也存在向农转城新市民宣传信息资源和信息服务的力度不够问题。一些信息资源和信息服务没有被农转城新市民感知到，也表明农转城新市民对信息资源和信息服务有较高要求，社区信息服务和信息资源建设还不能满足这种需求。

从第九章中基于神经网络的信息素养影响因素贡献率分析可知，信息服务水平对农转城新市民信息素养养成有重要影响。需求不断得到满足是农转城新市民提升自身信息素养最强大的动力，而调查结果显示，农转城新市民感知到信息服务质量却严重不足。农转城新市民有较强信息需求，城市信息社会拥有大量的信息设施和高度信息化、网络化的信息资源，如何搭建两者之间的信息桥梁是个非常关键和现实的问题。对农转城新市民群体而言，虽然其中一部分人具备了一定的信息素养，但大部分农转城新市民群体由于自身受教育水平的制约，其信息获取能力等信息素养还处于较低水平。他们在城市化的进程中，特别是在农转城的初期，由于信息素养的不足，无法得到信息需求的有效满足，当然也无法更好地体验信息运用所带来的成就感，更谈不上通过这种体验，激发潜在的信息需求，将需求愿望转化为促进信息素养发展的动力；在城市信息社会中，政府、社区组织等有关部门通过多种形式开展了一些面向农转城新市民群体的公共信息服务活动和基础建设，但从调查结果看，还没有得到农转城新市民群体的较好感知与认同。分析可知，目前，各级机构开展的信息相关活动大多止于区县、镇级，很少进入社区级，基本上没有进入小区级，即便进入社区的信息服务活动大多也是偶发性的，没有形成长期有效的服务保障机制。农转城新市民信息需求保障服务的机构主要包括各级政府机构特别是基层组织、公共图书馆等专业的信息服务机构以及信息咨询服务公司等民间机构，这些信息服务机构管理机制不一、各自为政，对于农转城新市民的信息需求很难从宏观上进行有效把握，很难及时满足农转城新市民的信息需求；而信息服务直接提供的基层服务人员受自身能力、知识水平、直接工作职责等的影响，在信息服务活动中更多的是作为信息传递与提供者，不会或不能对农转城新市民的信息意识培养、信息知识和信息能力进行提升教育。

　　进一步分析信息素养成长动力循环，可以看出，信息素养的核心成长是依靠信息行为的不断实践，而信息实践需要信息实践欲望、外部有效信息资源和信息服务等促进条件、信息能力多要素综合作用下完成。要激发农转城新市民群体的信息实践欲望，关键是要提高农转城新市民群体对使用信息资源的绩效认知、信息资源和信息基础设施的易用认知、信息氛围的认知和能获得的信息服务等促进条件的认知，这些除了受个体认知能力的影响外，信息资源、信息基础设施、信息服务等信息环境本身的客观质量非常重要；同时，良好的外部促进条件也是信息实践活动能有效完成的重要条件。外部促进条件主要包括对成长者来说有效的信息服务、易于获得和吸收的信息资源、易用的信息设备、社交群浓厚的信息氛围等，本质上也就是良好的信息环境。

　　随着以计算机、微电子和通信技术为主的信息技术的飞速迅猛发展，信息资源越来越丰富、信息基础设施体系显著增强、信息安全等信息政策越来越完善、信息服务水平也在逐步改善、城市社会信息化程度不断提高，信息技术在资料生产、科研教育、医疗保健、政府管理以及家庭中的应用也越来越广泛，城市整体信息环境朝着好的方向不断发展。但是，正如前面所述，整体信息环境的不断改善的背后，也存在着一系列新的矛盾和不足。主要不足之一，就是在当前的客观信息环境建设中，信息基础设施、信息资源和信息服务等的建设均没有充分考虑农转城新市民群体的禀赋特点、没有与其生活环境和需要密切结合。信息环境是一个相对的概念，如果农转城新市民所处的信息环境脱离了其生活需要，那么他们对信息环境的认知意愿显然不能被激发，更不要说在这个信息环境里积极进行信息实践活动。

　　从统计数据和个别访谈中都反映出他们一个很大的困惑：实际信息非常多，但认为能够有效解决其问题的有用信息太少，使得为了获取所需信息所付出的经济代价、时间代价或技术要求过高，甚至花了大力气获得的信息资源却不能满足该信息活动所期望的绩效。当然这个结果既有其自身知识结构、认知能力、信息素养低的原因导致他们不能较快地熟悉、认知新的信息环境，但更重要的是现有的信息环境的不足，使他们不能很好地认识信息资源、利用信息基础设施和接受信息服务，感知效果不好。对信息和信息环境没有产生积极的绩效认知、易用认知和促进条件认知，限制了其获取信息和有效地利用信息的行动意愿，使信息行为循环不能有效进行。

　　总之，虽然农转城新市民群体总体上表现出较强烈的信息需求愿望，但个体因素和信息环境因素都极大地制约着其信息实践活动的持续开展。一方面，由于个体信息素养特别是信息知识和信息能力的欠缺，对信息需求从萌发、表达、获取到运用形成了重重障碍；另一方面，由于促进信息素养成长的良好信息环境的缺失，使农转城新市民信息素养弱势群体难以获得对信息环境及信息的积极认知，以致不能把信息需求真正转化为促进信息实践活动的原动力。而信息素养的成长从根本上来说都来自信息实践，如果由于主客观原因不能真正置身于信息实践活动中，无论多么强烈的信息需求愿望都将永远是愿望，而当愿望屡屡不能实现时，一时强烈的信息需求不但不能成为信息素养成长的驱动力，往往反而会成为阻碍力。

第三节　农转城新市民信息素养促进环境缺失的深层原因

一　信息制度不完善导致社会力量参与弱势群体信息环境建设动力不足

完善的信息政策与信息法律法规是信息环境的重要组成要素，是促进和保障信息环境中其他要素健康发展的基础条件。"具有导向性和约束力的社会信息活动行为准则的提供、信息环境发展过程中所遇到的各种问题的解决以及信息环境诸要素之间的相互关系和其他社会因素关系的调节均依赖于完善的信息政策与信息法律、法规体系"。[①]

随着社会信息化的发展，我国各级政府制定和实施了一系列与信息采集、加工、传播、利用等方面相关的政策法规。这些政策法规大致可分为信息技术政策法规、信息网络政策法规、知识产权政策法规、信息保密与公开政策法规、电子商务政策法规等几方面。典型的包括《广播电视管理条例》、《新闻出版保密规定》、《商业秘密法》、《专利法》、《商标法》、《中华人民共和国著作权法》、《计算机信息网络国际联网安全保护管理办法》、《互联网信息服务管理办法》、《电子商务法》等。这些法规对规范信息人信息行为、实现信息环境的宏观调控和管理，起到了相当大的作用。但是，目前我国在信息立法方面还不是很成熟、信息政策不能很好地适应新形势下的信息化社会发展需要。

对于农转城新市民群体来说，由于经济弱势和信息消费意识较

---

① 徐艳芳：《信息环境的营造与信息资源的价值实现》，《图书情报工作》1999 年第 12 期。

低，农转城新市民聚居区的信息基础设施建设和信息服务运营成本相对较高。我国目前还缺乏针对农转城新市民群体的信息政策法规体系，对农转城新市民信息环境优化的个人扶持和社会力量扶持方面都还比较稀缺，缺乏有效的政策扶持，社会力量在农转城新市民聚居区进行信息基础设施建设、提供信息资源和信息服务活动中经济利益较差，缺乏主观能动性，使市场优势资源力量没有被积极整合到这一事业中来。目前，面向信息弱势群体的信息援助大多是公益性较强的活动，提供这些信息援助的组织机构，由于缺乏连续的经济支撑，导致大部分信息援助服务开展的可持续性较差；而作为主体力量的各级政府机构和组织，由于资金、技术和人力资源的不足，造成相应的信息服务平台等信息环境建设的滞后。

二　对农转城新市民重经济保障轻信息保障

一直以来，对于拆迁等原因农转城的新市民，国家对在经济层面上的保障给予了足够的重视，如按照户头给予经济补偿、提供一定面积的优惠购房，在医疗保障、就业扶助等方面也给予积极的政策支持，力图使失去土地的农转城人员能在城市社会立足。这些政策措施对促进农转城新市民经济融合起到了一定的作用，但农转城新市民的融合除了经济融合之外，要真正融入城市，文化融合、心理融合、社会关系融合也非常重要。因此，在满足农转城新市民立足城市最基本的生存需要的基础上，政府还需要对农转城新市民在城市社会的深度融入和发展权提供有力的支持。通过前面的信息素养和城市社会融合度之间映射关系的分析，证明信息素养的高低对于农转城新市民城市社会融入有极大影响。但由于对此认识的不足及财政经费的限制，政府在农转城新市民信息素养促进与信息保障方面政策缺失、措施和力度严重不足，面向农转城新市民的针对性的信息素养培训以及信息资源、信息基础设等信息环境的建设严重不足，从而继续加大了农转城新市民与城市主流人群的信息鸿沟。

在进入城市社会初期，对农转城新市民给予一定的经济保障是非常必要的，但长期来看，要使农转城新市民能真正在城市立足，根植于城市，还必须让他们尽快拥有两种最重要的素质，一个是城市就业劳动技能,另一个是信息素养。对于前一个素质的培育得到许多政府机构的重视,目前,我国一些基层职能机构开展了针对农转城新市民的劳动技能培训。如重庆两江新区中的鱼复工业开发区就针对农转城人员开展了就业培训、创业培训活动,聘请了高校教师和相关行业的从业人员,为农转城人员进行有针对性的辅导,为农转城人员快速就业创造条件。但这样的培训往往由一些基层政府、机构自发组织,还未成系统化、制度化的工作,与农民工培训有国家层面的政策、制度支撑相比,还要逊色得多。即使在这样比较少的农转城新市民培训中,也鲜见信息素养的培训项目,极少开展提高农转城新市民群体信息知识与技能的培训活动。

针对如何解决信息鸿沟问题,不少学者进行了大量研究、各级政府也出台了一些针对信息弱势群体的扶助政策。这些研究和政策针对的信息弱势群体主要分为三大类:农村居民(特别是欠发达地区农民)、农民工以及以老年人为主的城市社区居民,而数量巨大的农转城新市民这类信息弱势群体被相对忽视了。改革开放以来,我国城市居民大幅增长,每年都会产生大量农转城新市民。这一数量巨大的群体,由于没有了农村集体所有制下拥有使用权的土地、农村宅基地等财产,已经没有了退路,比农民工群体更迫切需要快速融入城市生活。虽然大多农转城新市民获得了面积不等的住房安置和一定数量的货币安置,有了基本生活保障,但据调查了解到,大多数农转城新市民获得的货币部分除了购买优惠安置房、基本养老保险等以外所剩并不多。因此,农转城新市民要真正融入城市、在城市中长久立足,还是需要自身有较强的学习能力、就业竞争力等"造血"机能才行。现实的情况是由于农转城新市民的信息素养弱势,使他们缺少信息的辨析与运用能力,甚至基本信息权不能得到有效保障,导致在城市信息社会中,在使用信息设备、利用信息资源、享受信息服务以及信息资源的配置与利用上处于劣势的一种状态,不能快速融入城市。而这种局面,仅靠农转城新市民自身力量,是很难在较短时间范围内得到扭转和改变的。

第四篇

促进对策与模式

第十二章　存在的问题对促进对策提出的要求

通过研究分析，农转城新市民的个体因素、信息环境因素和社会环境因素都对农转城新市民信息素养的养成有一定的影响。其中，学历、信息技术培训经历等后天形成的个体因素，社交圈信息氛围、社区信息环境等信息环境因素均对农转城新市民信息素养的养成具有显著影响，那么，通过适当的促进对策和促进模式对这些因子中的可控因子进行改进，是可以在一定程度上提升农转城新市民信息素养的。

同时，农转城新市民信息素养弱势成因的分析、信息素养现状以及信息行为特征的分析，也给信息素养促进对策的设计提出了一些原则性要求。

第一节　信息素养的城市社会融合促进 功能对促进对策的原则要求

国家需要把农转城新市民信息素养的提升提到基本民生的高度，坚持政府第一责任原则，积极优化信息制度，根据农转城新市民信息素养的整体现状、促进农转城新市民社会融合的现实需求来有针对性地制定信息素养促进信息政策和具体措施。

信息政策是政府"根据需要制定的有关发展和管理信息事业的方针、原则和办法，它是调整国家信息实践活动并借以指导、推动整个信息事业发展的行动指南"。[①] 信息政策的作用可以体现在宏观和微观

---

① 周庆山：《信息法教程》，科学出版社 2002 年版，第 11 页。

两个方面：从宏观上来看，它的主要功能是在一般意义上改善信息环境，通过各种措施调整国家大信息系统的结构和产业结构，如通过发展信息产业、传统产业信息化、电子政务、电子商务等优化产业结构；从微观上来看，它指导信息人将自己的信息行动与国家的总体信息发展战略有机衔接，规范和引导信息领域活动主体的信息活动，调整各种价值观矛盾和利益冲突。

通过改革开放几十年的发展，我国经济获得了长足的发展，但目前仍然处于发展中国家水平，国家财政对信息事业的投资仍然十分有限。那么如何在这样有限的条件下，在保障信息化发展效率的同时营造有效的信息环境，是摆在信息化社会政府面前的一个重大问题，只有靠制定正确、有效的信息政策才能解决。

实现信息领域的公平和信息社会协调发展两者是相互依存的关系。信息社会的可持续发展有赖于协调的社会环境，政府积极发挥宏观调控作用，努力在全社会范围内营造信息公平环境，实现全社会成员共同信息富裕。这个目标会在最大程度上为信息社会可持续协调发展提供长久的动力源和保障；同时，对信息弱势群体进行特别对待，是任何国家、任何政府都不可推卸的责任，是实现真正信息公平的必要举措。我国政府是人民的政府，是最广大人民利益的真实代表，代表人民实施社会管理，维护社会安全、社会稳定、社会秩序。因此，政府在消除由于弱信息素养导致的信息不公平等社会问题上担负有不可推卸的社会责任，有责任和义务为信息的公正、公开、共享创造一个有利于社会信息弱势群体的最佳信息环境，在兼顾效率和公平的基础上对我国信息弱势地区和信息弱势群体予以政策上的倾斜和支持，提供资金上和政策上的支持，加大对这些群体的信息资源建设配置、建立健全信息基础设施，为信息素养全员提高提供物质保障，促进弱信息素养群体快速摆脱信息弱势状态。这同时也是社会应尽的义务，是一个社会文明程度的重要标志。

在进行针对农转城新市民信息弱势群体的信息政策建设时，首先要明确农转城新市民信息弱势群体的信息保障是其社会保障体系中的重要组成部分，是经济、法律、医疗、教育等多方面形成的社会支持网络系统的一个重要组成部分，它应与现已存在的经济补偿等互为补充，最终形成一个长效的社会保障体系。除可以特别针对农转城新市民等信息弱势群体制定相应的信息保障政策甚至法律外，还可以在已有的信息相关法规政策体系中进行补充、完善，从而加强我国信息弱势群体信息制度环境建设。具体来说，优化农转城新市民信息制度环境，应首先从宏观角度出发把农转城新市民信息环境建设纳入社会发展的整体规划、纳入农转城拆迁社会保障体系之中，从制度上保障合理利用经济手段，增加农转城新市民聚居区信息资源建设、信息基础设施建设、信息服务建设、信息素养培训建设等方面的投入；其次在具体倾斜政策制定上，可以有多种手段。比如，政府可以运用信息政策引导电信运营商积极开展促进电脑及互联网入户活动，让农转城新市民买得起、用得起先进的信息化产品与服务；政府加大财政转移支付力度，明确农转城新市民聚居区的信息化投入，鼓励社区组织、信息服务站充分使用信息技术产品与服务；等等。

在信息制度优化建设上，除政策优化外，政府在立法保障弱信息素养群体的信息公平上也有义不容辞的责任，在制定尽可能科学、完善、系统的信息素养促进政策的情况下，待时机成熟后以信息法律的形式固定下来。信息法律的制定，需立足在我国现实国情的基础上，建立健全与信息环境建设相关的行业发展法规、信息产品规范以及信息公平等法律体系，以此保障和强制规范国家、地方、企业、个人信息活动。

第二节　信息素养成长的信息环境障碍对促进对策的原则要求

对信息环境的各个维度进行优化，为农转城新市民提供合适的信息环境，使优化的信息环境内容和形式尽可能地接近农转城新市民的实际群体认知特性，增强其对信息资源的形式、信息服务方式、信息基础设施的认同感和熟悉感。帮助农转城新市民正确理解信息环境，改善对信息环境的效用认知、易用认知，有效促进、保障与激发农转城新市民的信息需求，通过采纳、吸收新信息而不断优化信息知识结构和认知能力，并把良好的信息体验作为促使他们积极而持续地进行信息实践活动的原动力，是促进农转城新市民信息素养的健康成长的最重要策略之一。

信息环境的优化建设中，需要遵循一些基本原则进行，才能确保优化信息环境的政策法规和实践措施能够契合需要。其中最核心的原则包括系统性原则、可持续性原则和针对性原则。

1. 系统性原则

信息环境因子对信息人的作用具有"短板效应"。"短板效应"又称"水桶效应"：许多块木板制成的盛水木桶的盛水量由这些木板共同决定，若其中一块木板很短，则盛水量就被短板所限制，这块短板就成了木桶盛水量的限制因素。信息素养成长系统中的各信息环境因子对信息人的作用也有此效应。优良的信息资源、优良的信息基础设施、优良的信息服务和积极的信息氛围，是构建优良信息环境的缺一不可的整体系统。信息环境对信息人的作用的整体效果取决于其中的短板环境因子。例如，在有些地区，信息基础设施、信息资源等都较好，信息人有强烈的信息需求但信息能力弱的现状难以在短期内得到较大改善，在这样的情况下，如果信息服务薄弱，信息弱势群体由于信息获取、信息吸收等信息素养较低不能很好地利用信息基础设施和信息资源，丰富的信息资源、良好的信息基础设施就不能充分发挥其效用，信息服务就是短板因子。当对其中某个因子优化后，其他因子也需要得到相应的改造，否则便有可能造成新的短板因子。因此，各信息环境因子的优化改造必须按照系统性原则进行，在优化信息环境的过程中要注意信息环境因子协调改善、共同提升。

2. 可持续性原则

优化信息环境的核心目的是促进农转城新市民与信息环境的共同发展。优化信息环境既要紧密结合国情进行建设机制的设计，也要注重难以计量的社会效益，同时也要注重经济效益，力求在有限的人力、物力、财力条件下实现社会效益和经济效益的最大化，保障信息环境的持续优化。比如，信息基础设施优化中存在一个很重要的问题：和高收入群体聚居区不同，农转城新市民聚居区信息市场容量较小，在信息化基础设施建设方面不容易吸引外部投资，要实现可持续化必须要有合适的信息政策引导和保障；再如，信息服务优化建设的核心问题是构建合适的信息服务机制以充分调动各种信息服务机构提供面向农转城新市民这样的经济弱势、信息弱势群体信息服务。不同的信息服务机构所充当的角色及所承担的社会职能是不同的，其中，有的机构属于公益性组织，如公共图书馆；有的机构属于市场组织，如信息咨询中介机构。信息服务机构面对农转城新市民群体提供群体特征化明显的信息服务，必然需要付出更多的人力、财力、物力。虽然许多信息服务机构具有公益性，但要保障群体化信息服务可持续发展，必须建立合理的长久保障机制。这些都对农转城新市民的信息环境的可持续发展机制建设提出了较高要求。

3. 针对性原则

针对性原则在农转城新市民信息环境优化建设中具有特别重要的地位。信息环境既是个体的信息环境，也是群体的信息环境，同样的客观环境，不同个体、群体感觉到的信息环境是不一样的，信息环境优化的关键是让农转城新市民信息弱势群体能感受到信息环境的优化。应该说，经过多年的发展，我国城市的客观信息环境已经具有较好的基础，有丰富的信息资源包括大型图书馆和宽带接入高普及率等良好的信息基础设施等。但由于许多信息资源、信息基础设施以及信息服务农转城新市民感知不到，对于他们来说，信息环境仍然属于比较差的水平。信息环境优化的核心任务就是如何使客观信息环境让他们能主观感受到，并把它变成对他们真正有用的感知信息环境，这需要在信息环境的各个方面都要进行针对性建设。

经过多年信息化发展的累积，全社会可以说已进入信息爆炸时代，但处于海量信息资源中的农转城新市民，却经常处于信息需求无法得到满足的状态。这一方面是由于农转城新市民信息素养较低，不能有效获取和运用各种信息生产、存储机构提供的信息资源；另一方面更主要的原因还在于信息生产和信息服务机构在建设信息资源时没有充分考虑信息弱势群体的禀赋特征和信息需求特点，未能实现信息资源的群体化、特色化和适用化，使农转城新市民群体对社会提供的信息资源的可接受、可运用程度非常低。信息资源的优化建设必须以信息资源消费群体以及其所处的整体信息环境为基础，这决定了信息资源建设必须群体化，不同的群体需要的信息资源的区别是非常大的。因此，面向农转城新市民群体的信息资源建设，本质上就是在对该群体信息需求分析的基础上，构建适应其需求的信息资源群。国家要积极建立公益和市场相结合的面向信息弱势群体的信息资源建设机制，在社会公益义务和市场价值原则的基础上，共同建设、开发面向农转城新市民的信息资源。

在信息基础设施方面，从调查数据分析，在整体的公共信息基础设施方面还是形成了比较完善的系统架构：电信网、广播电视网、互联网等信息基础设施网络已经有了相当的基础，有的农转城新市民聚居小区及所处城市已初步实现网络的数字化、宽带化乃至综合化、智能化，固定和移动方式灵活接入，形成极其丰富的通信网络。但是调查数据同样也显示，对于农转城新市民群体来说，基本没有感受到大型图书馆、档案馆等信息基础设施的存在，所住社区/小区智能化信息设施较少，基本没有集空间、资源、服务为一体的一站式信息中心；同时，各地域信息基础设施发展也存在不平衡性。比如，课题组调查的杭州和重庆两地相比较，在社区信息服务设施的配置上有较大差距：在杭州市城区各社区遍布信息服务亭，而在重庆的居民社区、特别是农转城新市民社区却很少见。加强信息基础设施建设，除了要保障网络普遍接入外，需要大力加强农转城新市民聚居区信息机构建设，为农转城新市民创建积极优良的信息实践空间，如图书馆社区网点建设、信息体验中心建设、区域公共信息发布和查寻系统、大型公共场所设置电子求职地图和就业信息，等等。要真正让每一位居民在任何一个社区都能比较方便地获得自己所需的基本信息。

信息服务是信息资源和信息用户之间的重要桥梁。信息服务优化建设有三个最重要的问题：第一个是用户的信息需求分析，要建立高效的需求分析模式，真正掌握用户需要什么样的信息资源；第二个是用户的信息服务需求分析，必须根据用户的特点，提供合适的服务内容、服务方式手段，信息服务的效果很大程度上取决于服务内容、手段、方式是否与用户的禀赋特征和信息素养相匹配；第三个是构建良好的信息服务运行机制，以保障信息服务的持续优化。

随着互联网的迅猛发展，公众越来越多地倾向于通过网络获取信息，许多专业信息服务机构也越来越多地通过网络提供信息服务，但服务语言偏学术化。从调查数据可知，很大一部分受访者经常不能将自己的问题和需求准确无误、简洁地用语言文字或其他形式表达出来。实际上，由于文化程度、表达能力及表达语言的限制，农转城新市民的信息需求在表达的质量与效度方面往往也较低，他们的信息需求表达能力与信息需求表达方式、信息检索语言与信息服务机构信息需求获取模式、提供的信息检索语言之间，存在巨大的鸿沟。例如，大学图书馆网站，甚至是以普及性为主旨的公共图书馆网站，所提供的资源服务语言也较偏于学术性，在其信息检索界面上设置的对话语言大多较为专业，甚至有一些是英文。对于像农转城新市民这样的弱信息素养群体，学术化信息需求定义能力非常低，简单查询表达都较困难，至于高级检索或是精准检索更是力所不及。公共图书馆等提供的虚拟服务没有充分考虑这一层次群体的水平和需要，那么对这一群体而言，获取公共虚拟信息服务就将更加困难。因此，在信息服务的优化建设中，要特别注意所提供的信息服务对农转城新市民的可接受性，设计符合这一群体需求的服务形式。图书馆等机构对于农转城新市民群体来说，一般被认为是权威信息服务机构，这些机构应当尽量将信息源的可信度转化为信息提供和服务上的优势，具有高亲和度的信息提供和服务方式对于农转城新市民的实际信息行为具有更强的引导性。相较于对信息技能有更高要求的在线服务，弱信息素养群体一般更喜欢线下现场信息服务活动。因此，要积极设立面向农转城新市民信息需求的、在他们身边的综合信息服务平台，利用它开展多种形式的信息服务，实现农转城新市民信息需求的获取和满足。

第三节 信息素养成长障碍的禀赋特征对促进对策的原则要求

在信息素养成长的主要障碍禀赋因子中，经济水平、文化水平是在较短时间内难以改善的因子，对这样的因子，促进对策模式要尽可能地适应它；而信息技术培训经历是一个在较短时间内可改善的因子，要尽可能改善它；对信息消费承受度，应当通过创建合理信息消费促进机制来进行改善。

一 实施信息弱势群体信息素养教育先行战略

教育是一个国家最大的公益事业，"十年树木，百年树人"深刻体现了人们对教育功能的本质认识。近年来，我国不断加大对教育的重视程度和财政支持力度，但是，在对信息素养教育重要性的认识和具体研究实践方面，应该说，与发达国家相比，我们还处于较为落后的地位。在信息化社会，信息素养教育理应是面向全体公民的一种基本素质教育，但从前面的课题背景分析中可以看出，我国目前的信息素养教育面对的主要是学生（其中主要是大学生）群体；信息素养教育的研究和实践一般是基于图书馆角度或课堂教学角度来分析信息素养教育培训的方法，很少有从重要的国家发展战略的高度、全民的角度来定位信息素养教育、研究面向社会成员特别是社会成年信息弱势群体的信息素养创新教育机制。信息素养教育研究不能仅局限于一种教育活动的研究，而应站在促进社会公平进步、国家长远发展的战略高度看待全民特别是信息弱势群体信息素养教育的重要意义。

无论对信息环境如何优化，农转城新市民要进行信息活动，最基本的信息知识、信息技能等基础信息素养仍是必需的，而基本信息知识、信息技能的养成，最快捷的方式还是建立在教育培训和知识培育的基础上。从调查数据分析，农转城新市民群体接受过基本信息素养教育的比例非常低。因此，建立合适的培训机制、结合该群体文化程度等特征，对该群体进行针对性培训，是促进他们有效信息实践的重要基础。国家应以信息化机遇为契机，把信息素养教育作为一项国家战略，以此优化国民素质。

实施信息弱势群体信息素养教育先行战略，需要制定相应的政策和法律法规进行保障。建议国家加快制定相应的法律法规，从法律上保障各级政府对区域内开展信息弱势群体提供财政等支持，积极引导社会力量从事对信息弱势群体的信息素养教育培训事业。

在具体的政策措施上，借鉴全国性的"农民工培训工程"这样的国家层面制度，建议将全国性的"农转城新市民培训工程"确定为国家层面的一项制度安排。在各级政府主导下建立健全农转城新市民职业培训体系，结合区域内产业结构特点和企业的用工需求，通过实施"学校出菜单、企业下订单、政府来埋单"等职业技能培训模式，确保农转城新市民"失地不失业"，避免农转城新市民大面积地进入"坐吃山空"的局面。

需要注意的是，农转城新市民培训工程要避免农民工培训那种侧重就业技能培训而忽视信息素养培训的不足。在现代信息社会，信息素养与各种实用就业技能之间已紧密联系在一起，信息素养对特定实用技能的发挥和进一步提高都具有支撑性作用。因此，基于农转城新市民的信息弱势，以及信息素养对其融入城市社会极端的重要性，需要将信息素养教育培训列为国家"农转城新市民培训工程"的重要内容，在对农转城新市民进行职业技能培训的同时，增加信息检索与利用的培训内容，尽量让他们在有限时间的基本培训后，能通过网络等途径进一步自助学习、提高技能，切实实现"授人以渔"。

基于经济收入水平对农转城新市民信息素养的极高贡献率特点、农转城新市民务实特点、信息活动对信息素养决定性影响特点，在实施信息弱势群体信息素养教育战略时，还可以采用合适的项目推动、利益驱动模式，通过因地制宜地实施各种助新、慧新工程（或项目），让农转城新市民在项目实施过程中感受信息运用对城市生活的重要性，进而倒逼其信息意识及整体信息素养的提升。比如，农转城以后，部分家庭有了些积蓄，便有了做生意的打算，但理论和经验都比较缺乏，可以推送理财引导项目、就业信息分析项目等，实施项目推动，符合农转城新市民群体的务实特征。

在调研中也了解到，部分曾经参加过信息素养培训的农转城新市民反映，由于一些授课教师的讲授脱离他们的生活生产实际、加之没有充分注意农转城新市民的学历特征、信息素养基础极端薄弱特征，常常使他们感到接受的信息素养培训效果欠佳。因此，为了有效实施信息弱势群体信息素养教育先行战略，需要培育、组建一支高素质的、了解并尊重信息弱势群体禀赋特征的师资队伍。

二 积极构建合适措施促进农转城新市民信息消费

广义的信息消费非常广泛，既包括对信息设备等信息"硬"产品的消费，也包括对信息服务、信息资源等信息"软"产品的消费。狭义的信息消费以净信息产品、信息服务为消费对象。① 本研究所指的信息消费，特指狭义的信息消费。

从调查统计数据分析来看，虽然经济水平普遍较差，但总体上看，农转城新市民群体的信息工具水平并不低，他们还是愿意在信息"硬"产品的购置上投入的，但同时，他们在信息资源、信息服务等方面的消费意愿则较低。而这方面的消费活动，对获得优质信息资源和信息服务，提升信息素养更具有决定性意义。因此，在信息消费促进机制建设中，采取合适的激励措施调动他们积极进行信息消费是提升其信息素养的有效举措。在进行农转城新市民信息消费促进机制建设时，要充分考虑他们比较"务实"的特点，一方面，要提供真正适用性强的资源与服务；另一方面，也要思考在较少财政投入的情况下如何设计促进其信息消费的经济激励措施。

第四节 信息行为的"就近特征"对
促进对策的原则要求

农转城新市民信息行为中有一个显著的特征是信息行为的"就

---

① 蒋序怀：《略论我国居民信息消费的现状及存在的问题》，《消费经济》2000 年第 5 期。

近"特点。这就要求在进行信息环境建设和信息培训提供中，一定要与农转城新市民群体的日常生活紧密结合起来，把信息素养的成长融入与其生产生活密切相关的信息活动体系中，绝对不能脱离其生活环境去谈创建信息环境；要能让农转城新市民在日常生活潜移默化中感受信息资源、信息技术的魅力，体验信息资源的可用性、易用性和适用性，激发信息活动的兴趣。

第五节　社会力量参与的不足对促进对策的原则要求

在确保国家对农转城新市民信息素养提升的主导地位的同时，大力整合社会力量，积极整合多元主体的优势，引导市场主体投入到农转城新市民信息环境优化等信息素养促进体系建设活动中，形成促进信息素养提升的最大合力。

一　充分发挥政府和市场以及社会公益组织各自的优势

作为一种具有广泛社会需求的关系国计民生的公共必需品，信息资源建设、信息服务建设和信息基础设施建设等信息环境建设如果完全按照市场机制作用来进行的话，信息公平难以实现，进而易引发社会不公，特别是针对经济较为弱势的农转城新市民群体，较难吸引市场主体参与针对性的信息环境优化建设。因此，政府对信息环境建设的主导是必要的，是保证信息环境建设活动能有组织、有效率地进行、营造信息公平的社会环境，从而保证社会效益的实现、保障社会的安全、稳定、公平、健康和发展。

但必须看到，在适应优化配置资源方面，市场机制拥有显著的优势。采用合适的政策措施，积极引导市场主体参与到农转城新市民信息环境优化建设中来，能极大程度保证信息环境建设活动的效率。比如，市场机制参与到信息环境建设活动中，能在绩效考核、资源配置等方面发挥自身的固有优势，当然，需要注意的是，政府在信息环境建设领域特别要处理好市场调节、政府调控作用之间的关系。竞争和追逐利益是市场的本质，市场主体参与信息环境建设的目标是经济利益最大化，社会效益方面考虑较少，同时，和其他市场一样，靠市场机制调控的信息环境建设活动也往往具有自发性、盲目性、滞后性等缺点。为了克服这些缺点，在必要的时候需要靠政府采取诸如征税、货币政策、产业政策等适当的措施来调控。

而非营利公益组织在整合社会资源、承担社会责任方面是政府的重要补充，它还在一定程度上起到辅助我国政府部门健全信息法律法规体系、关注信息弱势群体权益的作用。以公共图书馆为代表的信息公平保障公益组织在农转城新市民信息环境优化建设中的作用也应当进一步发挥。图书馆在信息资源建设、信息服务优化建设等方面具有强大的技术优势、经验优势和组织优势；同时，图书馆作为社会信息公平保障的制度设计而存在的公益组织，它们参与到农转城新市民信息环境优化建设中来，是它们应尽的义务。

总之，在优化建设农转城新市民信息环境中，需要充分发挥政府与社会公益组织、市场各自的优势，政府、市场、社会三者缺一不可，在政府主导下，动员各方力量和资源、相互补充、相互支持形成促进信息环境建设的最大合力。

二　积极借力国家相关工程项目

在整合多元优势促进农转城新市民信息素养提升的对策中，还要积极借力国家相关工程。

改革开放特别是近年来，为提高全民素质，国家投入了大量财政力量，实施了一系列国家工程，比较典型的有全国文化信息资源共享工程等。其中一些工程，与提高公民信息素养有很大的交集，在国家实施信息弱势群体信息素养提升战略的时候，应当而且必须充分借力这些工程，以使国家有限的财政发挥最大的效能。

全国文化信息资源共享工程是 21 世纪初开始实施的一项国家层面的文化惠民工程、文化创新工程。它主要依托各级公共图书馆、文化馆（站）等公共文化设施，将数字化加工后的大量优秀文化信息资源通过互联网、广播电视网、无线通信网等新媒介，实现全国范围内的共享。该工程在保障人民群众特别是基层人民群众基本文化权益的国家公共文化服务体系建设中具有战略性、基础性的地位。

文化信息资源共享工程的立足点在基层。丰富的文化信息资源归根结底要用于信息服务，积极推进信息弱势群体信息素养教育，让他们具备一定的信息素养，真正能够参与到"文化信息共享"中来，也是共享工程的核心目的之一。与共享工程结合提升农转城新市民信息弱势群体的信息素养，也正好契合共享工程的核心理念。

文化信息资源共享工程的推广应用可以为信息素养的培养创造良好的大环境，为开展农转城新市民信息素养教育提供了有利条件。全国文化信息资源工程为广大农转城新市民获得各种信息提供了有效的物质平台，其本身拥有的资源优势，可以满足不同设施条件、不同服务对象要求，充分利用该平台，将社区文化建设、农转城新市民信息素养建设、新老市民和谐发展多位一体，既具有重要意义，也具有现实可能。

借力共享工程，再结合信息弱势群体信息素养提升战略，可以开展多种信息服务和信息素养促进活动，比如：

1. 打造公共数字信息文化体验区

选择一些农转城新市民相对比较集中的居住地，建设公益性电子阅览室或文化共享工程农转城新市民服务点，针对当地农转城新市民的实际需求，开设特色专栏，在保障他们的基本文化权益的基础上，积极推动公共文化服务与信息创新服务融合，试点推进集知识传播、信息交流、民生信息服务等为一体的公共数字信息文化体验区，农转城新市民通过免费上网浏览共享工程的文化信息资源，使农转城新市民在丰富文化知识的过程中，潜移默化地提高他们的信息素养。

2. 开展农转城新市民服务专题活动

针对农转城新市民大多学历低、专业技能弱等特点，利用共享工程丰富的资源，举办"农转城新市民服务专题"活动。面向农转城新市民开展务工培训、实用技能、法律维权等知识技能培训，播放关于就业培训的视频讲座，如举办有关信息查询、职业技能培训、创业发现等针对性、实用性较强的专项培训讲座；充分利用共享工程各种影视资源，进入农转城新市民社区进行诸如爱国主义电影展播、城市发展等各种主题的影视播放活动；将科普知识普及、市民思想道德建设与提高农转城新市民的信息素养结合在一起，提高其谋生技能，增强其融入城市生活的信心。

3. 联合打造信息素养服务品牌

借力共享工程，通过建设与整合各类标准化、高质量的培训课件，因地制宜，有步骤、有组织地开展提高国民信息素养的教育培训。借鉴"东方社区信息苑"、"数字文化讲师团"、"农文网培学校"、"市民艺术培训学校"等服务模式，推动信息素养促进服务多样化、品牌化，打造几个信息素养培训品牌，在基层农转城新市民"求知识、求富裕、求健康、求快乐"的需求满足过程中提高信息素养。

第十三章　农转城新市民信息素养促进模式

在上一章中，基于新市民信息素养弱势成因分析，从政策层面提出了一些对策措施。这些对策措施，可以对农转城新市民信息素养成长提供一些宏观指导，但实施起来是一个巨大的系统工程，也有些散。从应用层面上看，在快速提升农转城新市民信息素养以促进其尽快融入城市社会的现实需求面前，迫切需要探索一种农转城新市民信息素养促进模式和相应的载体，以利于群体信息素养培育的实施、落实。

模式（pattern/mode）也译"范型"，一般指可以作为范本、模本、变本的式样（《辞海》，2002），也可通俗地说，模式就是指某一事物的标准形式或使人可以照着做的标准式样，它实质上是在一定思想或理论指导下建立起来的、较为稳定的关于某事物的活动结构框架和活动程序。农转城新市民信息素养促进模式就是在信息素养成长理论的指导下、基于农转城新市民禀赋特征和融入城市社会生活需要，建立的一套促进农转城新市民信息素养养成的系统以及系统的各要素间相互作用机制。

第一节　信息素养促进模式设计的指导思想

根据前面提出的信息素养成长理论，信息素养的成长需要人们反复地进行信息实践，在信息实践活动中体验信息化生活方式的特征，并逐步内化成个人的自然意识和本能，进而影响其思想、观念和行为。信息化生活是社会信息弱势群体接受先进技术的载体，也是提升其信息社会适应能力、发展信息能力的有效途径。农转城新市民信息弱势群体文化层次偏低、经济状况不乐观，长期的农村社会生活环境使他们的信息动机和信息敏感意识低。农转城后虽然获得了住房保障和一定的经济基础，但社会提供的信息环境、信息保障的不健全，严重影响了他们信息实践的参与和信息消费，信息素养不能得到快速提升，构成了农转城新市民群体融入城市的重要障碍。因此，创造农转城新市民生活化的信息实践环境和机会迫在眉睫，也自然成为提升其信息素养的最佳选择。

目前，国内关于为信息弱势群体提供信息援助和信息公平保障的相关研究中，大多从公共图书馆的信息公平保障制度层面设计出发，基于图书馆拥有的信息资源，以公共图书馆作为服务信息弱势群体的主体，强调公共图书馆要大力发挥社会继续教育职能，为弱势群体提供全方位的免费培训、咨询服务等措施。但在现代社会中，与社会拥有的海量信息资源相比较，图书馆的信息资源事实上是非常有限的，远远不能满足弱势群体对信息的需求；另外，图书馆远离大多数信息弱势群体的日常生活，其创造的信息环境很难成为农转城新市民信息实践的载体。实际上，信息弱势群体信息保障和信息素养的提升是一个巨大的社会系统工程，单靠图书馆去承担信息弱势扶助的工作，其工作的力度和范围非常有限，是远远不够的。

农转城新市民信息素养的促进，是政府和全社会义不容辞的责任，促进环境的构建必须在政府主导下大力吸收社会力量来完成。信息素养促进模式的设计，既要强调政府的主导作用，保障面向农转城新市民信息弱势群体的基本信息资源和信息服务的供给；又要发挥市场积极作用，通过制定具有倾向性的法律与指导性的信息政策和经济手段，引导社会力量以各种方式进入促进农转城新市民信息弱势群体信息素养提升的事业中。同时，促进模式的设计，必须与农转城新市民禀赋特征和生活紧密联系，使农转城新市民信息素养提升的目标与其真实的生活环境紧密结合，才能真正成为农转城新市民可用、能用、易用的信息实践环境，为促进体系的长效运行提供坚实的基础。

第二节　信息素养促进模式的体系架构

基于促进模式设计的指导思想，课题组提出以社区信息平台为主要载体的"政府主导、需求导向、多元参与"的农转城新市民信息素养促进模式。

多元是指参与促进系统建设的多个主体：各级政府、以图书馆和信息资源生产商为代表的专业信息机构、社区居民自治组织、市民群体、社区信息平台运营商。这几大主体共同参与构建农转城新市民信息弱势群体信息素养成长的良好信息环境，促使其参与信息实践活动，从而促进其信息素养的成长与城市社会的融合。

该模式中，多元参与主体是一种互补、合作的关系。在农转城新市民信息素养促进系统中，政府作为最重要的建设主导者，承担构建信息公平社会责任。其职能定位于制定相关政策和法律法规、信息环境建设组织、工作规划、监管引导并提供基本信息资源保障和基本资金保障等，为农转城新市民信息素养培育创造良好的大环境；而主要的信息资源建设、信息服务、平台建设运营等，则由多元化的主体来实施。具体来讲，在该模式下，专业信息服务机构根据其公益性质的强弱，在承担公益义务和经济利益平衡的基础上提供主要的信息资源建设和信息服务支持；市场主体参与社区信息平台等信息基础设施建设、日常运营以及日常信息服务；社区居民自治组织和农转城新市民群体提供信息需求。

该模式的核心特点可以归纳为：基本信息资源和基本信息服务由政府以"外包"给资源团队、服务团队、商业信息资源供应商和社区信息平台运营商的形式来保障，并通过经济政策手段刺激农转城新市民对信息资源和信息服务的需求；其他参与主体，特别是社区平台运营商，通过多种形式的增值信息服务等活动来进一步激发农转城新市民的信息消费潜能而实现盈利。以政府较少的投入，多元主体共同参与，营造一个良好的信息环境、促进农转城新市民信息弱势群体进行信息实践活动，从而促进信息素养的成长、保障信息公平权利的实现。

该模式的本质就是以"市场＋公益"的模式实现社会效益与经济效益的有机结合。首先注重社会效益，以实现信息公平为主要目标，将政府的信息公平责任与农转城新市民信息弱势群体的日常需求结合起来；其次也注重经济效益，将社会公益性和实施主体的多元利益需求满足结合起来，确保高质量的信息资源、信息服务得以可持续发展。最终目标是实现"两个可持续"，即信息素养促进系统的可持续发展和农转城新市民信息素养成长的可持续发展。

农转城新市民信息素养促进系统的整体架构如图 13－1 所示，由保障支持系统、信息资源系统、信息服务系统、信息实践综合平台系统四大子系统组成。四大子系统环环相扣，相互作用，共同构成一个完整的农转城新市民信息实践促进系统。

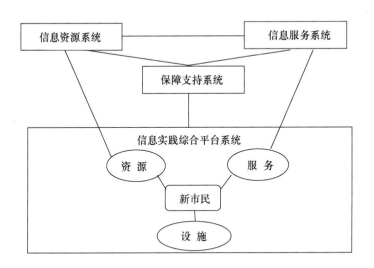

图 13－1　信息素养促进模式架构与逻辑关系

（1）保障支持系统：保障支持系统由组织系统以及包括资金保障机制、绩效评估机制、利益平衡机制等在内的运行机制组成。为整个促进系统的运行提供政策资金支持、人力资源支持和协调管理支持等。

（2）信息资源系统：信息资源系统基于信息需求，通过资源采集、资源整合、资源配置等活动实现信息服务与共享所需信息资源的供给。

（3）信息服务系统：信息服务系统主要由信息需求分析、日常信息服务和信息素养培训等几大模块构成。

（4）信息实践综合平台系统：作为实现促进系统功能的社区载体和驻点，为农转城新市民提供舒适便利的高度信息化的环境，也是信息氛围的重要营造地，是专业信息服务机构、运营商、社区工作人员提供信息服务和信息资源、信息体验的直接阵地，为信息素养教育提供有效的实践平台。

在保障支持系统的支撑下，整个体系以"资源为基础，平台为支撑，服务为核心"来进行运作。政府组织机构的政策机制起着基础性的保障机制作用、评估机制与利益机制发挥动力机制作用；信息资源建设、信息服务与平台几大系统协力营造促进农转城新市民信息素养提升的优良信息环境。多个系统交互作用，各个环节相辅相成，共同促进体系建设和运行。

在此模式下农转城新市民信息素养培育，以基本信息技术技能为代表的基础信息素养为基点，通过与农转城新市民日常工作生活紧密关联的信息服务，潜移默化培育其信息素养，引领其进入自发自主的信息实践活动中，不断提高其信息素养。

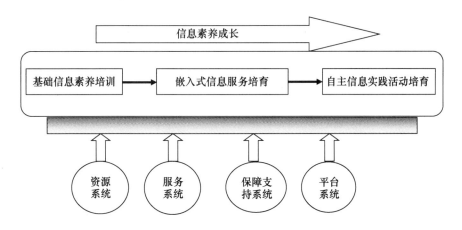

图 13 - 2　农转城新市民信息素养培育模式框架

　　本研究提出的模式是一个系统化的体系，要优质高效地建设和运行，必须要有较为完善的相互制约、相互影响、相互联系的若干机制的驱动和支撑。这些机制主要包括：有力的组织机制、合理的政策保障机制、高效优质的平台建设机制、信息资源建设机制、信息服务机制、科学合理的利益机制和监督有力的绩效评估机制。

第三节　组织机制

　　农转城新市民信息素养促进体系是一个较为复杂的系统，需要多方协同发力才能取得积极成效。因此，整个系统的建设必须要有合理的组织来提供领导、协调与管理监督职责和提供人力资源保证。组织机制是整个体系运行的前提和基础保障，贯穿信息资源建设、信息服务建设、运营平台建设的全过程。

　　促进体系的组织机制建设，关键是要构建一个权责明确、运行高效的协调管理组织机构和组建一个高水平的信息环境建设队伍。整个组织机构是一个自上而下的、多层次的体系结构（见图 13 - 3）。

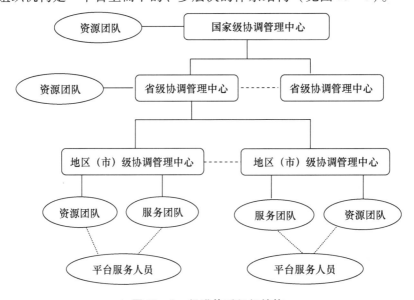

图 13 - 3　促进体系组织结构

从组织结构中的人力资源组成上看，主要分为三大类：第一类是决策组织层面的管理者。他们的主要职能是负责促进体系规划，制定相关制度政策，确保促进体系良性运营以及组织实施绩效评估等宏观协调管理，与信息资源机制、信息服务机制、平台机制相协调，充分挖掘其他机制提供的信息设施建设能力、信息资源建设能力、信息服务能力，从而为促进信息弱势群体信息素养的提升创造积极环境，同时也激发市场主体去挖掘信息弱势群体的信息消费潜力。第二类是业务层面上的专家支持团队。他们的主要职能是负责提供平台各种资源建设和配置指导、实施信息教育培训和信息服务支持、对运行中的平台实施绩效进行微观评价。第三类是平台服务人员，他们直接面对农转城新市民提供各种日常信息服务。

1. 专职协调管理机构

履行组织管理职责的是专门的协调管理机构，它的职能包括制定体系运行政策、制度、标准、规划以及评估、利益分配等协调管理活动。

信息素养促进体系的建设和运行管理统一由协调管理中心负责。可设立三级组织结构模式。首先需要在国家层面成立权威的信息素养促进管理机构，负责制订重大方针政策和发展规划，进行全国范围内共性信息资源的建设与共享。如在国务院信息化工作领导小组和各省市信息化工作领导小组办公室下，设立专职组织机构"国家信息公平促进协调管理中心"，在此之下设立"各省市信息公平促进协调管理中心"。必要的情况下，可设置县级协调管理中心。

上级中心是下级中心信息资源传递、交换和共享的枢纽，同时负责本级整体信息资源规划与调度，根据本级内各下级区域信息资源利用情况调整对该地区的资源投入数量和类型。地区（市）级分中心负责整合本区域的信息资源，对地区信息资源建设进行统一规划与配置，同时负责本级信息服务、运营平台的建设规划与配置。

2. 专家团队

促进体系的运行，需要大量的拥有良好信息素养和各种专业技术素养的人才队伍支撑。为了既让这些人才充分发挥才智，又不脱离其现有的人事单位组织关系，最有效的方式就是组建任务团队，"以任务为导向的、开放的、有机的、弹性的组织"① 模式开展信息资源建设、信息服务建设等工作。

"国家信息公平促进协调管理中心"和"省级信息公平促进协调管理中心"设立资源建设专家团队，由图书情报和信息学领域专家为主、结合其他领域专家，负责国家级和省级的面向信息弱势群体信息资源的建设标准、建设内容的制定以及建设单位的评估等工作。

地区（市）级信息公平促进协调管理中心设立信息资源专家团队和信息服务专家团队。此处的服务团队范围较广，它既包括以信息需求分析与信息需求满足为主要任务的一般意义上的信息服务团队，还包括信息素养教育培训专家团队。各个团队由各市图书情报和信息学领域专家、社区工作人员、农转城新市民代表等组成。

几个团队既相互独立又相互依存，形成一个有机的整体。信息资源专家团队主要根据信息需求分析，制定信息资源建设规划、信息资源整合的原则和方法，有效地衔接信息资源建设的各个环节，统筹规划建设与农转城新市民市民化相关的信息资源库，实施信息资源建设单位评估等工作；服务团队主要完成农转城新市民信息需求分析、信息需求服务、平台标准及平台建设单位评估等工作；信息素养教育团队依托平台基地负责农转城新市民和社区平台工作人员信息素养相关培训。

各个团队能否顺利发挥其职责，一方面取决于团队成员本身的素养；另一方面也在很大程度上取决于其开展工作的外部环境和激励机制。因此，各级协调管理中心，一方面要积极建立信息人才库；另一方面也要在政策措施上积极鼓励与支持人才参与到农转城新市民信息环境优化建设工作中，最大限度地组织优秀的专家参与到团队中来。

3. 平台信息服务人员

日常信息服务人员主体由平台运营商的社区平台网点工作人员组成。平台信息服务人员隶属于平台运营商，但在业务上接受信息服务

---

① 赵静：《支撑高校科研的团队式知识服务》，《图书情报知识》2005 年第 4 期。

专家团队的指导。其职能是包括提供 IT 操作支持、日常信息服务，帮助农转城新市民用户解决各种信息需求和提出的问题。

第四节　平台机制

一　平台建设模式

21 世纪是信息化的社会，而社会的信息化主要包括"政务信息化"、"商务信息化"及"社区信息化"这三化，而前两化的最终落脚点还是在"社区信息化"，因此，社区信息化建设在现代社会信息化建设中具有非常重要的地位。但全面实现社区信息化乃至智慧社区，投资很大，而农转城新市民社区或农转城新市民较集中的新老市民混居社区居民的经济水平往往不是太高，在这些地区，探索成本较小的模式，以点带面实现社区的局部信息化高地（即社区信息平台）更具有现实可行性。

参考社区书屋建设模式、智慧社区（数字社区、智慧屋）建设模式，研究中对社区信息平台的建设模式曾考虑过以下几种方案：

1. 纯政府主导建设模式

这种模式把社区平台建设作为我国公共文化服务体系的一级。像公共图书馆的建设及管理主体明确规定为同级或上级政府文化管理部门一样，以乡镇、街道政府作为平台唯一的建设主体，由国家和各级政府财政支持。

2. 社区联合建设模式

社区联合建设模式的本质就是共建共享，调动社区所有力量集资建立社区信息素养促进平台。比如，房地产开发商和物业公司提供建设用地和房屋、企事业单位提供部分信息设施和信息资源建设资金、社区居民提供部分书籍等信息资源。

3. 纯市场模式

类似于智慧屋，由网络信息服务商全资建设社区信息平台，通过该平台的增值服务获得盈利。

纯政府建设模式既然是政府行为，那么在确保农转城新市民信息素养社区促进平台的公益性方面有天然的优势，但平台建设要消耗巨大的人、财、物成本，单纯的政府投资会带来巨大财政负担压力。处于公共文化信息服务体系末端的乡镇街道等基层政府机构，大多并不具备平台建设与运行管理的能力。即使靠上级政府以民生工程形式解决了平台的初建，但可持续发展需要的财力、人力、技术等问题又会接踵而来，且激励机制的建设实际上更加复杂，服务质量往往难以保障，造成更大的资源浪费。从长远发展来说，这将严重阻碍社区信息平台资源建设和服务质量的持续提高。因此，政府应该成为公共信息服务的建设主导者，但政府不宜成为唯一投资主体。

社区联合建设模式由社区内居民自治组织、企事业单位等多方力量联合建设管理信息平台。但这种模式对社区内各方的公益意识、配合意识要求较高，具体实施中包括从建设、运营管理到利益平衡等非常复杂，共建共享的理想实际上很难实现。

而在纯商业模式下，建设商为了获得更好的经济效益，首先在社区选择上，自然会更加青睐于经济基础、信息化基础、人群信息素养基础都较好的社区来建设，这又和平台建设提升弱势群体信息素养的核心目标相违背；同时，因为单个企业的力量有限，在信息资源建设和专业信息服务能力上，这种模式有其固有的不足。

在整个促进体系的建设中，基本信息资源建设虽然也需要较大资金，但由于资源特别是数字资源的可共享特性，使其资金需求在整个体系建设资金总需求中的所占比例不大；而社区促进平台的个体建设资金需求虽然不是很大，但由于需要成千上万个社区平台，总量却是非常巨大的。为了形成可持续发展的促进体系，传统的政府自建自营模式已经远不能满足投资需求，将市场机制引入平台建设成为重要选择。平台建设可采用 SBOS（Standard – Build – Operate – Subsidy）模式，Standard – Build – Operate – Subsidy 的意思为标准、建设、经营、补贴。在这种建设模式中，政府制定平台的物业参数、信息设施参数、信息资源参数等标准和评价体系，提出应标企业各种资历要求，通过合同来规范中标企业的具体建设实施过程；通过政府招标中标的社区平台运营商按照规范要求建成平台后，可展开一系列增值服务获取经济效益，但由于农转城新市民社区消费力有限，存在非经营管理原因的经济效益不佳的风险。因此，在一定期限内由政府提供一定补贴的模式。补贴宜采用间接补贴方式，由政府给予农转城新市民一定额度的基本信息消费低保金（卷），用于在社区信息平台的信息消费。

SBOS 模式有如下优点：

（1）可利用民间企业投资，减少政府直接投资，缓和政府的财政负担。在民间企业的积极参与下，使本来急需建设而政府目前又无力投资建设的平台提前建成并发挥作用。

（2）政府与市场通力合作，确保政府统筹与调节作用。运营企业必须在满足一定条件下（如资源建设、服务水平等满足评估标准）才能兑现新市民的信息消费券，这种补贴保证政府对平台公共属性的控制，确保能通过运营商提供基本公共信息服务，确保平台的公益性、群体使用效益。

（3）由政府给农转城新市民一定的只能在社区信息平台使用的信息消费补贴，大大降低平台运营商的经营风险（特别是在经营初期，相应农转城新市民聚居社区的信息消费市场还未充分挖掘出来的情况下，社区信息平台运营风险是较高的），提高其在经济弱势群体聚居区建设信息设施的积极性。

（4）有利于提高平台的运行效益。企业主体为了获得较多的收益，客观上会加大信息服务深挖掘的开发潜力、促使信息服务增值活动的开展，以获得农转城新市民的信息消费。

需要注意的是，提升信息弱势群体的信息素养，是政府不可推卸的责任。促进平台的建设及运行，应当坚持政府主导性，避免过度市场化。严格区分"体系中引入市场机制"与"体系市场化"，这两者是本质不同的做法：前者在以政府为主导的前提下，充分发挥市场的积极作用，而后者则是以市场为主导。

二　平台设计理念与功能

遵循"好的信息体验能促进信息实践，好的体验需要好的平台"

的逻辑，将"信息共享空间"（Information commons）和"智慧社区"（Intelligence community）两种理念融合在一起构建农转城新市民信息素养培育 IC² 智慧屋平台，作为向农转城新市民聚居社区市民提供信息资源和信息服务的一体化门户。这两个 IC 共同发挥农转城新市民信息素养促进的效能。

IC² 既发挥信息场的职能，支持一站式获取信息资源和相应的信息服务，以满足农转城新市民多样化信息需要为主要目标；又发挥便民场的职能，以主动挖掘并满足农转城新市民民生服务需要为主要目标，为社区提供更具亲和力的一站式便民服务。也就是说，IC² 包含信息共享空间和智慧社区两种模式的基本理念，其基本内涵可以概括为：以信息化、网络化、智能化的信息技术为支撑，以舒适的物理空间和虚拟的网上空间为基础，构建社区内局部信息化高地的智慧屋，使之成为民生信息汇集的一站式便民服务载体，成为体验各个领域和民生行业智慧发展成果的平台。

IC² 社区信息平台汇集相应的信息基础设施、信息资源、市民、信息服务人员以及相应的服务与活动等组成要素，通过各种构成要素的共同作用形成良好的信息氛围，实现实体与虚拟环境下各类信息资源和信息服务的融合。

IC² 社区信息平台是以满足农转城新市民城市社会融合发展的民生需求为导向的一个信息场高地，但不以满足农转城新市民需求为终点，而是把它作为信息素养培育的综合平台。作为融合传统媒介和新媒体网络为一体的集生活服务、信息交流、培训和休闲多种功能的信息体验中心，在满足农转城新市民社交和一站式获取信息服务的同时，带动农转城新市民亲眼感受和亲身体验网络化、信息化的魅力。

社区 IC² 信息平台的功能十分丰富，具体来说，可以包含如下功能：

（1）社区信息中心。社区 IC² 信息平台除了提供书籍杂志等传统纸质资源借阅外，还提供政策法规、就业、教育入学等各种各样的在线信息资源，以及社区及周围生活圈的日常民生信息。

（2）社区便民服务中心。倡导服务商把社区 IC² 信息平台变成一个信息技术展示和应用的平台，把最新迷你最好的信息服务形式、科技理念，带给居民尝"鲜"。如把通信、电商、金融、养老、旅游、缴费充值等多项服务整合于一体，建立电信迷你营业厅、快递自提柜、公用智能终端（缴费、充值、信用卡还款、票务等）、自助挂号与陪诊预约、家政O2O服务区等。

（3）培育社区文化中心。社区 IC^2 信息平台提供社区居民信息交流活动场所，优化社区人际关系、增强社区凝聚力、营造和谐的社区氛围。

（4）社区信息素养教育支点。社区 IC^2 信息平台是整个促进体系中各种信息服务主体开展信息素养教育培训活动的重要支点。比如，专家团队可以利用 IC^2 信息平台的物理空间、信息设施、信息资源，采取多种手段为社区内市民提供信息教育服务。

（5）嵌入式信息素养培育载体。 IC^2 社区信息平台既是开展日常信息服务活动的基地，也是信息服务团队开展信息需求搜集、分析的重要基地。

同时，平台内集成的公共信息服务、电子商务服务等和信息消费是相互促进的。比如，电子商务的拓展必然涉及信息、信息设备、信息技术服务等方面的支持，在这个过程中，运营平台通过挖掘农转城新市民信息消费潜力，既可实现盈利，又可促进农转城新市民消费方式的转变。

综上所述， IC^2 信息平台是一个多功能信息服务超市，是实现多层次、多维度信息素养培育的重要支点。通过 IC^2 这个平台，可以把农转城新市民信息素养培育嵌入日常社区服务活动中，引导他们参与到信息实践活动中，提升信息获取和利用能力，拓宽信息源视野，积极开发挖掘他们的信息需求和信息消费潜力，促进其生活方式、价值观念、行为习惯在潜移默化中转变，最终促进其融入城市社会。

三　平台架构

参考"信息共享空间"和"智慧社区"的一般功能架构， IC^2 信息平台由环境设施、信息资源、信息服务/活动三大部分构成。

表 13 - 1   IC² 信息平台架构

项目	核心内容	支持人文资源
环境设施	各种功能环境空间、各种软硬件设备	平台运营商等
信息资源	传统文献资源：印刷图书、报纸杂志资料、工具书等；虚拟资源：电子图书、电子期刊、多媒体资源、网络资源等	信息资源团队
信息服务/活动	日常信息服务（信息查找、电子商务等）、信息需求分析、基本信息素养培训等	信息服务团队、平台运营商及服务人员等

IC² 信息平台空间功能区域是平台社会经济效益实现的物理基础。由于物理空间通常不可能非常大（通过对现实中社区智慧屋的调研，结合 IC² 信息平台的功能定位和经济性分析，初步估计万人左右的社区（小区），IC² 信息平台面积以 300—500 平方米为宜），在功能区域设计中，要综合考虑各种功能区之间的平衡。如在线功能区与离线功能区的平衡、基本功能区与扩展功能区的平衡、实体功能区与虚拟功能区的平衡、传统媒介功能区与新媒介功能区的平衡；等等。还要充分考虑各种功能区之间的交集，努力在有限空间范围内实现整体功能的最优化。

根据 IC² 社区信息平台的功能定位，可以设计如下的基本框架体系（见图 13 -4）。整个框架中，融合了"信息共享空间"和"智慧社区"的理念和核心功能。

（1）休闲交流区：在空间分布设计中，为了满足人际交流需要，可适当设置聚会休闲、交流讨论区域。

（2）社区信息区：进行社区重要信息公示、宣传等的区域。

（3）孵化活动区：是对社区居民进行基本信息素养培育的活动基地，包括为专家团队开展流动信息素养培训、专题信息服务提供相应的场所、设施和情景环境等功能。

（4）传统媒介区：提供图书、杂志等传统信息资源的区域，通过阅读习惯的培养养成借助纸质文献源获取信息的途径和能力。

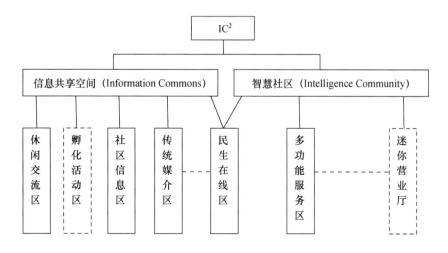

图 13 - 4　IC² 信息平台功能区域框架

（5）民生在线区：提供在线资源，重点是政务信息、社保医疗信息等，既包括提供网上购物服务、网上政务查询和个人业务办理，如教育、养老、医疗、房产、物业等便捷服务等；也包括查询其他有用的网络信息资源，如附近商圈定期优惠折扣信息、动态资讯学习资源、娱乐资源等。

（6）多功能服务区：提供银行自助终端与 ATM 机的金融服务、社区物流配送、快递自提柜、公用智能终端、旅游 O2O 服务、家政 O2O 服务、保险 O2O 服务等。

（7）迷你营业厅：提供中国移动、中国电信等运营商迷你营业区，是展示先进信息技术和产品的平台。

当然，IC² 空间构建并非千篇一律，根据各种实际情况，可以适当调整具体功能区域规划。有的区域设置相对固定，如传统媒介区、民生在线区是农转城新市民信息素养促进体系建设的基本信息资源的核心载体，需要固定设置；有的区域设置可根据需要灵活组建，如孵化活动区作为开展信息素养培训、专题信息服务活动的流动基地，可以根据需要利用社区 IC² 信息平台集成的各种资源、设施灵活组建。

第五节　信息资源建设机制

IC² 对农转城新市民信息素养培育的支持，核心就在于其提供了农转城新市民进行信息实践活动的一站式信息环境，丰富适用的信息资源是 IC² 开展日常信息服务活动和信息素养培训活动的关键基础，对信息服务的开展和农转城新市民信息素养的培育起着重要的基础性作用。

信息资源的建设，是指根据信息资源建设的基本原则，借助科学有效的技术与工具，根据原始数据开发或从不同形态的资源载体中采集、整合出对用户有使用价值和参考意义的信息资源，并对信息资源进行有层次、有侧重的合理配置的过程与活动。

一　信息资源建设原则

在进行信息资源建设过程中，要根据农转城新市民群体特征、经济技术条件等多方面综合考虑可行的信息资源建设模式、方法。但不管采用什么样的具体模式、方法，在信息资源建设过程中都应遵循一些基本原则，其中最为核心的原则是：

1. 用户原则

信息资源之所以能成为资源，只有在面对合适的信息用户，能体现一定价值的时候才成立。比如，非常学术化的数据库资源对科研群体来讲是优质信息资源，而对于农转城新市民群体来讲，在某些情况下甚至可以认为是信息垃圾。信息资源建设的根本目的是为了让信息资源得到有效利用。因此，用户原则是信息资源建设的根本原则，要针对农转城新市民信息需求特点和禀赋特征开展信息资源建设。在信息资源建设过程中，在信息内容上，要优先开发和提供众多农转城新市民需要的常用信息资源；在信息组织上，要针对农转城新市民特征选择合适的组织方式方便使用，以有效提高信息资源建设的实用性和利用率。

把用户原则确定为农转城新市民促进体系中信息资源建设的第一

原则，这是由目前面向农转城新市民群体的信息资源供给现状决定的。一方面，互联网上像财经、房地产、汽车、体育、影视、娱乐、旅游等信息大量涌现，却严重缺乏经过有效筛选和整合的、农转城新市民群体急需的大量与他们生活密切相关的资讯和帮助他们摆脱困境的信息，如就业信息和相关法律法规信息等；另一方面，信息资源的组织形式和利用技术没有充分考虑像农转城新市民这样的信息弱势群体的知识结构和文化水平以及消化吸收信息的能力，信息资源的适用性、易用性较差。

2. 科学性原则

科学性原则是指在进行信息资源建设时，要进行科学规划、科学实施。资源建设过程要遵循"横向逐步扩大、纵向逐步深入"的步骤。要根据资源需求的紧迫程度、资金能力、技术力量，适度建设信息资源；在信息资源配置中要根据利用率的高低在各个社区进行合理的调配和管理，注意印刷资源、数字资源、多媒体资源各类资源间的平衡，实现在一定的经济技术条件下社会效益和经济效益的最大化。

二　信息资源建设模式

信息资源建设是一个需要对大量的原始数据进行收集过滤、整理分析、组织加工等处理的复杂过程，需要投入大量的人财物成本。在社会主义市场经济条件下，政府的职能决定了并不适合完全由政府部门通过行政手段、国家财政包揽的方式开展面向信息弱势群体的信息资源建设；同时，作为具有典型公益性特征的工程，也不宜采用完全市场化的方式建设信息资源。因此，信息资源建设必须走社会化和市场化相结合的发展道路，也就是说，信息资源建设应当走政府培育扶持及监控下的与市场结合的道路。

市场企业有技术优势、内部绩效管理和效率优势，政府具有基本资金保障、确保信息公平方面的优势，而 IC^2 运营平台、社区居民具有信息需求提供和使用反馈方面的优势。信息资源建设应该集合各家所长，共同协作，使政府花费最少的成本让更多的市民公平享用优质信息资源，并保证信息资源产品的质量和使用效率。基于此理念，提出"需求驱动、一主多元、充分共享"的建设模式。

"需求驱动"是指信息资源建设要基于对农转城新市民信息弱势群体的信息需求分析。即建设的信息资源从内容、类型以及整个资源的体系结构都要契合农转城新市民信息弱势群体的需要，并把居民的使用满意度、使用量等统计数据反馈作为信息资源购买的重要依据，由此促使资源供给方不断提高资源质量。

"一主多元"是指资源建设中的资源供给由协调管理中心这一"主"主导，由政府确定信息资源建设规范标准且将信息资源绩效评估与购买、资金支付有效挂钩，资金保障与评估决策的政府角色定位更加明确。要积极引导"多元"市场主体参与信息资源供给，充分发挥企业的专业技术优势和资源采集优势开发出符合相应标准要求的信息资源。

"充分共享"是指为了避免资源匮乏、重复建设等问题，信息资源建设要充分依托各类国家系统中的资源成果实现共建共享，这些共享资源成果包括：以打造中华民族文化信息资源精华和贴近大众生活的现代社会文化信息资源的"全国文化信息资源共享工程"；以中国高等教育数字图书馆为核心的教育文献联合保障体系——"中国高等教育文献保障体系"；以打造国内权威科技文献信息资源中心为目标的"国家科技图书文献中心"等；同时，要充分利用免费开放的具有非竞争性、非排他性、边际成本递减性的信息资源，其中，要特别重视对政府电子政务信息资源以及网络上各种免费的医疗信息资源、教育信息资源、就业市场信息资源等的采集与整合；也要注重公益性专业信息机构拥有的信息资源，虽然其内容与网络免费的资源相比，在时效性、易获取性上有所差距，但其全面性、客观性、权威性远远超过网络资源。要积极探索知识产权保护和公益利益平衡机制，积极共享这些信息资源。

三　信息资源整合模式

信息资源整合的根本目的是在一定程度上降低信息素养较低的农转城新市民信息弱势群体对海量信息资源的获取难度。什么是信息资源整合？目前学界对此有多种定义。我们认为，所谓信息资源整合是在需求分析的基础上将某一范围内原来孤立离散的、多元的、分布的信息资源，通过逻辑或物理的方式，按照一定的方法、原则和标准组织成为新的效能优化的信息资源体系，使之达到科学合理、方便共享、利于信息资源查询和利用的目的。也就是说，将分散无序的信息资源变为有序集合，从而方便检索利用是信息资源整合的主要目的。

本研究调查数据显示，农转城新市民群体中虽然许多人拥有了手机、电脑等信息工具，但很少能真正获取到适合自己的信息资源。除农转城新市民群体信息能力较低等因素外，由于信息资源本身造成的不便于获取与使用也是重要的原因之一。因此，整合信息资源、加强信息组织是促进体系中信息资源建设的核心内容之一。

信息资源整合方法非常多，但其基本框架可由资源整合的广度、资源整合的深度、资源整合的高度三个维度组成。[①]

整合的广度表达信息资源整合建设的范围；整合的深度反映的是资源整合的智能化程度，也能在一定程度上反映资源利用效率；整合的高度从应用层面反映了信息资源整合的集约化层次。

面向农转城新市民的信息资源整合，特别要注意在广度、深度、高度多维度上的协调。

资源整合的广度一定程度上反映了资源需求满足度。资源整合首先应考虑农转城新市民信息弱势群体最急需的资源，再逐步扩展，随着整合的深入使资源范围不断扩大；从资源整合深度这个维度上看，资源整合宜采取"链接式整合→内容整合"、"结构化资源→半结构化资源→非结构化资源"的过程模式。在建设中，宜先基于简单的资源导航技术，对政府公共信息资源、免费的市场信息网站资源进行链接，逐渐向利用数据库及数据仓库等技术实现对不同信息资源内容的深度整合发展；从整合的集约化程度维度看，基于农转城新市民信息弱势的现实，宜采用"专题聚类整合→综合门户整合"的过程模式，不断提升资源整合的集约化层次。应用这种整合模式，信息资源建设的初期就是建设面向农转城新市民信息弱势群体的结构化资源的链式

---

① 李世颉：《网络管理视域下的地方政府信息资源集成研究》，博士学位论文，武汉大学，2010年。

专题门户网站，比如，可对互联网上与就业主题相关的网站进行收集，在分析、评价、筛选的基础上，将有效信息资源组织成目录，并提供源地址链接，形成就业专题门户网站。

上述信息资源整合模式，虽然主要针对数字资源，但对传统纸质资源，其整合的基本思路和方法也可参考。

该整合模式体现了在一定的约束条件（建设资金约束、农转城新市民素养基础约束）下，信息资源集成在广度、深度及高度的客观演化规律，目标是以农转城新市民群体化需求为导向、在与农转城新市民群体信息利用特征有机结合中对信息资源进行有效整合，提高资源的适用性、易用性、可用性，让信息技能较低的农转城新市民群体能够产生积极的信息获取与使用体验。

四　信息资源配置模式

信息资源配置是信息建设主体根据一定的原则和模式，通过不同的方法和手段，以信息资源配置的效率和效果为指导，将各种信息资源合理分布和储存的全部活动。信息资源的合理配置是开展信息服务的基础，是保证有限的信息资源发挥尽可能多的社会效益和经济效益的前提。

信息资源配置的内容主要包括时间上的配置、空间上的配置和种类数量上的配置，各方面相互协调是实现信息资源优化配置的关键。

信息资源配置活动，要以农转城新市民群体的需求为导向、最大限度地实现共享和公平为准则。一方面，应根据农转城新市民需求的不同来配置信息资源，实现信息资源的合理高效配置。同时，信息资源配置必须遵循公平原则，尽可能确保各个农转城新市民社区能平等获取信息资源的权利；另一方面，最大限度的信息资源共享就意味着信息资源的最优配置，即信息资源的共享程度越高，一般表明信息资源配置效率越高，因此，要尽可能实现有限信息资源的共享最大化。

信息资源的配置，大体上可分为时间、空间和内容三个维度。

信息资源时间维度上的合理配置是指要根据被配置资源的时效性，合理确定其在不同存储空间和检索空间的存在时间，信息资源的时效性特征决定了其在时间维度上配置的重要意义。显然，不同的信息资源具有不同的时效性：有的信息资源，其时效性以及能够产生的效用价值只表现在某些很短的时间范围内，如招聘信息、"秒杀"类购物信息、新闻类信息等；有的信息资源的时效性较弱，如政府网站发布的管理规定、方针政策等政务类信息资源、科学技术类信息资源。同时，应该看到，信息的时效性除了本身的特性外，还与信息资源面对的潜在使用对象的不同有关。同样的信息资源，可能对有的人来说是长期有效的，而对有的人来说可能其有效性非常短。在进行农转城新市民信息资源配置的时候，需要结合信息资源本身的特点和农转城新市民生活生产需要特点，对其进行大致的时效性分类，实现其在时间维度上的有效配置。

信息资源空间维度上的配置是指信息资源在各级信息资源中心和社区平台的配置。纸质信息资源的配置要根据信息资源本身的特点、各社区农转城新市民的信息需求特征等进行合理配置，为了实现最大限度的共享，对于非数字资源，宜采取定期流动模式在不同社区平台之间流动调配，形成一个区域性的互联、互动、资源共享和服务分时复用模式；对数字资源，根据目前网络系统技术、网络带宽、信息资源本身的特点，大多宜采用"肥中心、瘦平台"的配置模式。如可把信息资源库设计成三层结构，集中财力配置国家级农转城新市民大型信息资源中心，有针对性建设配置省市级中型信息资源中心，把区域网络资源、信息服务等功能集中在各级信息资源中心，社区 IC^2 信息平台用"节点"的方式接入"中心"，按需获得各种信息资源。当然，各社区 IC^2 信息平台也是面向本地的小型信息资源中心。

信息资源在时间和空间维度上的配置必然涉及其品种、类型和数量，即信息资源在内容维度上的配置。信息技术的快速发展，使信息资源的形态越来越多样化：不仅数量庞大，而且种类繁多，每种形态的信息资源都有自身优点和缺陷。信息资源如果配置不合理，造成信息重复配置或同类信息过于分散，使用户检索信息时困难重重，浪费人力、物力和财力。在信息资源建设和配置的时候，要特别注意根据农转城新市民的需求特征、信息素养能力进行不同种类信息资源的合理搭配，实现各种形态、不同种类信息资源的平衡。如网络数字资源

和纸质资源的平衡，期刊报纸资源与图书资源之间的平等，专业信息
服务机构提供的非免费信息资源和网络免费信息资源的平衡，政务信
息资源与商务信息资源的平衡；等等。

第六节 基本信息素养培训机制

根据前面的分析，可以认为信息素养的成长是信息人在良好的信
息环境下，在一定的驱动力和认知能力的指导下，在工作、社交等社
会实践中以非正式学习为主的形式来实现的。因此，农转城新市民信
息素养成长的促进，关键是要通过信息服务、信息资源和信息基础设
施等的建设，大力改善农转城新市民信息实践环境。但同时，应该认
识到信息素养的成长是以一定的、包括基本信息素养在内的认知结构
和认知能力为前提的，正所谓"师傅领进门，修行在个人"，基本信
息技能的掌握，最有效的途径还是有教师指导的培训。因此，采用信
息技术培训、检索课程培训等正式的教育形式进行基本信息素养的培
训是很有必要的。特别是对信息素养较低人群，基本信息素养培训对
树立信息观念、强化信息意识、调动其参与信息实践活动的积极性和
自信心具有重要作用。

一 培训课程体系建设和实施主体

信息素养培训，主要由公益性质的公共图书馆和大学图书馆专业
人员、从事信息素养教育的专业教师组成的信息素养培训团队负责
实施。

二 培训课程体系设计

基本信息素养培训要基于农转城新市民的学习特征、信息素养现
状、自主信息实践启动对信息素养的要求，建立多层次、多渠道、多
形式、多维度、重实效的培训体系。整个培训过程以培养农转城新市
民基本信息技能和信息知识为基点，培养其自主学习信息技能的能力
以及对信息能力初步运用的可迁移能力，并在此过程中培养信息意
识、信息道德等其他维度的信息素养。

培训课程体系的设计与实施过程的主要步骤如图 13 - 5 所示。

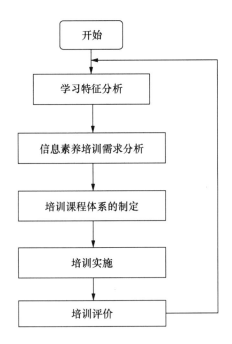

图 13 - 5　培训课程体系的设计与实施过程

1. 学习特征分析

对学习者的分析是培训设计中的一个重要步骤。要想在培训活动中真正体现和发挥农转城新市民的主体性，在进行培训设计时必须首先去了解他们，分析他们的学习特征。如果不对农转城新市民的学习特征进行分析研究，培训内容和方式方法不符合其学习特征，就不可能获得较好的培训效果。

特征分析主要包括一般特征、初始能力、认知方式等方面。在具体设计培训体系前，要通过观察法、问卷法和征答法等方法对农转城新市民群体的认知成熟度、生活经验、经济文化、社会背景以及信息素养基础等因素进行深入分析，以此作为对培训内容、教学方法、教学组织形式选择与运用的重要依据。

2. 信息素养培训需要的确定

农转城新市民学习特征分析明确了他们对信息素养培训程度和方法等的可接受度。接下来，需要在此基础上确定信息素养培训需要。

信息素养培训需要 = 期望达到的信息素养培训目标 – 培训前的信息素养水平

确定期望达到的信息素养培训目标要遵循适度原则。对大多数农转城新市民来说，培训目标不能定得过高，也不能定得过低；既要考虑农转城新市民融入城市生活发展的各种基本信息素养需要，也要考虑先前的技能和知识、兴趣、背景，还要考虑培训师资力量等因素。以通过培训使农转城新市民能进行基本信息实践活动为宜。

3. 培训课程体系的制定

确定培训需要后，应根据培训对象的禀赋特征差异、培训对象群体信息素养目标要求的不同，按照分群培训、与需求紧密结合的原则制定培训课程体系。

分群培训原则：信息素养培训对象主要包括两大类群体：一类是农转城新市民群体，另一类是社区 IC^2 信息平台服务人员。农转城新市民群体，根据不同的禀赋特征、信息素养现状的不同，又可划分为不同的培训群体。不同群体对信息素养能力要求是不同的，课程体系相应地可分为基础培训、中级培训和高级培训几大类。

与需求紧密结合原则：培训方案与具体课程的制定，不仅要注重对信息素养所包含各构成要素的培育，还要特别注重与农转城新市民群体在实际生产与生活中的生活需要以及常接触的信息资源紧密结合，突出培训的可操作性与实效性。

根据上述设计原则，以及前面研究获得的一些成果（如农转城新市民城市社会融合的信息素养障碍度分析结果），结合内容难度等因素，我们设计了一个初步的基于信息素养二级指标目标的分级模块化课程体系框架（见表 13 – 2）。

表 13-2　　　　　　　　二级信息素养指标对应课程体系框架

信息素养指标	培训层次		
	初级培训	中级培训	高级培训
信息觉醒意识	▲	▲	★
信息能动意识	▲	●	★
信息理论知识	▲	▲	●
信息设施知识	●	●	★
信息法律知识	▲	●	★
信息需求定义能力	★	★	★
信息获取能力	★	★	★
信息吸收能力	●	●	★
信息处理能力	●	●	★
信息交流能力	★	★	★
信息运用能力	●	★	★
信息活动自觉	▲	●	★
信息劳动价值认同	▲	▲	●

注：▲表示内容、难度较低，●表示内容、难度中等，★表示内容、难度较高。

　　初级培训：面向全体农转城新市民群体开设，目标是把农转城新市民引入信息知识和技能学习的大门，激发农转城新市民群体的信息实践兴趣和热情。根据调查统计分析结果，农转城新市民群体的信息素养四大维度中，信息知识和信息能力是弱点，在二级指标各维度上，城市社会融合影响度及障碍度较大的是信息获取能力、信息需求定义能力、信息交流能力等。因此，初级培训的重点是信息需求定义、信息获取、信息交流能力所对应的技能培训。具体来说，培训目标可定为：了解信息资源及其载体平台类型、特征、运作模式等，在了解电脑操作和上网基本知识的基础上，掌握信息获取和交流的基本技能（如网络信息浏览、检索以及信息交流工具 QQ、电邮的使用等），形成基本的信息素养自培育能力。在培训内容的教学组织上，要特别重视案例教学。比如，可以针对农转城新市民民生热门需求，设计专题信息检索与利用培训课程和讲座（如就业信息资源检索与分析专题讲座、政府公共信息资源检索与利用专题讲座；等等），介绍与农转城新市民的基本生存与发展相关的各种信息资源及其分布状况、获取渠道和获取技能，形成"民生问题—信息需求—信息资源—信息能力"联动模式。通过这些培训，锻炼农转城新市民把信息资源收集、整理、利用等信息素养培养过程融入社会实践活动中，使他们能够利用信息培训活动中获得的技能和素养来解决工作、生活中所遇到的信息问题，从而进一步激发其学习信息技术的积极性。当然，表13－2给出的只是一个课程体系框架参考，在实际培训体系设计中还要根据农转城新市民的禀赋特征的具体情况进一步细化。如针对一些大龄的、文化程度较低的农转城新市民群体，在培训内容设计上应以基本的信息素养培育和基础性的信息技术培训为主。让他们知晓社区信息的发布途径、需求的求助途径、简单的上网聊天、社区书屋的资源分布和开放时间、上网应注意的信息道德和法律问题，等等；而对于接受能力强或者年轻的、文化程度稍高的农转城新市民群体，可以适当增加一些信息分析评估、吸收创新以及信息意识等方面的内容。

中级培训：主要以培育农转城新市民群体信息素养"带头人"为目标。根据调查数据，农转城新市民社交圈比较单一，群体的文化程度、认知结构、生活模式等具有较大的相似性，具有较高信息素养的个体较少，导致整体信息氛围较差。信息素养"带头人"培训计划特别针对各社区培养一批具有较高层次信息素养的农转城新市民人员，形成信息素养培训专家和普通农转城新市民之间的信息素养培育传递的中间力量。这些信息素养"带头人"，在具体的社会实践中，就会帮助或带动农转城新市民解决一些具体的信息问题，包括技术问题和意识、道德问题等；同时他们也会形成一个小的信息源，发布一些从其他渠道获取的信息。在这个过程中，实际上也在进行着一种教育的传递工作，带动一批农转城新市民信息素养的提高，也在为新的信息"带头人"的形成提供储备。在这样的复制裂变中，会以点带面促进良好信息氛围的形成，进而促进农转城新市民整体信息素养的提升。

高级培训：主要面向社区 IC^2 信息平台服务人员开设。由于社区 IC^2 信息平台服务人员在日常工作中直接面对农转城新市民信息弱势群体，大量的信息服务由其完成。因此，平台信息服务人员的素质对平台配置的信息资源的有效利用和农转城新市民信息素养的培育非常重要；信息服务人员的素质主要体现在专业信息素养知识水平、从业经验等，高水平的信息素养是信息服务人员胜任工作的基本前提。作为信息服务的专业人员，信息检索、信息组织、信息分析和信息管理等专业理论和技能是必备的知识。因此，作为信息服务第一线人员，对社区 IC^2 信息平台服务人员在信息素养各要素方面的要求自然更高，因而对其信息素养的培养与形成提出了较高的要求，需要对运营平台服务人员信息素养进行多方面培养；除此之外，由于面对农转城新市民的日常信息服务主要由他们完成，因此要特别注意对他们信息服务能力的培养。通过培训后参加统一的信息素养鉴定，由协调管理中心发给合格证书，协调管理中心可要求 IC^2 信息平台必须拥有一定数量的合格信息服务人员。

4. 培训课程体系的实施

IC^2 信息平台对信息资源和服务的整合可以改善信息素养培育的环境，提升各种培训项目（如文献收集借阅技巧、检索技巧的培训等）的培训质量。因此，把 IC^2 信息平台作为培训实施的主要基地，培训方式以集中知识面授、讲座、操作演示、活动参与为主。另外，也要充分利用新技术环境和其他培训项目的优势，积极开展多种形式的培训。

比如，可以充分利用远程网络，开展网络环境下的 MOOC（大规模在线开放课程）、自主学习、答疑等方式实施培训。这种实施模式特别适合对 IC^2 信息平台信息服务人员的培训。

再如，可以采用嵌入民生项目式培训。目前，国家和各地区启动了一些针对农转城新市民的培训项目，如许多工业开发区就针对农转城人员开展了就业培训、创业培训活动，聘请了高校教师和相关行业的从业人员，为农转城人员进行有针对性的辅导。应积极与这些项目结合，在这些项目中嵌入信息素养的培训，可以起到"一石二鸟"的作用。

5. 培训评价

在每个阶段培训结束后，应围绕培训目标和培训任务及时作出培训效果评估，总结实际效果与期望值之间的差距，找出其中原因，为以后培训计划的制订提供决策依据，培训团队也可以在此过程中及时调整培训计划。

需要说明的是，上述课程培训过程模式，是在课题调查分析的基础上形成的一个初步模型，在实际应用的时候，还必须根据详细培训需求分析和农转城新市民学习特征分析做适应性调整。

第七节　信息服务机制

广义信息服务的内涵非常丰富，上节讨论的信息素养培训实际上也是广义信息服务包含的一种特殊信息服务。本节所指的信息服务，主要指狭义的信息服务，即信息服务机构针对农转城新市民的信息需求，在对其进行特征分析的基础上，运用合适的方法和技术手段及时将合适的信息资源准确传递给农转城新市民的信息服务行为。

一　信息服务的实施主体和基本模式

促进体系中采用"多元参与、嵌入民生需求"的信息服务模式来实现对信息素养培育的支持。多元参与主要是指信息服务的实施主体多元化。既包括社区平台运营商的信息服务人员（完成日常信息服务的主体），也包括公共图书馆、大学图书馆等专业信息机构专业人员（负责高级信息服务的主体），还可能包括在平台上开设经营窗口的其他企业服务人员。嵌入民生需求是指服务的基本形式是基于 IC^2 信息平台的嵌入式服务，把信息服务深入到农转城新市民的日常生活信息需求的满足中。

二　信息服务活动的框架

现代意义的信息服务诞生于图书馆，图书馆信息服务的主要工作包含四个方面：指导读者如何使用图书馆；解答用户信息咨询请求；必要时帮助用户选择信息资源；推广图书馆服务。类似地，以 IC^2 社区平台为主要载体的农转城新市民信息服务的核心工作也主要包括四个方面：指导农转城新市民如何使用信息设施；解答农转城新市民的信息咨询；必要时帮助农转城新市民获取信息资源；推广针对农转城新市民的信息服务。综观这四个问题，都与满足服务对象的信息需求密切相关，不难发现其与用户的信息素养水平等特征也密切关联。

深入分析信息服务活动的内涵可以发现，信息服务的核心活动由信息服务推广、信息需求分析和信息服务方法手段设计三个方面组成，它们是个案信息服务活动成功开展的重要基础。

1. 信息服务推广

根据前面的调查数据分析，许多农转城新市民由于生活环境、文化素养等条件的影响，对现代社会能够提供的信息基础设施和信息服务还不熟悉，不能充分利用包括免费信息服务在内的信息服务来解决工作生活中的实际问题。因此，有必要通过多种宣传渠道，让他们知道哪些地方有什么样的信息资源、获取信息的渠道有哪些。比如，借助培训渠道、大众传媒渠道、社区公告栏以及人际传播等途径，大力宣传推广信息服务机构提供的信息服务，提高农转城新市民信息弱势群体的信息服务利用意识和信息源识别能力。基于 IC^2 信息平台进行信息服务的重要基础工作之一就是要尽快让社区农转城新市民了解平台设施和能提供的服务。

2. 用户信息需求、信息接收特征分析

农转城新市民信息需求的采集与分析，是进行信息资源建设、信息需求满足服务和信息素养培训的重要基础。目前，信息生产、传播内容和形式等方面对农转城新市民这样的信息弱势群体的信息需求关注度不够，针对性提供的信息资源和信息服务极为有限。因此，特别需要深入采集和分析他们的信息需求和信息接收特征，据此提供优质的信息资源和信息服务。

从需求分析的对象看，需求分析主要包括收集分析农转城新市民群体对信息内容、形式、服务方式的需求以及提升自身信息素养的主观需求等。由于信息需求分析对象的客观多样性，在进行信息需求采集和分析的过程中，既要突出重点，又要保障全面性。

　　根据哲学中事物总是兼具普遍性和特殊性的基本原理，在农转城新市民群体的信息需求中，既包括群体性的共性需求也包括个性化需求。群体性的共性信息需求是指大多数农转城新市民都比较需要的、与其日常生活密切相关的信息需求，特别是适应新的城市社会生活模式所迫切需要的信息。信息需求采集面可尽量宽一些，但分析的时候要注意重点关注群体共性需求，确保有限的信息资源建设资金和信息服务力量发挥最大效能。前面的调查初步发现，农转城新市民的信息需求大多集中在时政新闻、休闲娱乐、求职就业、购物、医疗卫生等与其维持生存、社交需要密切相关的信息。这只是按大类调查的结果，实际进行信息资源和信息服务建设时，还需要根据农转城新市民群体在年龄、知识背景、信息素养特别是信息接收素养上的群体性特征进行更深入的需求调查分析。

　　从需求是否显式表达上看，需求分为显式表达信息需求和潜在信息需求。在进行需求收集分析的过程中，要注意将"需求表达帮助"引入，这是由农转城新市民的信息素养弱势特点决定的。根据前面的调查数据，他们的需求定义能力特别是需求表达能力较差，潜在需求向显式需求转化的能力有限。因此，特别需要在需求采集中加以引导，尽量消除需求表达偏差，充分挖掘和激发他们潜在的信息需求。

　　3. 信息服务方法手段设计

　　作为现代信息服务诞生地的大学图书馆，常见的信息服务模式有元素集成信息服务模式、数字参考服务模式、学科信息门户服务模式等。这些信息服务模式都以信息资源为中心、以用户信息需要的最大满足为核心，虽然服务场景大都设于大学及图书馆，但对农转城新市民的信息服务，仍然具有参考意义。借鉴这些模式，根据服务平台、服务对象的特点，可以设计种类丰富、形式多样的面向农转城新市民的信息服务方法手段。

　　作为农转城新市民信息素养促进的主要平台，社区 IC^2 信息平台自然是信息服务的最重要基地。社区 IC^2 信息平台要努力实现对信息设施、信息资源、信息服务功能、信息服务人员等信息服务要素和支撑要素的最佳集成，以线下现实与网上虚拟相结合的民生信息服务为支点实现信息素养的嵌入式培育。根据农转城新市民群体手机拥有率较高的特点，还可通过向社区农转城新市民群体提供手机短信信息推送服务等方法手段。

同时，由大学图书馆、公共图书馆等信息服务专业人员构成的信息服务团队，可以以社区 IC^2 信息平台为据点，基于优质信息资源开展各种主题的分类巡回信息服务。比如，对农转城新市民群体来说，就业问题是个亟待解决的问题，信息服务团队可以以优质就业信息资源为基础进行巡回讲解，做深度信息分析与服务；还可通过网络开展主要面向平台信息服务人员的虚拟信息参考服务；等等。

第八节　核心运行机制

运行机制是指一定系统内各构成要素之间相互联系、相互制约，从而发挥其功能的运行规则。[①] 运行机制是影响农转城新市民信息素养、促进体系效能发挥的十分重要的因素。促进体系的有效运行，必须要靠一整套相关的机制来确保，其中，最核心的运行机制包括相互之间密切关联的利益机制、绩效评估机制和财政资金投入机制。

一　利益机制

要实现促进体系高质、高效地运行，不但要求信息资源供应商、专业信息服务机构、社区 IC^2 信息平台运营商等各参与主体及相关人员专业素质过硬，而且还要求相关机构和人员最大限度地发挥其主观能动性。这不仅是政府主导建设促进体系的目标要求，更是农转城新市民的期望。因此，作为主导促进体系建设的协调管理机构要建立有效的利益机制来激励不同参与主体主观能动性的发挥。

促进体系各参与主体的利益呈现多元化的格局：承担保障信息公平社会责任的政府追求的是社会利益的最大化；而信息资源供应商、

---

① 邢相勤、丁苗苗、刘锐：《中美高校教育基金会运行机制比较及思考》，《中国地质大学学报》（社会科学版）2011 年第 5 期。

社区 IC² 信息平台运营商追求的是自身的经济利益；图书馆等具有一定公益义务的专业信息服务机构追求的可能是包括社会认同在内的特殊社会经济利益。

所谓利益机制，就是以经济利益和社会利益为基本驱动力，基于有效的绩效评估，通过科学的激励和惩罚措施对参与信息素养促进体系的各个主体之间的经济效益和社会效益进行调配，使之达到一个相对的平衡点，在利益获取上都有一定的收益，从而促进各主体积极参与的热情和欲望①，并及时、自觉规避各种不利于促进体系可持续发展的行为。

利益机制建设的首要问题是对促进体系的各参与主体的运营成本进行估算与核算，并制定补偿原则，实现各方的利益均衡，以期保障所有的参与者都能在一定程度上获得其追求的利益，从而获得充分的激励。但同时必须明确的是，促进体系中除政府之外的参与者，只是为提高政府实现社会责任的效率和效能而吸纳的，所以在利益分配机制的设计中必须置于首位的是为信息弱势群体服务的社会利益，这是政府必须始终坚持的立场。

二　绩效评估机制

对促进体系进行完整的绩效评估，应当包含由第三方实施的外部绩效评估和内部绩效评估。内部绩效评估机制作为利益机制制定和运行的基础，在促进体系的建设中需要优先建设。下文所指的绩效评估就是指协调管理机构针对促进体系中其他各参与主体的内部绩效评估。

绩效评估为各参与主体（政府除外）的利益分配提供基础数据支撑，更是决定协调管理机构继续或中断与他们合作关系的重要依据。协调管理机构要在充分的论证之后制定规范的绩效评估指标体系，并定期评估。

绩效评估指标体系的制定，在坚持科学合理、可操作性强、定量

---

① 刘光华：《对读者利用数字资源能力教育的探讨》，《河南图书馆学刊》2010 年第 6 期。

与定性相结合等共通原则的同时，也要注意体现不同类型参与主体的具体特点。

比如，对社区 IC^2 信息平台运营商，可以通过社区居民满意度评估、平台建设评估、扩展资源评估、服务活动评估等进行综合评估。平台建设评估、扩展资源评估、服务活动评估的实施由协调管理中心组织专家团队进行，居民满意度评估由对居民的调查问卷结果确定。其中，居民满意度评估权重应该设置得大一些，让社区市民对平台的评估结果成为平台运营商持续提高运营质量的重要原动力和约束力。居民满意度评估又可从社区 IC^2 信息平台的信息内容满意度、信息服务满意度及环境满意度等方面建立评价体系。用信息相关度、信息丰富度、信息可用度、信息易用度等指标考察信息内容满意度；用服务主动性、服务及时性、服务全面性、是否跟踪服务、增值服务收费标准的合理性等考察信息服务的满意度；用软、硬件两个方面评价信息环境满意度。

对信息资源供给商的绩效评估，要充分考虑信息资源的使用反馈与质量改进的过程，如通过下载和访问量计算信息资源使用价值。

对主要由大学图书馆、公共图书馆等具有公益性的机构所属信息素养专家组成的资源团队、信息服务团队，构建合理的绩效定量评估体系非常困难，在促进体系建设的初期，这些团队工作质量主要依靠团队建设质量来保障。

三　财政资金投入机制

农转城新市民群体信息素养促进工作的长期性以及农转城新市民群体经济弱势的现实，决定了以农转城新市民聚居社区 IC^2 信息平台为主要载体的促进体系的建设及运行，必须要有一定的经济补偿机制，否则，社会参与主体不可能进入这一体系中来，更不可能提供长期的、持续的信息素养促进支持。优良的信息资源的供给、优质信息服务能力的提升、社区平台的建设和运营激励，以及农转城新市民本身投入信息实践活动积极性的激发，这些都离不开财政资金投入做保障。

因此，信息素养促进体系的建设、运行，需要国家从宏观上制定并完善相应的法律法规和长效保障机制。国家需要从加快促进农转城新市民融入城市社会的高度出发，全面考量社会公平的基础上制定具有导向性、倾斜性的信息政策，以引导各类社会组织机构、各种社会力量投入农转城新市民信息弱势群体信息素养促进和信息公平保障活动中，促进农转城新市民投入信息实践活动中。

在微观上，政府用于信息素养培育的财政拨款数额总是有限的，如何实现有限投入的效益最大化，关键在经费的投入策略。促进体系中不同主体的社会角色投入体系中来的驱动力各有不同。因此，针对不同的参与主体，宜采取不同的资金投入政策和方式。

对主要由大学图书馆、公共图书馆等具有公益性机构所属信息素养专家组成的资源团队、信息服务团队，可采取直接定额财政投入方式，保障团队开展基本信息素养培训等各种促进活动所需的经费。当然，如果在合适时机建立起了有效的来自外部的第三方绩效评价机制，也可依据其结果来确定经费的投入。

对商业化信息资源供给商，可采用"基本购置金 + 使用绩效金"的方式，以体现信息资源使用效率的影响。

在本研究提出的促进体系中，由于社区 IC^2 信息平台网点众多，对平台运营商的补贴总额占总补贴的绝大多数。因此，对他们财政资金补贴的策略设计至关重要。从大的方面划分，补贴可分为直接补贴和间接补贴两种模式。如果采用直接补贴的模式，对社区 IC^2 信息平台运营商的绩效评估机制设计和运行将提出非常高的要求，很难保证其真正将补贴用于农转城新市民信息素养促进活动中去。因此，本研究提出采用间接补贴模式，具体来说，就是设立农转城新市民基本信息消费低保金制度。所谓农转城新市民基本信息消费低保金制度，是指政府根据辖区经济水平、农转城新市民的实际情况，对因拆迁等原因农转城的新市民给予一定额度的信息消费低保金，存入其账户里，用于支持其开展信息消费活动，但不得提现。具体操作中，对新的因拆迁等原因农转城的新市民，可在拆迁补偿中设置农转城新市民城市社会融合基本信息消费低保金；对已完成农转城的"老"农转城新市民，可根据已转城年限给予一定额度农转城新市民基本信息消费低保金。

　　为了改善信息资源特别是基本信息资源使用绩效，以激励农转城新市民积极利用信息资源和社区平台运营商等参与主体积极提高信息服务质量为切入点。本研究提出基本信息消费低保金的使用模式如下：农转城新市民在基本信息消费低保金额度内，根据自己的需求，积极自主选择并使用相应的社区 IC^2 信息平台的基本信息资源服务，根据其使用情况产生累计积分，同时其使用的社区 IC^2 信息平台和信息资源供应商获得相应的积分。农转城新市民可定期依据积分向协调管理中心申请从基本信息消费金账户里兑换激励金；运营平台可定期依据本平台的累计积分向协调管理中心兑换补贴经费，同时，运营平台信息消费积分也作为平台信息服务活动绩效评估的重要内容，如果过低，政府有权取消该运营商的平台经营资格，重新招标运营商。各商业化信息资源供应商的信息资源总使用积分，作为信息资源供应商绩效评价的重要依据，决定该资源供应商的信息资源使用绩效金。

　　这种信息消费低保金使用模式体现以农转城新市民为中心，充分调动信息资源使用的内外激励因素，找到促进农转城新市民进行信息实践活动和运营平台提高信息环境建设水平的切入点，让每个农转城新市民均有机会分享优质资源，又能动态监控运营平台对信息环境的改善和组织农转城新市民使用信息资源的力度。农转城新市民使用基本信息资源越积极，获得的激励金越多，运营平台获得的补偿费也越多，将积极促进平台改进信息环境、主动推动农转城新市民使用信息资源，形成一个"多用多获益，少用少获益"的良性循环刺激机制，培养农转城新市民参与信息活动的意识，鼓励农转城新市民积极参与信息实践，切实改善农转城新市民使用信息资源和运营平台提高信息服务的绩效，应能在很大程度上消除信息资源建设中"管建不管用"的常见弊端。农转城新市民对商业化信息资源的使用率对资源采购决策的影响还从源头上形成信息资源质量"准入"制，促进商业化信息资源切实以需求为导向的建设原则。

　　设立农转城新市民基本信息消费低保金制度，表面上看增大了政府的财政支出负担，但深入分析可以发现，这不会成为政府和社会的长期包袱。如果相关政策措施得当，信息消费低保金的设立可以获得多方共赢效果：一方面可以促进信息意识较弱的农转城新市民群体积极投入信息实践活动；另一方面可以为社区 IC^2 信息平台运营商提供一定的客户资源保障，提高其在经济弱势的农转城新市民聚居社区投入平台建设的积极性；另外，从保障信息弱势群体信息权利和信息公平的角度，信息消费是占有信息资源、行使信息权利的重要形式，如果信息消费受到抑制，必然导致信息权利行使的缺失；再者，还要看到，在我国信息化进程中，农转城新市民信息弱势群体是一个数量庞大的潜在信息消费市场群体，激励其进行信息消费，也是培育扩大信息消费市场的重要举措，对促进信息弱势群体改善消费结构，促进信息技术、信息设备和信息资源乃至整个信息经济的发展都具有重要意义。

总结与结论

随着信息技术与互联网络的迅猛发展，城市社会正迅速地向高度信息化、高度智能化方向演进。这对农转城新市民群体快速融入城市社会提出了较高的信息素养要求。这就对准确把握农转城新市民群体信息素养现状、探索信息素养与城市社会融合之间的内在关系和信息素养成长规律，进而寻找有较高可行性的农转城新市民信息素养促进模式的研究提出了现实需要。

构建合适的农转城新市民信息素养测评指标体系是研究中必须解决的首要问题。但信息素养测评指标体系的构建较为复杂，特别是信息能力测评指标的构建。在研究初期，课题组提出了两种信息能力测评指标体系构建方案：一种是采用现有的权威指标体系；另一种是基于农转城新市民城市社会融合过程中典型的信息活动，抽取信息能力要素构建指标体系。两种方案各有优缺点：第一种方案，由于现有的比较权威的指标体系大都由较大的图书情报机构提出，在指标体系的科学性和相对完备性等方面有巨大优势。但这些权威指标体系针对的测评对象基本上都是学生特别是高校学生，对应的信息活动场景在学校及图书馆，测评指标体系对应的内涵主要是学术性信息能力。这类指标体系不太便于设计针对农转城新市民的测评问卷题目。第二种方案，理论上讲具有较好的针对性，但农转城新市民城市社会融合过程中的信息活动实际上非常多，靠一个课题组的有限人员在有限时间内进行收集分析很容易漏掉一些重要场景。相应地，构建的测评指标体系，其完备性、科学性很难得到保证。鉴于这两种方案的不足，经过研究讨论，我们采取了另一种方案：基于一般信息行为分析抽取信息能力要素构建指标体系，在具体要素抽取的时候，采取内涵相关列举描述方式和过程描述方式相结合的办法。我们认为，采用该方案构建测评指标体系能较好地保证信息能力内涵描述的完备性。测评指标体系的针对性问题，主要通过依据观测层指标设计问卷题目时尽量与农转城新市民的信息活动场景结合的办法来解决。

通过调查问卷获得的是观测层指标对应的数据。为了对农转城新市民的信息素养进行分析，还必须采取合适的办法对观测层的上层指标进行测评，因此需要建立测评指标体系中各下级指标与上级指标的映射关系。传统的做法是赋予各指标权重，通过加权求和的方式计算出信息素养的值。权重的确定方式主要有经验确定法、层次分析法和回归分析法，这些方法都存在两个问题：一是把信息素养评价指标体系各层指标之间的结构绝对化；二是这些方法建立的上层指标与下层指标之间的映射都是线性映射。而实际上，把信息素养进行不同层次、不同粒度的划分，主要是为了能从不同角度、不同层面评价分析信息素养。但不论怎么划分，上下级指标之间实际上都是非线性映射关系，各指标内涵之间甚至有可能存在一定交叉。由于神经网络模型在模拟非线性映射方面，不管在理论上还是在实践中均得到了充分证实，因此，课题组把神经网络理论运用到课题研究中，并利用 MAT-LAB 工具建立了信息素养与社会融合度测评神经网络模型，然后基于调查得到的观测指标数据，对受访者的信息素养各层各维度指标、城市社会融合度各层各维度指标进行了测评。基于观测数据和测评数据，采用 SPSS Statistics 19 和 Microsoft Excel 2007，综合运用相关分析、描述性统计法等统计分析方法统计分析了农转城新市民信息素养现状、信息行为的特点及农转城新市民对信息素养生态系统中外部信息环境因素的感知现状、城市社会融合度现状。

在通过现状分析把握农转城新市民信息素养和城市社会融合度的基本情况的基础上，为了深入了解他们之间以及信息素养影响因子与信息素养之间的内在联系，我们把基于神经网络的敏感性分析方法运用到课题研究中。通过分析农转城新市民信息素养不同层次、不同维度指标对其城市社会融合度的贡献率、障碍率，寻找城市社会融合的主要信息素养障碍；通过分析农转城新市民信息素养影响因子对其信息素养的贡献率、障碍率，寻找信息素养养成的主要影响因子。

为了从一般意义上把握信息素养成长规律，课题组综合运用技术接受与利用综合模型、激励理论、需求理论等相关理论，剖析了信息素养生态系统的构成因子之间的相互作用以及各种内外因子对信息素养成长的作用，构建了信息素养成长模型。

然后，基于农转城新市民信息素养调查测评数据的分析、内在联系分析结果，结合信息素养成长模型，分析了农转城新市民信息素养弱势成因。

最后，在上述研究成果的基础上，提出了以社区 IC² 信息服务平台为主要载体的"政府主导、需求导向、多元参与"农转城新市民信息素养促进模式。该模式把农转城新市民信息素养培育嵌入到日常社区便民信息服务活动中，引导其参与到信息实践活动中，在提升信息获取和利用能力、拓宽信息源视野等信息素养的同时，促进其生活方式、价值观念、行为习惯在潜移默化中转变，最终促进其融入城市社会。

通过前述系列研究，本研究得到的主要成果、观点和结论如下：

（1）农转城新市民群体的信息意识、信息知识、信息能力、信息道德的不足相互影响、相互制约形成较为明显的信息素养弱势，且没有实现协调发展，具体表现在：农转城新市民群体具有较高的信息道德，也有一定的信息意识，特别是信息价值意识和信息需求意识较为强烈，有获取信息、利用信息的愿望，但受制于农转城新市民非常低的信息知识、较弱的信息能力，查询信息的方法、信息吸收能力、信息处理知识和现代信息交流手段储备的不足，导致其较为强烈的信息需求往往不能通过多样有效的手段获得，信息意识通过信息知识和信息能力转化为信息价值实现时容易受阻。

（2）农转城新市民信息行为表现出较强的"就近"特征。信息需求以与当前生活密切相关的类型为主，对与自身长远发展相关的信息需求相对不强烈；获取信息受限于其以个人为中心的社交网络途径、偏重于传统信息源，表现为以广播电视、亲友等传统渠道为主，而较少利用网络、图书馆等信息获取途径；信息交流对象较为狭窄，除面对面交流外，以利用电话交流为主，缺乏对现代信息交流工具的深入利用。

（3）农转城新市民信息素养四大维度对其城市社会融合度的影响力大小依次为信息能力、信息意识、信息知识、信息道德，而在28个信息素养观测指标中，运用多种信息获取手段能力、信息需求发现能力对新市民城市社会融合有最显著的影响力；在所列出的新市民信息素养影响因素中，学历、家庭人均收入、是否有信息技术培训经历、社交圈信息技能水平、信息基础设施水平、社交圈信息意识、信息消费承受度、信息服务水平等具有较高的影响力。

（4）在构建农转城新市民信息素养多层多维度测评指标体系中，将内涵相关能力要素抽取模型和过程结构能力要素抽取模型相结合，能较好地克服其各自的缺点。

（5）构建的基于神经网络的农转城新市民信息素养以及城市社会融合度的测评方法以信息素养专家对部分调查样本的人工评价结果作为训练样本，利用神经网络强大的非线性映射能力、记忆能力，把专家测评知识和智能以权值矩阵的形式记忆，能很好地描述各层指标变量之间的复杂非线性关系。

（6）在建立的信息素养循环成长模型中，强调信息意识、信息知识、信息能力、信息道德等信息素养各维度的成长均以满足信息需要的信息实践活动为核心源泉。而信息需要的激发、信息实践活动的成功与否，信息人所处的信息环境有着巨大的影响。

（7）对信息弱势群体的信息保障，真正实现信息公平，要从"授人以鱼"向"授人以渔"模式改变，把重点从"信息援助"向"信息素养援助"转变。在信息弱势群体援助相关研究中，往往注重于"授人以鱼"，基于信息弱势群体信息能力低下的现实，强调政府和公共图书馆等要发挥信息公平制度保障职能，充分提供信息，把信息送到信息弱势群体手上以保障信息公平，这固然很重要。但随着社会各个领域的高度信息化，人们在日常工作、生活的方方面面都需要时刻获取信息，而这靠"送"是远远不够的，即使在法律、政策、制度上保障了信息资源的配置公平、信息获取的机会公平和信息权利的公平，如果存在信息素养鸿沟，这些公平也不可能真正实现。从这个意义上说，信息公平实现的关键是信息弱势群体尽快提高信息素养，但由于种种原因，信息弱势群体单靠自身努力要提高信息素养是非常难的，还需要政府和社会努力提供促进其信息素养提升的政策和环境。

（8）需要在政府信息公平责任原则、差别原则、可持续性原则和农转城新市民主体原则条件下探索农转城新市民信息素养促进模式。所谓差别原则，是指由于农转城新市民信息弱势群体是处于社会底层的群体，需要通过各种渠道对他们提供特别援助来创造一个有利于增加其信息能力的机会，缩小他们与其他人在信息资源上的信息鸿沟，才能更接近于全社会信息自由和信息平等的理想。可持续性原则，是指由于政府财政资源有限，促进模式需要在保证社会效益第一的前提下，积极引导社会市场多元优势资源投入急需的信息弱势群体信息素养提升促进活动中，利用其自我"造血"的强大机能挖掘信息素养促进活动中的市场机会，实现"社会效益"和"经济效益"的统一；农转城新市民主体原则，是指促进模式必须基于对农转城新市民既有认知结构等特征分析的基础上、结合农转城新市民生活环境设计信息素养促进模式，要把信息素养的促进嵌入到农转城新市民的日常生活中。

（9）提出的以社区 IC^2 信息服务平台为代表的公共服务载体下的"政府主导、需求导向、多元参与"农转城新市民信息素养促进模式在确保政府主导作用的同时，积极整合市场多元主体的资源提供、服务提供和自我"造血"机能的优势，充分考虑了农转城新市民信息素养较低、信息行为的"就近"特征以及经济基础较弱的现实，把农转城新市民信息素养培育嵌入日常生活环境中，符合现实国情，具有较强的可操作性。

课题组基于图书情报学、社会学和教育学等多学科融合研究的视角，综合运用多种理论与工具，对农转城新市民群体信息素养进行了多角度的研究，在此基础上提出了一种较为可行的农转城新市民信息素养促进模式。但是农转城新市民群体信息素养的促进，牵涉到社会的方方面面，绝不是一个课题研究就能解决的。由于经费、时间和研究水平的制约，研究中也存在一些遗憾和不足之处，还有一些值得深入研究的问题。如农转城新市民群体数量巨大而且生活区域非常广泛，调研的数量和数据的全面性必然存在一定的局限性；虽然在调查问卷的设计过程中，根据小样本测试和专家评价结果进行了反复修改，但在大规模正式调查中，仍有部分受访者对个别题项的描述提出了改进意见，说明对问卷设计还有考虑不周的地方；在内在关系研究中虽然就信息素养影响因子对信息素养养成的贡献率进行了分析，但对具体的作用机理的研究还不够深入，还可以更进一步研究；在信息素养一般成长规律的研究中，只分析了信息素养四大一级指标信息意识、信息知识、信息能力和信息道德的成长，未能更深入地分析二级指标乃至观测级指标的成长过程；在促进模式的研究中，对模式的整体架构、IC^2 信息平台等模式的核心部分的建设运行进行了较为详细的研究，但促进体系是一个大系统，由于时间紧，对若干配套机制研究还不够深入，这些都值得进一步研究。

参考文献

[1] 王吉庆:《信息素养论》,上海教育出版社 1999 年版。

[2] 柯平:《信息素养与信息检索概论》,南开大学出版社 2005 年版。

[3] 赵静、王玉平:《西部农村群体信息能力培育及区域信息共享机制研究》,科学出版社 2010 年版。

[4] 张厚生、袁曦临:《信息素养》,东南大学出版社 2007 年版。

[5] 柯平主:《信息检索与信息素养概论》(第 2 版),高等教育出版社 2015 年版。

[6] 邓小昭:《网络用户信息行为研究》,科学出版社 2010 年版。

[7] 赖茂生、王芳:《信息经济学》,北京大学出版社 2006 年版。

[8] 赖茂生:《信息资源管理教程》,清华大学出版社 2013 年版。

[9] 国务院研究室课题组:《农民工调研报告》,中国言实出版社 2006 年版。

[10] Pao Y. H.:《自适应模式识别与神经网络》,颂德、张恭清、高雨清译,科学出版社 1989 年版。

[11] 岳剑波:《信息管理基础》,清华大学出版社 1999 年版。

[12] 张必兰:《农民工信息素养及信息行为研究》,河南大学出版社 2011 年版。

[13] 李春霞、陈霏、黄匡时:《融入筑城:中国西部流动人口社会融合研究》,九州出版社 2013 年版。

[14] 何汇江:《贫困人口的群体认同与社会融合——对北京市丰台区城市贫困人口的调查》,新华出版社 2005 年版。

[15] 张彩萍、高兴国:《弱势群体社会支持研究》,兰州大学出版社

2008 年版。

[16] 吴明隆：《SPSS 统计应用实务——问卷分析与应用统计》，科学出版社 2003 年版。

[17] 李晓忠等：《模糊神经网络》，贵州科技出版社 1994 年版。

[18] 胡守仁：《神经网络导论》，国防科技大学出版社 1993 年版。

[19] 韩力群：《人工神经网络理论、设计及应用》（第二版），化学工业出版社 2007 年版。

[20] 魏晓燕：《智慧城市建设中信息消费的风险及其规避分析》，《图书馆》2015 年第 3 期。

[21] 周宏仁：《〈信息化论〉之十一：我国现代化进程中极为重要的问题——为农民工服务》，《信息系统工程》2009 年第 11 期。

[22] 孙平、曾晓牧：《认识信息素养》，《大学图书馆学报》2004 年第 4 期。

[23] 陈文勇、杨晓光：《国外信息素养的定义和信息素养标准研究成果概述》，《图书情报工作》2000 年第 2 期。

[24] 叶小艳、黄维跃：《信息素养文献综述》，《情报探索》2010 年第 12 期。

[25] 杨鹤林：《元素养：美国高等教育信息素养新标准前瞻》，《大学图书馆学报》2014 年第 3 期。

[26] 杨鹤林：《美国〈高等教育信息素养框架〉分析与思考》，《图书情报工作》2015 年第 12 期。

[27] 苑世芬：《基于创新能力培养的信息素养教育实践模式研究》，《现代情报》2012 年第 5 期。

[28] 娜日、吴晓伟、吕继红：《国内外信息素养标准研究现状与展望》，《图书情报工作》2010 年第 2 期。

[29] 何晓阳、邓小昭：《信息素养评价标准基本框架构建研究》，《情报探索》2012 年第 3 期。

[30] 赖茂生、闫慧：《关于中国公益信息制度的战略思考》，《图书情报工作》2011 年第 8 期。

[31] 赖茂生、樊振佳、张丽丽：《中国社区信息化发展状况及其影

响分析》,《中国图书馆学报》2013 年第 3 期。

[32] 吴晓波:《略论信息素质培养》,《中国远程教育》2002 年第 1 期。

[33] 刘延章:《关于网络信息分类组织研究中的几个问题》,《中国图书馆学报》2003 年第 5 期。

[34] 李炳英:《信息源的发展及其对信息学应用研究的影响效应》,《图书馆理论与实践》2012 年第 10 期。

[35] 苑春荟等:《农民信息素质量表编制及其信效度检验》,《情报科学》2014 年第 2 期。

[36] 何晓阳、邓小昭:《国外信息查寻行为模型补遗》,《图书情报工作》2010 年第 23 期。

[37] 赵静、王玉平:《群体信息能力测试分析模型》,《图书情报工作》2008 年第 6 期。

[38] 高协、宋海艳等:《面向创新的信息素养教育规划与实践——以上海交通大学图书馆为例》,《图书情报工作》2013 年第 2 期。

[39] 郭晶、陈进:《IC^2:一种全新的大学图书馆服务模式》,《图书情报工作》2008 年第 8 期。

[40] 赖茂生、屈鹏:《用户自然和社会属性对网络搜索中语言使用行为的影响》,《现代图书情报技术》2008 年第 7 期。

[41] 李超平、叶斌:《基于成本效益分析的公共图书馆经济价值研究》,《中国图书馆学报》2012 年第 2 期。

[42] 吴诗贤、张必兰:《权利贫困视角下的新市民信息障碍成因分析》,《新世纪图书馆》2013 年第 10 期。

[43] 张必兰、吴诗贤、吴华安、冯有胜、刘军:《城市新市民信息素养问题研究述评》,《重庆工商大学学报》(自然科学版)2014 年第 12 期。

[44] 张必兰、吴诗贤、刘军:《农转城新市民信息素养评价标准综述》,《新世纪图书馆》2015 年第 10 期。

[45] 张必兰、李家清、刘军:《追根溯源:美国图书馆嵌入移民信息服务历程探寻》,《新世纪图书馆》2014 年第 5 期。

［46］肖永英、何兰满：《我国公共图书馆弱势群体信息服务文献综述（2001—2010）》，《图书馆论坛》2011 年第 5 期。

［47］李明德、李天龙：《西北四省农村居民信息意识现状分析》，《西北农林科技大学学报》（社会科学版）2016 年第 1 期。

［48］潘幼乔、邓小昭、向建军、陈雪、刘丽：《重庆市市民利用图书馆意识与技能调查分析》，《图书馆建设》2007 年第 3 期。

［49］吴诗贤、张必兰：《农转城新市民信息素养与城市社会融合度的神经网络映射模型》，《图书情报工作》2013 年第 23 期。

［50］黄匡时、嘎日达：《"农民工城市融合度"评价指标体系研究——对欧盟社会融合指标和移民整合指数的借鉴》，《西部论坛》2010 年第 5 期。

［51］陈云松、张翼：《城镇化的不平等效应与社会融合》，《中国社会科学》2015 年第 6 期。

［52］李培林、田丰：《中国农民工社会融入的代际比较》，《社会》2012 年第 5 期。

［53］成思危：《复杂科学与系统工程》，《管理科学学报》1999 年第 2 期。

［54］张文宏、雷开春：《城市新移民社会融合的结构、现状与影响因素分析》，《社会学研究》2008 年第 5 期。

［55］雷开春：《上海城市新移民与本地人群体关系的交往策略研究》，《社会》2012 年第 2 期。

［56］叶继红：《集中居住区移民社会网络的变迁与重构》，《社会科学》2012 年第 11 期。

［57］张文宏、雷开春：《城市新移民社会认同的结构模型》，《社会学研究》2009 年第 4 期。

［58］宋雪雁：《用户信息采纳行为模型构建及应用研究》，博士学位论文，吉林大学，2011 年。

［59］区晶莹、张淞琳、俞守华等：《基于偏最小二乘通径模型的农民工信息能力综合评价》，《农业系统科学与综合研究》2011 年第 4 期。

［60］ Kuhlthau C. , "Rethinking the 2000 ACRL standards", *Communications in Information Literacy*, 2013, 7 (2): 92 – 97.

［61］ Charlotte Clements, "Metaliteracy: Reinventing Information Literacies to Empower Learners", *Library Review*, 2015, 64 (1 – 2): 180 – 182.

［62］ Inskip, Charles, "Making Information Literacy Relevant in Employment Settings", *Online Searcher*, 2015, 39 (4): 54 – 57.

［63］ Hornik K. , Stinchcombe M. , White H. , "Multilayer feed forward networks are universal approximations", *Neural Networks*, 1989, 2 (5): 359 – 366.

［64］ Hornik K. , Stinchcombe M. , White H. , "Universal approximation of an unknown mapping and its derivatives using multilayer feed forward networks", *Neural Networks*, 1990, 3 (5): 551 – 560.

［65］ 李宏洋:《浅论中国地方政府弥平数字鸿沟的政策选择》,硕士学位论文,复旦大学,2009 年。

［66］ 刘孝文:《信息素养评估指标体系研究》,硕士学位论文,河北大学,2006 年。

［67］ 何晓阳:《医学本科生信息素养评价指标体系的构建》,硕士学位论文,西南大学,2011 年。

［68］ 邱芙蓉:《山东省公共图书馆弱势群体信息服务现状及对策研究》,硕士学位论文,山东大学,2012 年。

［69］ 悦中山:《农民工的社会融合研究:现状、影响因素与后果》,博士学位论文,西安交通大学,2011 年。

［70］ 周承聪:《信息服务生态系统运行与优化机制研究》,博士学位论文,华中师范大学,2011 年。

［71］ 尹乾:《基于神经网络的软件可靠性模型》,博士学位论文,北京师范大学,2006 年。

［72］ ACRL, Framework for information literacy for higher education, 2015 – 03 – 02, http://www. ala. org /acrl /standards/ilframework.

［73］ 毛荣启、谭荣:《云南省半年完成全年"农转城"任务 133 万

农民变市民》,《云南日报》2012 年 7 月 18 日。

[74] 《信息素养支撑学术搜索的高效性》, 《人大经济论坛》, ht-tp：//bbs. pinggu. org/thread − 3046510 − 1 − 1. html。